月雲堂 途中事
월 운 당 도 중 사

못다
갚을
은혜

신규탁 엮음

혜 성 감수

역경보살 월운스님 선양회

꺼지지 않을 마음속 등불

불초가 어린 시절 부모님 곁을 떠나 처음으로 봉선 산문에 들었을 때, 이 도량은 운허(耘虛: 1892~1980) 노스님의 회상(會上)이었습니다. 그 시절 제 또래의 어린 사미들은 인연 따라 길고 짧게 아흔을 바라보는 큰스님을 수발한 경험들이 있습니다. 승속(僧俗)을 막론하고 당시 소위 저명인사들이 운허 스님께 공손히 문안 여쭈는 모습을 보면서, 어린 저에게 비친 노스님은 크나큰 모습이었습니다. 정작 우리 노스님의 내면이 얼마나 크고 깊으신 줄은 나이 들어가는 지금도 미루어 짐작만 할 따름입니다. 겨우 조금씩 알아가고 있는 이런 철부지를 놔두고 월운 사부님마저 뵈올 길이 없습니다.

수행이란 그저 깊고 먼 저 너머 청산에만 있는 줄 알고 이산 저산 나돌았습니다. 진정 이 도량이 청산인 줄을 이제 막 알아가는 중인데, 어찌하면 좋겠습니까.

월운 사부님께서 남기신 회고담 속에서 당신께서 평생 뫼시던 운허 노스님께로 향하는 한결같은 향심(向心)을 엿볼 수 있었습니다. 사부님께서는 운허 노스님을 '우리스님'이라 표현하실 때가 많습니다. 이 한 말씀이 내심 얼마나 큰 존경(尊敬)이자 깊은 자부(自負)인 줄을 비로소 알 것 같습니다. '여산지부동(如山之不動)'으로 당신을 지켜주셨다는 글귀를 접하자 가슴이 먹먹했습니다.

어느덧 저희에게 사부님도 '우리스님'이 되셨고, 또 산처럼 움직임이 없고 드높은 분이 되셨습니다. 불초(不肖)의 머리가 어떻게 잘못되었는지, 칠칠재 내내 '운허 속에 월운이 보이고 월운 속에 운허가 보이는 꿈'을 꾸고 있습니다. 이제 두 어른 모두를 역사의 기억에 담아야 할 인연이 도래한 듯합니다.

사대(四大)가 각각 흩어지는 것이 꿈속과 같고 육진경계 심식(心識)도 본래부터 공(空)이라지만, 앞뒤도 가릴 수 없는 광야에서 갈길 몰라 하는 어린 저희에게는 남겨놓으신 글 한 줄, 말씀 한마디가 진어(眞語)이고 실어(實語)이고 여어(如語)입니다. 시식(施食)의 위 의문(儀文)이 요즘처럼 간절한 적이 없습니다.

이제 칠칠재 회향에 즈음하여 제자들은 다짐합니다. 남긴 말씀 길이 보전하겠습니다. '운허–월운' 양대에 걸친 〈한글대장경〉 불사(佛事)가 가장 중요한 일이었음을 본받아 계승하겠습니다. 저희부터 실천하고 그리하여 여럿이 함께 손잡고 이루겠습니다. 납월 그믐을 직시하시며 친히 적어두신 '김월운의 회고담 자초연기'를 공개합니다. 생전에 망백(望百)의 기원으로 '화엄종주 월운당 해룡 강백 문집' 『월운당 가리사(月雲堂 家裏事)』를 묶었고, 이제 스님의 영전에 영원토록 잊지 않음의 다짐으로 『도중사(途中事)』를 올립니다.

살펴 주시고 더욱 살펴 주소서.

역경보살월운스님선양회

대표 철안 합장

이 죄스러움을 어찌하오리까

태어나 보니 불문(佛門)이었습니다. 귀가 열리자 범패 소리가 들렸고 눈이 뜨이자 작법(作法)이 보였습니다. 저의 선고(先考)는 영산재보유자이십니다. 스무 살도 채 안 되는 제 손을 잡고 저만 홀로 이곳에 남겨두고 당신 홀로 가버리셨습니다. 그곳이 바로 제가 상주하는 봉선사 염불원 터입니다. 광릉숲은 가을이 빠르고 겨울도 그렇습니다. 바람 한 번 불면 낙엽이 우수수 발목을 덮고 한 번 더 불면 무릎을 스칩니다. 유난히도 허전한 날이었는데, 요즈음은 그와는 다른 뭐라 말할 수 없는 허전함입니다. 이 허전함을 어찌하오리까?

마음 붙일 데 없던 그 시절 월운 스님을 아버지로 기대어 오늘 이때까지 살아왔습니다. 평소 따뜻하시지만, 경전을 마주하고 앉으면 어찌나 엄하신지 돌아서 눈물짓던 그 시절이 마냥 그립습니다. 봉선사 강원에서 진성 스님, 대원 스님 그리고 저 셋이 사교(四敎) 펼쳐 마친 해가 엊그저께 같은데 돌아보니 1976년 가을이었습니다.

염불에 뜻을 두다 보니 음향기기를 좀 다룰 줄 알았습니다. 1983년부터 스님은 26년간 통신강원을 운영하셨습니다. 60분짜리 테이프 약 4,000개에 달하는데, 스님께서 신호를 주시면 저는 녹음기 스위치를 누릅니다. 처음에는 옆에서 모시고 들었지만, 조용히 나와 절 마당 이리저리 돌다가 끝날 무렵 들어가 마무리를 해드렸습니다.

'일고수 이명창'이라는 말이 있습니다. 북 치는 사람이 첫째이고, 소리하는 사람은 다음이라는 뜻인데, '귀명창'이란 말도 있습니다. 제 입으로 소리는 못 내지만 남 소리는 잘 듣는 사람을 일러 하는 말합니다. 녹음하면서 그걸 다 귀에 담았더라면 저는 경학(經學) 분야에 '귀명창'이 되었을 겁니다.

승가대학 교수 시절 월운 스님은 〈실천불교〉 과목으로 염불 수업도 하셨습니다. 그 강좌를 제게 물리시면서 여러 권의 노트를 주셨습니다. '신후지자(身後之子)'란 말처럼, 죽음을 앞둔 어미가 남겨질 어린 새끼 걱정하는 그 고마움을 꾹 눌러 두었는데, 왜 이제 와 그 눈물이 나는지 저도 모르겠습니다. 소리 길은 태어나면서부터 배웠지만, 그 소리가 무슨 뜻이며 불경 어디에 나오는 줄은 모두 사부님께 배웠습니다. 모르는 게 나와도 걱정이 없었습니다. 언제나 여쭐 수 있었기 때문입니다. 그런데 이제 어쩌면 좋습니까?

2014년 봄이었습니다. 제게 '김월운의 회고담 자초연기'라는 원고를 주셨습니다. 공부하랍시는 뜻으로 알고 구석구석 읽었습니다. 종단정화의 이념과 실상, 봉선사 근세의 역사, 월초 문도 형성과정, 운허 노사님의 생애와 업적, 삼화행도의 이론과 실재, 광동학교 역사와 운영, 무수한 사건 사안 사이사이 스며든 이사무애(理事無礙)의 교훈. 늘 받아만 왔던 저로서는 이것이 출판하여 알려 읽고 기억하여 실천하게 하라는 뜻임을 몰랐습니다. 스님께 자주 드나들던 신규탁 교수도 그 원고를 받았는데, "그건 우리 법왕(法王)의 밀지(密旨) 아닙니까?" 하고 풀었습니다. 정신 차리고 다시 보니 그렇기도 하려니와 문장 사이사이 여쭐 것이 너무 많은데, 이 일을 어찌하면 좋겠습니까? 생전에 못하고 영단에 바치는 이 죄를 어찌하오리까?

치루법자(致累法子) 경훈(鏡壎) 근봉(謹封)

김월운의 회고담 자초연기
金月雲의 懷古談 自抄年紀

못다 갚을 은혜

月雲堂途中事

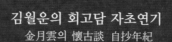

김월운의 회고담 자초연기 자서

金月雲의 懷古談 自抄年紀 自序

「자초연기(自抄年紀)」라 함은 글자 그대로 나의 지나온 세월을 되돌아보며 기억나는 일들을 연도순에 따라 적은 일종의 회고록(回顧錄)이다. 그러나 이는 내가 언제 무엇을 어떻게 처리하며 살았는가를 되돌아보기 위함이지 결코 다른 뜻은 없다.

그러므로 어찌 보면 별로 긴요치 않은 일이나 남 보기에 좀 수치스러운 면도 가리지 않고, 있었던 일 그대로 적었고, 남의 일도 보고 느낀 그대로 그 당시의 소감을 적었을 뿐 다른 감정을 개입시키지는 않았다.

서술 방법은 나의 오늘까지의 생애(生涯)를 연도순에 따라 중요하다고 생각되는 부분들을 80개항으로 나누어 적절한 제목을 붙여 서술함으로써 내용 파악에도 도움이 되고, 열람에도 도움이 되기를 도모했다.

나는 이 기록을 정리하면서 나의 생애는 기구하고도 구차했던 것이 자못 부끄럽고, 신세만 지고 하나도 갚지 못한 것이 한없이 부끄러웠으나 그 '운명의 주재(主宰)는 늘 나였구나' 하는 사실 하나를 터득한 것으로 금생의 소득으로 삼으련다.

아울러 이 철 늦은 참회로 나를 위해 철곤(徹困)하신 세출세간(世出世間), 이승저승의 어른들께 참회의 신표(信標)로 이 글을 올리고, 아울러 내생이 있다면 이를 토대로 다시 출발해보고 싶은 마음이다.

서기 2014년 甲午 2월   일

봉선사 다경실   월운사문 기
奉先寺 茶經室   月雲沙門 記

목 차

01

고향은 경기도 장단군 진동면 용산리 버드능이다

1929년, 己巳, 12월 12일(음 11. 12.), 1세

　　나의 호적상 생년월일은 1928년 11월 12일이요, 출생지는 경기도(京畿道) 장단군(長湍郡) 진동면(津東面) 용산리(龍山里) 버드능[柳陵]이요, 성(姓)은 김(金)씨요, 관향(貫鄉)은 언양(彥陽)이다. 처음 이름은 성구(成九)였는데 '九' 자가 증조(曾祖)의 항렬자(行列字)와 상치되기 때문에 피하고 성보(成普)라고 호적에는 등재했으나 잘 시행되지 않더니, 후일 피난 중 가호적(假戶籍)을 만들 때 다시 성구(成九)로 바뀌었다.

　　아버지의 함자는 숙(櫹) 자이시고, 아명(兒名)은 정식(貞植)이시니, 멀리는 신라(新羅) 경순왕(敬順王)의 원손(遠孫)이요, 가깝게는 세조(世祖) 때 이시애(李施愛)의 반란을 평정한 적개공신(敵愾功臣)의 한 분이신 휘(諱) 관(瓘), 공양공(恭襄公)의 16세손이 된다. 어머니는 이수춘(李壽春) 씨니 연천(漣川) 전의 이공(全義李公) 지영(知永) 씨의 삼남사녀(三男四女) 중 셋째 따님이시다.

나는 장자로 출생하여 3남 5녀, 8남매에서 누이 하나는 어릴 적에 잘못되었고, 7남매 중 내가 맏이다. 가세(家勢)는 극히 빈한하여『흥부전』에 나오는 흥부네 가세는 오히려 호사로운 편이었다.

그러나 나의 실질적인 생년월일은 기사년(己巳年) 음 11월 12일이니, 제대로 환산하면 서기 1929년 12월 12일이어야 하는데 빈한한 상황인지라 제때 호적을 취득하지 못하고, 얼마 뒤에야 신고하시는데 창구직원이 날짜 계산을 잘못해서 1928년 11월 12일로 된 호적을 쓰고 있으니, 억울한 나이를 약 13개월이나 더 먹은 셈이다.

내가 살던 고장을 버드늉, 즉 유릉(柳陵)이라 하는데 그 이유는 위에서 말한 바와 같이 나의 16대조 할아버지 관(瓘) 자 공(公)께서 조선 세조 때, 이른바 이시애(李施愛)의 난을 진정시키신 공로로 이 지역을 사패지지(賜牌之地)로 하사받으시고, 그의 사후에는 그 묘소를 각별히 '유릉(柳陵)'이라 부르라는 조칙까지 내렸었는데 당시는 가세가 쇠진해서 모두가 빈한한 처지가 되어있다.

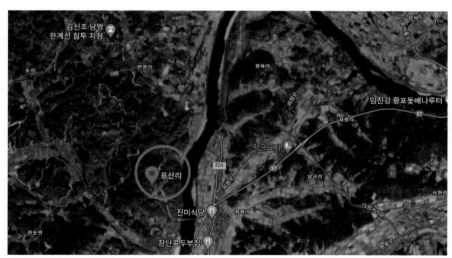

월운 스님 출생지 지도; 동그라미 친 곳이 용산리.

그중에도 우리는 유난히 가난했었는데 그런 상황에도 맏아들인 나에게 글을 가르치시려고, 5살 때에 아버지가 『천자문』을 구해다가 짚신을 삼으시면서 가르치시더니, 얼마 안 되어 서당(書堂)에다 넣어 주셨다. 서당이라고 해야, 나의 재당숙(再堂叔) 되시는 김계(金桂) 씨가 향문(鄕文) 정도는 하셨는데 의욕도 있으셔서 집안의 꼬마 아이들을 모아 몽학(蒙學)을 시작하신 참이었다.

거기서 겨우 『계몽편(啓蒙篇)』을 떼고, 서기 1937년 9세, 진동국민학교(津東國民學校)에 입학하니, 집에서 서쪽으로 약 2킬로 되는 '애울'이라는 곳인데 생긴 지 얼마 되는 않는 신생학교(新生學校)라서 4학년까지만 있고, 5, 6학년은 고랑포(高浪浦)나 구읍(舊邑)으로 옮겨가야 하는 일종의 초급 초등학교였다.

그런데 집이 너무 가난하여 양복이나 운동화나 책가방 같은 것은 엄두도 못 내고, 때로는 달마다 50전씩 내는 요즈음의 수업료인 월사금도 제대로 못 내어 수업도 못 받고, 쫓겨 오는 일도 허다했었다. 더구나 나는 몸이 약해서 자주 앓았고, 특히 여름이면 학질을 많이 앓았는데 지금 생각하면 영양실조 때문일 것 같기도 하다.

더구나 일본(日本)이 무리하게 전쟁을 벌여 군사훈련, 방공훈련, 송탄채취(松炭採取) 등에 시달리면서 공부라고 했으니, 서글픈 세대라고 해야 할 것이나 다행히 박양식(朴陽植)이라는 선생님이 계셔서 우리 몇 사람을 방과 후에 특별 과외 형식으로 불러놓고, 우리나라의 역사라던가, 우리나라 국기가 태극기(太極旗)라던가, 일본이 우리나라를 침탈(侵奪)했다는 등의 이야기를 들려주어, 우리는 제법 의기소년(意氣少年)으로 자부했었다.

그러는 동안에 세월도 가고, 학교의 규모도 커져서 다른 데로 옮겨가지 않고 한 자리에서 6년을 졸업하는 제1기생이 되었다.

02

초등학교 졸업하고 재당숙께 한문을 배우다

1943년, 癸未, 17세

국민학교(지금의 초등학교)를 졸업하고는 가정형편도 되지 않지만 상급학교에 갈 자질도 안 되었던 것 같다. 그래서 한문(漢文) 공부나 실컷 해 보면 좋겠다는 생각에 부모님께 졸랐더니, 아버지께서는 나의 재당숙(再堂叔)이신 김계(金桂) 씨에게 가셔서 그 사실을 사뢰시고, 재당숙께서는 도리어 좋아하시며, "오래된 반가(班家)에 조상님들의 이름자라도 알아볼 놈이 생길 것 같다"고 좋아하시며, 서당(書堂)을 여시고 정성껏 가르쳐 주셨다.

그때 나를 비롯해 8촌 동생이며 선생님의 작은 아들인 성락(成樂), 6촌 동생 성국(成國) 등 집안네와 모석골의 황인관(黃仁寬), 비냥마을의 서모(徐某) 등 제법 판이 짜여 시끌벅적했었다. 지금 생각하면 바보스럽기 짝이 없는 짓이었지만 이것 외에 다른 공부는 생각조차도 못 하던 시기였다.

당일 배운 것을 종일 읽고 새겨서 저녁때 외워 바쳤고, 봄, 가을, 겨울은

줄글[長文]을 읽고, 여름에는 귀글[句文], 즉 한시(漢詩)를 읽어 전형적인 구식 서당을 재현했었다. 이렇게 해서 당일 배운 것은 당일 저녁에 반드시 외워 바치기를 3년 했더니, 무엇인가 좀 보이는 것 같았다. 그래서 선생님이 외출하시면 선생님의 책장을 살며시 열고 선생님이 늘 보시던 책들을 훔쳐보기도 하고, 선생님이 시작(詩作)을 하시다가 놓고 나가신 것을 보면 운(韻)과 향(響)의 방향을 살펴 익히기도 했었다.

그런데 그 무렵에 내가 철이 좀 들었었는지 '아버지께서는 혼자 고생하시는데 나만 이러고 있는 것이 죄스럽다'는 생각이 들기 시작했다. 그래서 생각한 것이 '나도 어딘가로 나가서 돈을 좀 벌어야겠다'는 것이었다. 그러나 내 평생 돈을 벌어본 적이 없다. 뿐만 아니라 벌 곳 자체가 없었다. 어른들에게도 돈 벌 기회가 없었는데 우리 같은 아이들이 끼어들 곳이 있을 리가 없었다.

옛날 서당의 모습.

그래도 늘 돈을 좀 벌러 나가야겠다는 생각을 버리지 못했으니, 그 까닭은 지난날 버드능 이선용(李先用) 씨 댁 사랑에 서당(書堂)을 차리고, 심병기(沈炳基)라는 선생님을 모셨는데 용산(龍山) 부락에서 다니는 민대식(閔大植)이라는 친구는 머리가 너무너무 나빠서, 하늘 천[天] 따지[地], 두 글자를 가르쳐 주고, 다시 혼자 해 보라면 못 하는 지독한 둔재였다. 그래도 늘 학동(學童)들의 우둔함을 탓하지 않으시고, 인내로 가르치시던 심병기 선생님도 하루는 얼마나 속이 상하셨던지, 그를 목침 위에다 올려세우고 종아리를 걷어 올리게 한 뒤에 몇 대인가를 치시니, 자지러지는 소리를 내며 물똥을 화다닥 싸면서 달아났다.

그는 그 길로 주인댁 왕골논으로 뛰어 들어가 대굴대굴 구르면서 "사람 살리라"고 외쳐대니, 주인댁에서는 왕골 다치는 것이 더 안타까워서 선생님을 원망하게 되었고, 이런 분위기에 선생님도 맥이 좀 풀리신 틈을 타 대식이는 어디론가 사라지고, 거기서 다시 얼마를 지나다 보니 대식의 사건은 우리 모두의 기억에서 사라졌다.

그러던 어느 날, 그가 말쑥이 신사 양복을 차려입고, 새 자전거를 타고 서당(書堂)에 나타났다. 그냥 나타난 것이 아니라 공책과 연필과 각종 사탕을 잔뜩 사가지고 와서 인심 좋게 나누어 주니, 지난날 구박받던 말썽꾸러기를 아무도 탓하지 않았다. 탓하지 않을 뿐만 아니라 모두가 은근히 부러워하는 눈치로 "어디를 가서 어떻게 그리 돈을 벌었느냐? 이 자전거는 얼마짜리냐? 우리도 서울엘 가면 일거리를 얻을 수 있겠느냐?"는 등, 호기심에 찬 질문들을 퍼부었는데 그의 대답은 의외로 간단했다. "무조건 서울로 가기만 하면 돼."

03

새벽에 집을 떠나다

1947년, 丁亥, 9월 27일(음 8. 13.), 19세

나도 평소 생각하기를 '이 골짜기에서는 희망이 없다. 어디론가 가야 된다'고 했었는데 지금 민대식(閔大植)의 화려한 금의환향(錦衣還鄉)을 보는 순간, 나도 어서 어디론가 떠나야한다는 생각이 다시 일기 시작했다. 어쩌면 글방 학생들 거의가 그런 생각을 했을지도 모른다.

그래서 적절한 시기에 넌지시 어머니에게 "어디론가 떠나야겠다"고 말씀을 드리고 나니, 어머니는 걱정이 태산이시다. 그후 얼마를 지나, 이 해 음 6월 10일 동생 성률(成律)이 태어나니, 마음속으로 생각하기를 '내가 집을 떠나도 되겠다'는 일종의 자신을 얻었다. 그리고는 추석 이틀 전인 이날을 기해 집을 떠나겠다고 여쭈니, 어머니가 난리이시다.

"네가 평소 외갓집밖에 다녀본 곳이 없는데 이대로 나가서는 굶어 죽기 십상팔구(十常八九)니, 내가 따라가서 자리 잡는 것을 보고 오겠다"시며, 갓

난 동생을 뒤쳐 업으시고 따라나서신다. 아버지는 이런 상황에 아무 말씀도 못 하시고, 철모르는 동생들은 자고 있었다. 나 또한 막상 떠난다는 것이 부담스럽기는 했지만, 내 앞길을 위해서는 우선 내가 나서서 찾아야 한다는 생각에 아버지께 큰절을 올리고 묵묵히 짐을 지고 나섰다.

이른바 야반(夜半) 길을 타고, 남몰래 고향을 등지는 행각(行脚)을 시작한 것이다. 버들이 동네 앞 개울을 건너, 담방골 고개를 넘어, 숨북굴을 거쳐 동파리(東坡里) 큰길에 나서니, 해가 제법 높았다. 몸도 고단하거니와 시장기도 돌고 해서 잠시 길가의 어느 주막집엘 찾아드는데 때마침 개성(開城) 쪽에서 오던 트럭 하나가 같은 주막 앞에다 차를 세우더니 혼자서 우리가 든 식당으로 들어왔다.

그 식당은 목로집인지라 한 상에 여럿이 둘러앉아 국밥을 먹는데 우리의 행색이 딱해 보였던지, 그는 이것저것 캐묻는다. 그래서 "집은 가난하고 공부는 해야겠는데 집에서 죽도록 일을 해도 입에 풀칠하기가 어려워서 나 혼

임진강 리비교; 파평면 장파리—용산리 구간

자 떨어져 나가 원 없이 공부나 해 보겠다고 나섰더니, 어머니가 걱정이 되신다고, 이렇게 어린 동생을 업고 따라나서신 것이다"라고 했더니, 그가 우리 밥값을 물어주고 서울 종로까지 가니 태워다 주겠다고 했다.

식사를 마친 후, 다시 그의 차를 타고 임진강(臨津江)을 건너, 문산(汶山), 봉일천(奉日天) 등 말로만 듣던 고장들을 거쳐, 북한산(北漢山) 밑을 지나, 청와대(靑瓦臺) 옆을 돌아 광화문(光化門) 네거리 어느 길가에다 내려 주었는데, 생각한 것보다 번화하지 않고 차분해 보였다.

거기서부터는 괴나리봇짐을 짊어지고 눈에 보이는 부분만 보면서 물어물어 용산소방서를 찾아갔으니, 거기에 근무하는 막내 외숙(外叔) 이영복(李榮福)에게 가서 직장을 구해달래려던 것이었다. 그러나 막상 가서 보니, 불행하게도 외숙은 직장에서 좌익(左翼)의 수괴(首魁)로 몰려 조사를 받느라 사생지기(死生之岐)에 있으니 이른바 혹 떼러 왔다가 혹을 붙이고 가야 할 형편이었다.

그런데 외숙댁이 용산역(龍山驛)이 내려다보이는 어느 산동네였던 터라 내려오다 보니, 때마침 용산역 구내에 세워둔 화물열차, 화차(貨車)에 '월남동포수송차량(越南同胞輸送車輛)'이라는 현수막이 붙어있는 것이 눈에 띄었다. 그 사연을 알아보니, 북(北)에서 동포들이 공산당의 박해를 피해 많이 넘어오는데 그들을 남쪽으로 수송해서 정착시키기 위해 준비해 둔 차량이라는 것과, 그 차량은 그날 저녁에 남쪽을 향해 뜬다는 것과, 차 안에는 임시 먹을 것과 잠자리를 다 준비해 준다는 것과, 아무런 조사도 제한도 없다는 사실을 알았다.

그래서 생각하기를, '집으로 되돌아가봤자 아무런 희망이 없으니 되돌아갈 수도 없고, 어디론가 가기는 가야 할 터인데 눈 딱 감고 저 차에 묻어가서 일거리를 찾는 것도 한 방법이 될 것 같다'라는 생각은 그랬지만, 쉬이 결정하기가 어려웠다.

04

월남 피난민수송열차에 묻어 남쪽으로 내려가다

1947년, 丁亥, 9월 27일, 19세

1947년 9월 27일 외숙댁에서 저녁 느직이 나와, 0시에 뜨는 피난민수송화물열차(避難民輸送貨物列車)를 탔고, 차에서 지내기를 3일 만인 9월 30일 아침에야 도착한 곳은 밀양(密陽)의 삼랑진역(三浪津驛)이요, 우리의 임시 숙소는 삼랑진 시가지에서 서쪽 산기슭에 있는 일제(日帝)가 신사(神社)를 세우려고 닦아 놓은 공터였다. 지금도 있다.

거기는 이른바 탈북난민, 즉 북한에서 탈출한 반공시민(反共市民)들을 수용하는 곳인데 우리는 해당자가 아니지만, 서울서 피난민수송열차(避難民輸送列車)를 타고 왔기 때문에 자동적으로 난민이 된 것이다. 그런데 다행스러운 것은 북한의 어디서 왔느냐고 조사를 하는 곳도 없고, 심지어는 살던 주소도 묻지 않는 것이 이상했다.

만일 살다 온 주소를 묻는다면, 3년 전에 우리 할아버지가 그 계조모(繼

祖母)와 그 직계 가족들을 데리고 이사를 가신 연천군 왕징면을 주소로 대려고 내심 준비를 했는데, 전혀 묻는 이가 없었다. 그저 어렵게 난민 신세가 된 사람들을 조금이라도 편케 해 주려고만 했다. 천막 하나에 네 가구씩인가를 수용하고, 1인당 담요 하나씩을 나누어 주어 침구로 삼게 하고, 매일 세 때 밥을 해서 먹이는데 다른 이들은 "힘들어 죽겠다"고 했으나, 나로서는 평생 처음 그렇게 편히, 그리고 맛있는 '버터 죽'이라던가, 통조림, 과일, 과자 등을 먹으면서 약 30일간을 살았다. 생각하면 나는 가정과 국가 모두에게 신세를 많이 진 사람이다.

그 안에서 본 풍경으로는 그들이 모두 고향에 있을 적에는 무슨 요직(要職)에 있었거나 관리, 대상(大商), 대농(大農)들이었음을 알 수 있었다. 그들은

피난민수송차량. ⓒ AFP 2023 Intercontinentale

모이면 어디어디 가서 무슨 무슨 사업을 할 것인지, 어느 도시에 가서 누구를 만날 것인지를 계산하고, 또 외부의 상당한 인사들과 연락도 되는 것 같았다. 그러한 '진로 선택 과정'에서 나는 아무것도 없으니, 희망 행선지를 묻는 설문지에 '농촌(農村)'이라고 썼다.

그래서 지정받은 곳이 진양군(晉陽郡) 지수면(智水面) 지수리(智水里)라는 동네인데 진주(晉州)의 동쪽 외곽 도시인 남문산(南汶山) 근처의 부촌이었다. 지금도 넓은 들판에 구식 한옥이 즐비한데, 그 동네는 구씨(具氏)네 세전지지(世傳之地)로서 지금도 정계나 재계에 두각을 나타내는 이가 여럿이라고 했다.

우리는 진양군청에 인계되었는데 군청에서 주선해 준 길가 허름한 초가집 곁방에서 농사일을 거들며 살라는 것이다. '그 정도의 일이라면 고향에서도 할 수 있었는데 굳이 여기까지 와서 어머니와 어린 동생을 저렇게 고생시키는구나!' 생각하니 마음이 많이 괴로웠다. 그럴 때면 늘 『맹자(孟子)』의 「공손추장(公孫丑章)」을 읊었으니, "순지측미(舜之側微)에 경우역산(耕于歷山)하시고, 도우하빈(陶于河濱)하시고 어우뇌택(漁于雷澤)이러시다"를 소리 높여 외웠으니, 이는 순(舜) 임금은 젊은 시절[側微]에 역산(歷山)이라는 곳에서는 밭갈이를 하시고, 하빈(河濱)이라는 곳에서는 옹기장이 노릇을 하시고, 뇌택(雷澤)이라는 곳에서는 어부(漁夫) 노릇을 하신 적이 있다는 뜻이다.

맹자(孟子)께서는, 순(舜) 임금과 같은 불출세(不出世)의 성자(聖者)께서도 젊어서 그런 천역(賤役)을 마다 않고 골고루 겪으셨기 때문에, 만백성의 어버이가 되시기에 손색(遜色)이 없으시다는 논리인데, 내가 그런 상황에서 그런 글을 읊고 앉아있었다는 것이 얼마나 철없는 짓이었던가? 실로 철없던 시절이었음을 절감했다.

이런 갈등으로, 내심 고민하고 있는데 아낙네들이 두렛일을 하며 무심히 내뱉는 수다에 "남해(南海) 금산(錦山) 산신령(山神靈)님이 영검하셔서 누구나 가서 소원을 빌면 다 이루어 주신대"라는 소리가 섞여 있었다.

나는 평소 어디에다 무엇을 빈다는 것을 요사스럽게 생각하고 배척했었는데, 이때는 내가 심약해졌는지 그 소리에 귀가 솔깃해서 그 아낙네들에게 다가가서 "남해 금산이 어느 쪽에 있으며, 어떻게 영검스러우며, 그곳을 가려면 어떻게 가야합니까?" 자세히 물어서 챙겨 두었다.

05

남해 화방사로 들어가다

1947년, 丁亥, 11월 29일(음 10. 17.)

　생각이 여기에 이르자, 어서 남해(南海)로 가고 싶어졌다. 그런데 자동차나 택시를 탄다는 것은 상상도 못했던 일이고, 일찌감치 짐을 꾸려 '노류장화(路柳墻花)' 격으로 걷고 또 걸어서 삼천포(三千浦)에 이르렀다. 어머니나 나나 우선 처음 보는 바다와 비릿한 갯벌 냄새가 신기하기만 해서 잠시 발을 담그고 쉬었다. 비리치근한 갯바람, 출렁이는 파도, 오가는 갈매기 떼, 바닷가에 전개된 난생처음 보는 광경(光景), 어부(漁夫)들의 분주한 움직임, 모두가 정겨우면서도 낯설기만 했고, 바닷물이 진짜 짠지를 맛보기 위해 손으로 찍어 맛을 보기까지 했다. 그러기는 어머니도 마찬가지셨다.

　남해(南海)를 왕래하는 여객선의 규모는 270톤이라 했는데 내 생애에 본 가장 큰 배였고, 또 탄 셈이다. 그런데 남해의 주된 항구인 선소(船所)에 닿을 무렵부터 비가 내리기 시작했는데, 과히 심하지는 않아 걸어서 읍내 쪽으로 가는데 조그마한 등마루 하나를 넘으니 전부터 오던 가는 보슬비가 점점 거세져서 더이상 걸을 수가 없었다.

그래서 무턱대고 길가의 어느 조그마한 판잣집 민가로 뛰어들면서 "사람 좀 살려 주세요" 하고 외쳤더니, 노부부(老夫婦)가 내다보고 우리의 행색이 딱했던지 얼른 나와 맞으면서 방으로 끌어들이는데 눈물이 날 정도로 고마웠다.

그들은 "어린애까지 업고 비를 맞았으니 어쩌면 좋겠느냐?"며 아랫목을 비워 주고, 점심이 좀 늦었지만 같이 한술 뜨자고 밥을 권한다. 대책은 없지만 나름대로 큰 뜻을 품고 나왔다는 자부심 하나로 버텼는데 뜻하지 않은 노부부의 친절에 내심 눈물을 흘렸고, 시장하기도 했지만 고마운 노부부의 인정과 격려의 말씀에 주는 밥을 달게 잘 먹었다.

좀 쉬면서 듣고 보니, 그 노부부는 전라남도 순천 출신 서씨(徐氏)라 했고, 그들도 젊어서 유랑생활을 할 때 고생을 많이 해서, 지금도 객리(客裏)의 딱한 사람을 보면 옛날 자신들의 생각이 나서 그냥 있을 수가 없다고도 했다. 그리고 나에게도 이르기를 "젊은이가 의지가 굳은가 본데 어머니와 동생을 너무 고생시키지 말고 어서 자리를 잡고, 어머니는 다시 고향으로 가시게 해야 될 것이 아니냐?"는 훈수까지도 주시니, 너무도 고마웠다.

오후가 되자, 날씨가 좀 회복되기에 서씨 댁에서 나와, 그들에게 들은 노정대로 화방사(花芳寺)를 향해 길을 떠났다. 듣기로는 10리라 했으나 피로해서인지 멀고도 지루하기만했다. 물어물어 걷다 보니 심천리(深川里)를 거쳐 대계(大溪) 부락을 지나 고현면(古縣面)과 서면(西面)의 경계인, 이른바 '계재고개' 마루턱까지 왔다.

여기는 지난날 이성계 씨가 왕(王)이 되고 싶어, 이곳 남해(南海) 금산(錦山)

까지 와서 기도를 마치고 보니, 어느 맹인(盲人)이 여기서 파자점(破字占)을 하고 있기에 복채(卜債)를 놓고 물으니, 『천자문(千字文)』을 내놓으면서 "마음대로 어느 글자 하나를 짚으시오"라 했단다. 그는 아무런 생각 없이 눈에 뵈는 대로, '물을 문[問]' 자를 짚었다는 것이다. 그러자, 점사(占師)인 맹인(盲人)은 대답하기를 "좌군우군(左君右君)하니, 군왕지상(君王之相)이라" 했다는 것이다. 다시 말해, '물을 문[問]' 자를 왼쪽에서 보나 오른쪽에서 보나 '임금 군[君]' 자가 되니, 임금이 될 운세라는 것이었다.

그러나 그는 여전히 미심쩍어, 때마침 지나가던 걸인(乞人) 하나를 슬쩍 불러 복채(卜債)를 대신 내주고, 역시 '물을 문[問]' 자를 짚게 했더니, 이번에는 평왈(評曰) "문전괘구(門前掛口)하니, 걸인지상(乞人之相)이라" 했으니, 이는 '문(門)자' 속에 '입 구(口)' 자가 걸쳐있으니 걸인이 분명하다는 것이었다. 우매했던

남해 망운산 화방사 산문.

그 시절에 먼저 변두리를 돌면서 민초(民草)들이 좋아하는 운명설(運命說)을 이용하여, 대운(大運)이 자기에게 쏠리고 있음을 널리 알리려던 방법인데, '오늘날의 대선운동(大選運動)보다 훨씬 고상했었구나!' 하는 생각을 하면서 잠시 걸음을 멈췄었다.

여기서 산기슭을 따고 동남쪽으로 더듬어 약 20분쯤 가니, 화방사(花芳寺) 골짜기였다. 그러나 나는 화방사 국내(局內)의 합수교(合水橋), 즉 절 양쪽 골의 물이 합치는 지점의 돌다리를 지나다가 깜짝 놀랐다. 평소 꿈을 꾸면 내가 이 지점에 서 있었는데 저 위에서 누군가가 내려다보며 날더러 "어서 오라" 손짓을 했고, 또 이상한 냄새가 났는데 지금 보이는 저 절이 지난날 꿈에 보던 자리요, 이 냄새가 바로 그 냄새였기 때문이다.

나중에 알았지만 그것은 남쪽에만 있는 '서나무[栖]'라는 관목(灌木)인데 이 지역에는 주로 그 나무를 화목에 사용한다 하고, 그것이 타는 냄새라고 하니, 참으로 신기한 일이었다. 무엇인가 내 살길을 찾아보겠다고, 아버지 어머니 동생들 고생시켜가면서 예까지 왔는데 결국, 꿈에 누군가가 나를 기다리던 곳으로 오게 되었다니, 참으로 이상한 일이었다.

이렇게 해서 절로 들어가니, 상수(相洙)라는 내 또래의 스님이 안내해서 우리를 설선당(說禪堂)이란 편액(扁額)이 붙은 큰방 맞은편의 어느 객실 하나를 내주었다. 저녁밥으로 처음 먹어보는 안남미(安南米) 밥을 주기에 먹고 쉬면서 날짜를 계산하니, 11월 29일(음 10. 17.)이었다.

06

화방사에서 중도 속도 아닌 신분으로 지내다

1947년, 丁亥, 19세

절에서 안남미(安南米) 밥을 주는데 처음 먹는지라 구미에는 좀 이상했으나, 이렇게 연고도 없는 우리에게 재워 주고 밥까지 주시는 고마움에 감사하기도 했고 미안하기도 했다. 개중에도 반가웠던 것은 객실 책상 위에 놓인 몇 권의 불서(佛書)와 나와 동년배인 상수(相洙)라는 스님이었다.

그는 절 근처, '계재고개'라는 곳에 80세의 홀로이신 노모(老母)와 누이동생이 있는데, 자기는 일찍 절로 들어와 의식작법(儀式作法) 같은 것은 다 배웠으나 글을 배우지 못한 것을 늘 아쉬워했었는데, 내가 그의 책상 위에 놓인 백파(白波) 선사의 『작법귀감(作法龜鑑)』(불교 의식집의 일종), 한암(漢巖) 스님께서 현토(懸吐)한 『금강경삼가해(金剛經三家解)』, 『보조국사어록(普照國師語錄)』, 『기신론(起信論)』 등의 전적(典籍)을 어렵지 않게 줄줄 읽는 것을 보고, 퍽이나 신기해하며 일약 나를 귀한 손님으로 대해 주는 것 같아 오히려 쑥스러웠다.

더구나 나중에 안 일이지만 중도 아닌 우리 세 모자(母子)를 사흘씩이나 먹이고 재워 주는 것이 좀 이상하다거나 미안하다는 생각을 못할 정도로 내가 철이 없었는데, 그쪽에서는 도리어 생각하기를 '중이 되려고 찾아온 사람일 것이다'라고 했거나, 우리의 행색(行色)이 너무나 딱해서 며칠 쉬어가게 해 준 것 같기도 했다.

그 당시의 대중은 위에서 말한 상수(相洙) 스님, 서무라는 직책으로 사무실에 있으면서 사중 업무를 총괄하는 해동당(海東堂) 서창동(徐昌東; 생존) 스님, 승방(僧房) 하나씩을 쓰며 상주하는 송월(松月)과 해월(海月) 두 노스님, 큰방에서 북쪽으로 개울 건너 남향한 옛 북암(北庵) 터에 조그마한 별채를 짓고 시봉 보살과 살림을 차린 춘송(春松) 스님, 그리고 유발(有髮)한 채로 승적(僧

윗줄 왼쪽부터 시계방향으로 백파 스님의 『작법귀감』, 보조 스님의 『수심결』, 한암 스님의 『금강경삼가해』, 법장−규봉−자선 스님의 『필삭기 회편』.

籍)을 가지고 대계(大溪) 부락에 살면서 일이 있을 때만 출근하는 총무 신정수(申正洙) 스님 등이었다.

그리고 윗대계리[上大溪里]에 집을 짓고 살면서, 남해농업고등학교에서 교편(敎鞭)을 잡고 있다는 주지 정암(定庵) 정재기(鄭載基; 玄庵 鄭相沃 씨의 부친) 스님, 그리고 북암 춘송(春松) 스님의 제자로서 어느 초등학교 교사로 있다는 유발(有髮) 상좌인 이실균(李實均, 엮은이 주; 해인(진주)종고 교장 역임) 스님, 어느 선원에 가 있다는 법련(法蓮) 스님 등이 있어 쟁쟁하였고, 서쪽에 있는 서암(西庵)은 다 퇴락했는데 개성(開城)서 온 지장화(地藏華)라는 유발 불자(佛子)가 탁발해다가 수리하고, 기도하면서 살고 있었다.

지금 생각하면 나는 아무래도 미숙아임이 분명했다. 사내자식이 19세면 철이 들 때도 됐는데 가족들 모두 고생시키면서 예까지 어머니를 모시고 와서, 몹쓸 집단인 줄로만 알았던 절에 붙어, 불서(佛書)가 너무 좋은 데에 정신이 빠졌다. 그동안 알기로는 '불교는 몹쓸 주장이요, 중은 몹쓸 인간들이다'라고만 생각했었는데, 흔들리기 시작한 것이다.

그래서 절에 좀 있으면서 불경을 좀 보자고 했더니, 일을 하면서 저녁으로 보면 된다고 했다. 그리고 어머니와 동생은 사중(寺中)에서 주선해서 윗대계리[上大溪里] 정 주지댁(鄭住持宅)의 문간방을 빌려주어 거기에 머무시게 하고, 나는 화방사에 머물면서 낮에는 일하고 저녁에는 불경(佛經)을 보면서 세월을 보냈다. 그러나 곧 겨울이 와서 일을 못 하게 되자 사중에서 밥만 얻어먹으며 하는 대로 하다 보니, 집안청소에서 조석예불, 불공, 시식, 나아가서는 공양주와 채공(菜供) 일까지도 도우며 사는데, 그런대로 할 만하여 지루하지가 않았다.

한편 어머니는 내가 제대로 수입을 잡지 못하니, 용돈이라도 쓰시려는 생각으로 손바구니에다 잡화(雜貨)를 조금 받아다가 그것을 파신다고 날씨가 좋으면 인근 동네를 다니시니, 장사라기보다는 고행이셨다. 그러는 동안 지루함도 푸시고, 지나시는 과정에 밥때를 만나면 끼니도 때우시는 일종의 걸인행각(乞人行脚)을 하셨다.

만일 그 당시 내가 조금만 철이 들었더라면 만사 제폐하고 나도 나가서 껌이라도 팔았을 터인데, 그것을 못 하고 절에 처박혀 일신만 편케 '비승비속(非僧非俗)'으로 살았으니 '미천역죄(彌天逆罪)'가 분명하지 않는가? 그러나 그날의 경험이, 후일 내가 중이 되어 모든 일을 처리하는데 궂은일을 피하지 않을 줄 알게 해 주었으니, 손익(損益)의 논리로 본다면 큰 손해는 아니었다는 생각도 드나, 나 하나 제구실을 못해서 부모님 고생시키고 동생들 살길을 열어주지 못한 점은 두고두고 내 마음의 부담으로 남을 것이다.

2018년 90회 생신기념 문집을 헌정 받으시고, 화방사 주지 정암 스님의 아들 정상옥 총장이 쓴 설법전 편액 앞에서.

07

화방사 밑 산기슭에 어머니 움집을 지어드리다

1948년, 戊子, 5월, 20세

세월이 무상하다는 말이 실감난다. 정 주지댁(鄭住持宅) 문간채에서 어머니가 작년 겨울을 나셨다. 부엌도 그렇고, 화장실도 그렇고, 물도 그런 상황에서 겨울을 나셨다. 어머니도 불편하셨겠지만, 그 댁 사모님 역시 많이 불편하셨을 것이다. 지독하게도 아둔한 내 눈에도 어머니보다 사모님 댁에 너무 부담을 드리는 것 같았다.

그래서 그간 사귄 상수(相洙) 스님은 물론, 사하촌(寺下村)의 김재근(金在根) 씨, 이순실(李順實) 씨 등과 상의하니, 그들의 말이 "남의 집으로 옮길 것이 아니라 절 밑에다 허름하게라도 움막을 하나 묶는 것이 더 속 편하고 좋지 않겠는가? 그러니 그렇게 해 보자" 하기에, 절 밑 다랑논 하나를 얻어 움막을 짓기 시작했다.

그들은 나의 처지를 너무나 잘 알기 때문에 어머니의 처소를 절에서 가장 가까운, 길 어귀에다 마련해야 한다고 했다. 그래야 내가 드나들기도 쉽고, 어머니께서도 오르내리시기에 편할 것이라는 것이었다. 그래서 속칭 '중든 고개'라는 골짜기의 화방사 땅, 하늘 밑의 첫 배미 샘물받이 다랑이 하나를 점찍어놓고, 사중(寺中)에다 이야기를 하니, 큰 문제 없이 승락을 해 주었고, 경작하던 이들도 아무 말 없이 양보해 주었다.

논배미의 크기는 이른바 길마배미라고, 쇠 길마 하나를 내려놓으면 다 덮을 수 있을 정도의 면적이었고, 방향은 동북향이지만 시야가 툭 틔어 대계(大溪) 부락에서 한실[大谷] 부락 사이를 오가는 사람들의 행렬을 온종일 멀리 바라볼 수 있는 일종의 새 명당(明堂)이었다.

이렇게 자리가 잡히자, 그간 사귀었던 김재근(金在根) 씨 등이 총동원되어 좀 멀리 떨어져 있는 군유림(郡有林)에 가서 대들보감, 중방감, 서까래감 등 필요한 나무를 몇 개 베어오고, 부자재(副資材)도 모아 오는 등 준비를 해서, 어느 날 토담을 둥그렇게 약 4~5평 둘러치고, 보를 얹고 서까래를 걸고는 새우를 받아 지붕을 덮고, 방과 부엌과 토방을 적절히 나누고, 한곳에 출입문과 환기창을 적절히 달아 5월의 어느 날 입주(入住)하니, 어머니는 "기와집보다 더 좋다"고 하셨다.

집을 떠난 지 약 1년여 만에 명색 내 집이라는 토담집 하나를 만드니, 어머니께서도 기뻐하시는 것 같았고 나도 명색 내 집을 가진 백성으로 자부하며, 절과 마을을 오르내리는 길에 자주 들여다뵈니, 좋았다. 그러나 어머니는 여기서 하루 종일 생활하시기가 어렵다. 그래서 누구네 일이 있어 좀 봐 달라면 가서 봐주시기도 하고, 때로는 가방에다 가벼운 생필품을 받아 들고 다니면서 팔기도 하시며 세월을 보내셨다.

같은 해, 8월 15일 정부가 수립되었으나 좌우익(左右翼)의 충돌이 잦아 사

나이 드신 어머니. 이수춘 여사.

회가 어수선했다. 심지어 상대방 정파(政派)에 테러를 가하는 등 소란이 자행되어 사회는 극도로 불안한 상태였으나 차근차근 치안을 회복해가면서 국가의 구색을 갖추어 나아가고 있었다. 나도 그 분야에 관심이 없는 것은 아니었지만 그렇다고 거기에 뛰어들 식견(識見)이나 일정한 용기(勇氣)가 있는 것도 아니어서, 그 흐름에 쉽사리 뛰어들 상황도 아니었다. 더구나 그러한 배짱이 전혀 없었다.

내가 할 수 있는 일이 있다면 오늘부터라도 차분히 식견을 늘려두었다가 때가 오면 그 식견을 풀어 민족과 사회에 이익을 줄 수 있다면 더할 나위 없겠지만 내게 그런 식견도 없고, 무엇을 어떻게 해야 할지 전혀 감이 잡히지 않았다.

나는 평소, 『맹자(孟子)』에서 문왕(文王)을 찬양하기를 "일노이안천하지민(一怒而安天下之民)", 즉 "문왕은 한 번 화를 내서 천하 백성들의 원한을 풀어 주었다"는 구절을 좋아했었다. 그 한 토막의 말에는 올바른 식견, 완벽한 준비, 강력한 추진력, 그래서 모든 민중의 지지를 받는 완전한 승리로 이어지게 하는 지혜와 지구력(持久力)이 모두 포함되어있어, 퍽이나 좋아했었다.

나도 이왕 여기까지 왔으니, 문왕(文王)처럼 혁명(革命)의 대검(大劍)을 휘두르고 이 난마(亂麻) 같은 세상을 평정시키면 얼마나 좋으랴마는 그런 기질이 내게는 없고, 기위(旣爲) 서당에서 글 좀 읽다가 들어왔으니, 경전(經典)의 말씀을 익혀 오늘의 사회에 널리 전파시키는 일이나 할 수 있다면, 그 또한 잠시 다녀가는 인생으로서 해볼만한 일이리라는 생각이 들기 시작했다.

엮은이 주: 재판에 즈음하여, 아래에 월운 스님의 수첩에 적힌 자당을 그리는 〈사모곡〉 두 수를 공개한다. 앞은 다비를 모신 첫날 밤에 지으신 시이고, 뒤는 자당을 여의고 첫 설날 아침 예불 뒤에 적은 시이다. 참고로 甲申 元旦은 2004년 1월 21일(수)이다. 마음이 에이고 외람되어 감히 사부님의 글을 번역하지 못하고 그대로 전하니 운(韻)과 향(響)도 살펴 저간의 문과 심[文心]을 헤아리시길 바란다.

茶毘當日初宵

鼎松壁落徹貧家　生計全無兒還多
圖生糊口無寧日　面上常帶春日霞

返魂事畢夜已深　昔日音容無處尋
一把骨壺動止餘　數點遺影催悲心

反覆審思恩重山　毫未報答恨滿寰
半吟半哭眠不就　漫抵靈壇空盤桓

甲申元旦赴焚修次偶吟(舊正元旦)

近日頗冷未及寒　晚來大地作氷團
束裝冒曉催焚路　依稀慈容雲裏看

심허신약이라 했던가 어머니상을 치른 지 며칠을 지났건만 아직도 마음이 허전하니 그간 닦았다는 도는 모두 어디로 갔는가? 더구나 처음 맞는 설이라서인지 천애고아가 된 기분이다. 이 허전한 마음을 틈타 헛것이 보이는 것이 아닌가. 서둘러 예불을 가는데 법당 뒤 희미한 허공 속에 어머니가 숙연히 굽어보고 계시는 것이 아닌가. 그래서 이렇게 기록해 둔다.

08

단옷날 화방사에서 머리를 깎고 망운암으로 올라가다

1949년, 己丑, 단옷날, 21세

남해(南海)는 하동(河東) 칠불암(七佛庵)과 합천 해인사의 권역이기도 하지만 이동면(二東面) 해관암(海觀庵)에 선지식 설석우(薛石牛) 스님이 계시기 때문에 수좌(首座)님들이 거기를 다녀가는 길에 종종 화방사를 들렀다. 그들은 거의 내게 말하기를 "만일 중이 되려거든 훌륭한 스님을 찾아가서 중이 되라"는 것이었다. 그리고 하는 말이 "네가 한문을 좀 한다고 하니, 경기도 양주(楊州) 봉선사(奉先寺)에 계시는 운허(耘虛) 스님이라는 분을 찾아가서 중이 되라"는 것이었다.

그들은 또 이런 말도 했다. "남자가 할 일도 많지만, 국가나 민족에게 얼마만치 유익한 일을 했느냐가 중요하다. 그런 큰일을 해내려면 주변 상황도 중요하지만, 자신의 능력이 가장 중요한데 자네는 다행히 한문 공부를 좀 했다고 하니, 중이 되어 불경 공부를 더 해서 한문 불경을 우리말로 번역해

망운암. 지금은 쌍계사 말사인 화방사 산내 암자이나, 월운 스님 출가 당시는 해인사 말사였다.

내는 일에 한평생 걸어보지 않겠느냐?”는 것이었다.

그리고 또 말하기를 “운허(耘虛) 스님에게는 우리가 연락 해 둘 터이니, 그대는 우리 말만 믿으라”는 등이었다. 이때 주로 만난 분들이 범구(梵丘) 스님, 정령(正伶) 스님, 성준(性俊) 스님 등 당대에 알려진 중견납자(中堅衲子)들이었는데, 나로서는 그게 무슨 말인지 감이 잘 잡히지 않았었다.

그럭저럭 1949년 6월 1일, 음력으로는 단오인데 사시마지(巳時摩旨) 끝에 사중(寺中)에서 나를 중을 만들어 주었다. 계사(戒師)는 화방사 춘송(春松) 스님이셨고, 은사(恩師)는 경기도 봉선사(奉先寺) 운허(耘虛) 스님이고, 의지사(依止師)는 화방사(花芳寺) 서무(庶務) 창동(昌東) 스님이요, 나의 승명(僧名)은 경기도에서 남해까지 와서 중이 되었다는 뜻으로 해룡(海龍)이라 하라 했다는데, 나는 내가 중이라는 사실에 전혀 실감이 나지 않았었다.

그러나 세월의 흐름에 따라 주변 여건도 쉬지 않고 변해갔으니, 그해 백종(百種)을 앞두고 화방사 산내암자(山內庵子)인 망운암(望雲庵) 감원(監院)이 무슨 문제가 있어 하산(下山)했다고 했다. 들리는 말에는 젊은 스님이 불공 시식도 정성껏 잘하고, 일도 칠칠하게 잘 처리해서 신도들의 칭송이 자자했었는데, 어쩌다 잠시 한눈을 조금 판 것이 탈이 나서 물러가게 되었다는 것이었다.

이때 마침 사중에 일없는 노장님이 하나 있었는데 겉모양은 그럴듯하나 늦깎기인지라 불공(佛供) 시식(施食) 등 사참(事懺)이 부족해서 감원(監院)으로는 부족했고, 나를 보내자니 너무 연소(年少)해서 신인도(信認度)가 떨어질 우려가 있었다. 그래서 절충안으로, 나에게 그 노장님을 감원으로 모시고 올라가서 살림을 살라고 하기에 망운암 원주 자격으로 그 노장님을 모시고 올라갔다.

그러자 대계리(大溪里)에서 이춘택(李春澤)이라는 초등학생 하나가 오고, 심천리(深川里)에서 장학봉(張學鳳)이라는 초교 졸업반 학생 하나가 왔는데 모두가 "이 아이는 명(命)이 짧으니, 절에다 갖다주라"는 상사(相師)의 말에 따라, 그 부모들이 데려다 놓고 자신들도 수시로 드나들며 일을 거들어주어서 도합 네 식구가 대체로 편하게 지냈다. 이때 심천리 장학봉이나 대계리에서 온 이춘택이 모두 귀한 외아들이기 때문에 연수(延壽)하라고 데려 놓은 상황이었는데 사람됨이 양명(陽明)하고 온순해서 사람과의 관계가 원만하여 늘 사람들이 끊었다. 그래서 두 집 부모님들과 그밖의 친지들의 협조로 절이 늘 평화로웠다.

특히 심천리의 장학봉은 70 노부부의 외아들로서 이제 겨우 초등학교를 갓 졸업한 풋내기였으니, 여러 남매를 낳아 다 죽고 끝으로 막내 하나만 남아 늙은 노부부의 유일한 희망이었다. 명 길라고 아들을 절에다 데려다 놓았는데 사람됨이 양명하고 강단이 있는 데다 오가며 인과(因果) 법문을 듣다 보니, 자기 분수에 넘는 일은 결코 안 한다. 그래서 여러 누이와 매부(妹夫)들 사이에도 인기가 좋았고, 그중에도 둘째 누이인가가 망운암 밑, 오동리(梧桐里)라는 곳의 하씨(河氏) 댁으로 출가해서 왕래에 편했고, 특히 그 집에서 장짐 같은 것을 많이 져 올려 주어서 많이 편했었다.

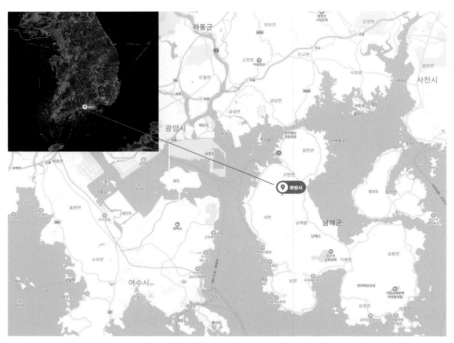

월운 스님과 대장경은 숙세의 인연인가? 먼 옛날 고려대장경을 판각한 〈남해대장도감〉이 화방사가 위치한 남해군에 설치되었었고, 북쪽 38선 근처에 태어나 남쪽 바다 건너 화방사에 1947년 중도 속도 아닌 채로 살다가, 화방사 스님들의 주선으로 서로 상면도 못한 채 1949년 운허 대강백의 제자가 되고, 6.25사변 통에 북쪽 봉선사에서 동래 범어사로 내려오셔 강의하시던 사부 운허 스님을 1952년에 첫 상면 삼배 올렸고, "경학으로 부처님의 은혜를 갚자"는 사부님의 말씀 따라, '운허-월운'으로 시작되어 마친 〈한글대장경〉이 조성되었다. 불연(佛緣)이란 이런 것인가?

09

어머니는 동생과 고향으로 돌아가시게 하다

1949년, 己丑, 11월, 21세

이때까지 어머니는 동구 밖의 토굴에 계셨는데, 내가 중이 되어 망운암(
望雲庵)으로 올라가 살림을 맡는 것을 보시고는 그해 11월의 어느 날, 집안
일이 궁금하시다며 만 2년 2개월 만에 서둘러 어린 동생(3살)과 함께 여수역
(麗水驛)을 거쳐 고향으로 돌아가셨다.

내가 여수(麗水)까지 가서 고작 기차표 한 장 달랑 끊어드리고 돌아오는
데, 멀리 지리산 산마루에는 눈이 하얗게 걸려 있었던 것이 지금도 눈에 선
연하다. 지금도 그날의 일을 생각하면 마음이 아프다. 어떻게 해서라도 용
돈을 좀 마련해 드리던지 함께 모시고 갔어야 했는데, 철이 없어 어느 하나
도 제대로 처리한 것이 없고 용채도 드리지 못하고 차창 밖에서 빈손만 흔
들었으니, 그때 어머니의 심정이 어떠하셨을까?

그래도 그런 내색은 전혀 않으시고, 내가 이렇게라도 자리를 잡은 것을

월운 스님의 회고; 지리산 산마루에는 눈이 하얗게 걸려 있었던 것이 지금도 눈에 선연하다.

보신 것만으로도 만족해하시는 우리 어머니를 실은 기차가 출발하여, 저 멀리 흰 눈을 이고 있는 지리산 뒤로 사라지자 나는 무거운 마음으로 망운암으로 되돌아와 본업(本業)을 다시 챙겨 시작했다.

　그때 차산리(車山里)의 이씨(李氏) 만선화(萬善華), 대곡리(大谷里)의 김씨(金氏) 선덕화(善德華) 두 분이 밤낮을 가리지 않고 드나들면서 열심히 보살펴 주어서, 아이들 몇몇과 노장님 한 분을 모시고 지내는 데 큰 어려움이 없었다. 어린 것들은 학교를 다니면서 잔 일을 잘 봐주었고, 두 대화주(大化主)들이 드나들며 살림을 살펴 주어 모든 일이 무난히 잘 돌아갔었다. 일반 불자들의 내왕도 잦아 그다지 외롭거나 힘들지 않았다. 용돈이 생기거나 저금을 할 상황은 아니었지만, 그저 부처님 시봉을 하고 도량을 가꾸는 일이 마냥 즐겁기만 했었다.

　나는 지금도 그날의 일을 생각하면 분명 불연(佛緣)이 깊은 놈이었던지, 아니면 사리분별을 못하는 불효자인지, 둘 중의 하나임이 분명했다. 첫째,

나 때문에 집안 살림을 다 버리시고, 어린 동생을 뒤쳐 업고 나를 따라 나오셨다가 2년여 만에야 집으로 돌아가시는 어머니를 집까지 모셔다드리고 와도 될 것을 그러지 않고, 가신 뒤에도 잘 가셨는지 문안 편지 한 장 올린 기억이 없으니, 나는 분명 철없는 자식이었다. 얼마나 서운하셨을까?

단 한 가지 다행한 점이 있다면, 망운암 부처님을 섬기는 데 온 신경을 다 썼다는 것이다. 그러노라니, 달이 바뀌고 해가 바뀌어도 아버지 어머니 계신 고향엘 한 번쯤 다녀올 생각이나 문안 편지를 낼 생각 같은 것은 전혀 못 했다. 그저 매일 망운암 부처님을 섬기는 일에만 온 정성을 다 쏟아부었다. 그러는 중에도 이씨(李氏) 만선화(萬善華), 김씨(金氏) 선덕화(善德華) 등 신구참(新舊參) 불자들이 늘 드나들며 보살펴 주시고, 장학봉과 이춘택 두 학생이 늘 드나들면서 말동무가 되어 주어 지루하지 않았고, 각처의 보살님들이 수시로 드나들면서 일을 보살펴 주시어, 일의 어려움을 느끼지 않고 지냈다.

더구나 망운암 동쪽에 있는 동대(東臺)에 오르면 남해(南海) 읍내 시가지 전체와 남해항(南海港), 창선(彰善)과 멀리 남으로 금산(錦山)까지 굽어보이는 전망이 좋았고, 조석으로 오르내리는 등산객이나 나무꾼들 편에 신문이나 우편물도 받고 들을 수 있는 재미도 쏠쏠했었다.

그런데 이 무렵부터 자주 비밀스럽게 돌던 이야기가 있었으니, "아무래도 북(北)이 한 번 밀고 내려올 모양이다"는 것이었는데, 개중에는 이를 심각하게 받아들이는 이도 있었지만 대다수의 사람들은 "적과 대치하고 있는 상황에서는 흔히 있을 수 있는 일이니 과히 신경 쓸 것이 못 된다"는 정도로, 이 한 마디에 대다수 사람이 마음을 편케 가질 수 있었다.

10

망운암에서 6.25사변 발발 소식을 듣다

1950년, 庚寅, 6월 25일, 22세

평일과 같이, 아침 공양을 마치고 바람도 쐴 겸 동대(東臺)로 올라가니, 평소와 같이 나무꾼들이 올라오는데 어쩐지 하나같이 표정이 침통했다. 그래서 조심스럽게 접근하여 그 사연을 알아보니, "오늘 새벽에 북한군이 3·8선을 밀고 남침(南侵)해 내려왔는데 벌써 동두천이 위태롭다"라는 소식을 들었다는 것이었다.

그때는 지금처럼 라디오나 TV가 있었던 것도 아니요, 전화가 있어서 연락을 받을 수도 없어서 캄캄했었는데, 이 소식을 듣는 순간, 암둔한 나도 정신이 아찔함을 느꼈었다. 지난날 서당(書堂)에서 들은 어른들의 말씀을 지나는 결에 스쳐 들은 바로는 '임진이북재작호지(臨津以北再作胡地)', 즉 임진강 이북은 다시 오랑캐의 땅이 된다는 뜻이었는데, 그렇다면 나는 부모 형제와는 영원히 못 만나는 것이 아닐까? 자못 처연했었다.

6.25사변으로 모두 불 탄 봉선사. 오른쪽 위에 보이는 건물이 지금의 삼성각.

그 순간, 나는 나라 걱정보다 가족들 걱정에 억장이 무너질 지경이었으니, 동두천이라면 고랑포(高浪浦)와 같은 위도(緯度)로서 서울과는 공히 100리 남짓한 지점인데 북(北)에서 내려오는 인민군(人民軍)과 우리 국군의 결전장(決戰場)이 되게 생겼으니, 가위 국기(國基)가 풍전등화(風前燈火)라 할 것이며, 우리 집은 어찌 되며, 우리 식구들은 또 어찌 되는가? 비록 민족적인 수난이라고는 하지만 나에게는 고생만 하시던 우리 부모님, 그리고 가난한 집에 태어난 죄로 밥 한 그릇 제대로 못 먹던 우리 동생들이 모두 무고(無辜)히 희생되게 되었는데 나만 편히 살고 있는 것이 매우 죄스러웠었다.

지금 생각하면 매사에 우둔했던 내게 어찌 그런 고민이 있었던지 모르겠다. 더구나 그날부터 아침 예불 끝에 올리는 분수(焚修) 축원에, "이 비극적인 민족상잔(民族相殘)의 전란이 하루속히 끝나서 고향에 계신 부모 형제 무고하게 해 주소서" 날마다 기도를 올렸다.

　개중에도 다행스러운 것은 아직 남해까지는 전선(戰線)이 확대되지 않아 험한 꼴을 보지는 않았으나, 고랑포(高浪浦) 전선(戰線)의 한복판에 계실 부모님과 가족들을 생각하면 철없던 나에게도 번민이 이만저만이 아니었다. 나도 모르게 두보(杜甫)의 '간운시(看雲詩)'를 읊어 스스로의 마음을 달래며, 무엇인가를 나도 해 보아야겠다는 생각을 했다. '간운시'란 두보가 흘러가는 뜬구름을 보며, 자신은 못 가는 고향 소식을 그에게 묻는 형식으로, 객수(客愁)를 달래던 일종의 망향시(望鄕詩)니, 그 시의 결구에 이런 구절이 있다.

　　사가보월청소립(思家步月淸宵立)
　　억제간운백일면(憶弟看雲白日眠)

　　고향 생각에 달밤을 거닐다 우두커니 섰고,
　　아우 생각에 뜬구름을 보다가 잠이 들었었네.

11

고성 문수암에 가서 첫 겨울을 나다

1950년, 庚寅, 11월 24일(음 10. 15.), 22세

그래서 이곳 망운암 산림을 잠시 놓고, 어딘가로 가서 이 전란이 빨리 해소되고, 희생된 자 이고득락(離苦得樂)하고, 질병에 걸렸거나 전란으로 상해(傷害) 받은 자 속히 쾌차하기를 기원하는 기도를 올려야겠다는 생각을 했다. 막상 가려니 어디로 가야 할지 알 수가 없어 고민했었는데, 지난날 만났던 몇몇 선배들의 말씀이 떠올랐다.

그간 육지에서 내왕하던 정영(靜影), 범구(梵丘) 등, 구참수좌(舊參首座) 스님들이 종종 내게 충고하기를 "젊은이가 독살이에 맛 들이면 못쓰니, 여기는 우리에게 잠시 맡기고 육지의 어느 선방(禪房)으로 가서 한 철씩 지내고 오라"며, 가까운 경남 고성군 상리면(上里面) 문수암(文殊庵)에 순호(淳浩; 후일의 靑潭) 스님이라는 유명한 분이 계시니, 그리로 가라고 했다.

처음에는 그들이 나를 몰아내려는 수작이 아닌가도 생각했으나 일리가

중간이 청담 선사이고 오른쪽 뒤가 월운 스님.

있는 말이라 생각되어, 이 사실을 사중(寺中)에 알리고 설득하기를 "망운암을 한 철만 그분들에게 맡기고 나는 육지의 어느 선방에 가서 참선을 좀 배워오겠으니, 양해해 달라"고 간청했더니, 허락을 해 주었다.

그때 나의 이런 말을 사중(寺中)의 소임자들은 믿지 않으려 했다. 우선 이렇게 떠돌아다니는 납자(衲子)들에게 어떻게 절을 맡기겠느냐는 것과, 나의 처지가 악착같이 한 푼이라도 모아 두었다가 유요(有要)하게 써야 할 터인데 절을 남에게 맡기고 어디를 간다는 것이냐는 등이었다. 그러나 내 생각은, 세속적인 복은 부족해서 어쩔 수 없었지만 기위(旣爲) 머리를 깎았으니 여법하게 갖추어서 그간 인연 맺은 세제(世諦)와 진제(眞諦), 어느 한쪽에도 흡족하지 못했던 인생사를 좀 보완해서 비슷하게라도 회향하고 싶었었다.

어렵게 양해가 되어 망운암은 그분들에게 맡기고, 나는 11월 초순 경 경남 고성에 있는 문수암(文殊庵)을 찾아서 첫 방부를 드리니, 순호(淳浩; 후일의 靑潭) 스님이 주장(主掌)이셨고, 고참(古參)으로는 안락(安樂; 후일 구담) 스님, 젊은이로는 석도륜(昔度輪) 스님, 그밖에 이름이 기억나지는 않으나 승속(僧俗) 10여 명이 함께 있었는데, 나는 채공(菜供) 소임을 보면서 입방선(入放禪)에 참여하고, 저녁으로는 혼자서『사집(四集)』을 보았다.

그때 도륜 스님은 누더기를 입고, 근행정진(勤行精進)함은 물론 식견(識見)이 넓어, 방선(放禪) 시간이면 평소 듣기 어려운 이야기를 많이 해 주어 나는 물론, 노소 대중이 다 재미있게 지냈다. 그 후 언제인가 서울서 만나니, 머리를 기르고 어느 대학에서 교편을 잡고 있노라고 했다.『장자(莊子)』에 나오는 "야학부추(夜壑負趨) 속어반장(速於反掌)", 즉 거룻배를 도적맞을까 봐 깊은 산 돌 틈에다 숨겨두었는데 도적 떼가 눈 깜짝 사이에 훔쳐갔다는 우화(寓話)와 같아서 실감이 나지 않았다.

문수암에서 그렇게 지내노라니 어느덧 겨울이 지나고 새해 정월보름을 맞아, 해제(解制)하고 대중 일동이 순호 스님 토굴 앞에서 기념 사진을 찍었다가 안거증(安居證)과 함께 받았다. 은근히 '나도 당당한 사문이다'라는 자신감 같은 것이 가슴 속에 뭉클함을 느꼈다.

구도 행각 시절.

12

범어사에서 구족계를 받고 방부를 들이다

1952년, 壬辰, 4월 9일, 24세

지난날, UN군사령관 벤 프리트 장군의 아들이 UN군 공군 조종사로서 청평(淸平) 댐 폭파작업에 투입되었다가 전사했는데, 다각적인 협상 끝에 북으로부터 그 유골을 찾아와서 임시 국군 및 UN군 '영현안치소(英顯安置所)'인 범어사(梵魚寺)에 임시 안치했었다. 그런데 이제 자기네 나라로 모셔가겠다고 하니, 우리 측에서 권유하기를 "이런 기회에 여러 순국 참전 영가들의 공을 기리고, 좋은 곳으로 왕생하기를 비는 합동위령제를 올린 뒤에 모셔가는 것이 좋겠다"고 권했더니, 그들도 "좋겠다"고 양해되어 1952년 4월 6일 (음 3. 12.)~4월 9일(음 3. 15.)까지 정부 차원의 합동위령제(合同慰靈祭)를 모시는데, 마지막 날에는 보살계(菩薩戒)와 비구(比丘) 비구니계(比丘尼戒)를 설하는 이른바 구족계(具足戒)를 설하기로 하고 전국에 알렸다.

그러나 막상 초청 대상인 젊은 스님들은 거의가 징집 대상 연령으로서 원

선찰 대본산 금정산 범어사 일주문.

행(遠行)에 불편한 이가 많았다. 예컨대 이런저런 사유로 징집에 불응한 이, 제반 신고사항을 위반한 이 등이었다. 그래서 정부에 요청하여, 이 행사에 참석하는 이들은 여행을 제한하지 않도록 전국적으로 협조 조처를 내려달라 해서, 그 청이 받아들여졌던 것으로 기억된다.

그래서 나도 참석하여 4월 6일 위령제에 참석하고, 4월 9일 그 회향으로 개설된 계단(戒壇)에서 구족계(具足戒)를 받았다. 화방사에 있을 땐 화방사가 제일 큰 절로 알았었는데 여기에 와서 보니, 절 규모도 크고 보고 들을 것이 많아 여기에 살고 싶어졌다. 좀 자세히 살펴보니 동산(東山) 스님의 회상(會上)으로서, 대중이 100여 명인데 모두가 전국에서 피난을 나오다가 머무는 분들인데 그분들을 뵙는다는 것만으로도 환희심이 났다.

시골 암자에서 제풀로 살다가 짜임새 있는 대중처소(大衆處所)에 오니, 비로소 사람 사는 곳 같았다. 도량의 크고 넓음과 대중들이 각기 소임을 맡아, 각기 자기의 소임만 완수하면 남는 시간을 쓸 수 있다는 점과, 조실(祖室) 스님을 비롯하여 제방(諸方)에서 피난 내려오신 스님네들을 뵙고 여러 가지를 배울 수 있어, 그야말로 "등동산이소노국(登東山而小魯國)", 즉 뒷산에 올라가서야 자기 살고 있던 동네가 좁았음을 비로소 알았다는 뜻인데, 그 시상(詩想)을 비로소 이해할 수 있을 것 같았다.

그때, 선원의 안 살림은 지효(智曉) 스님이 수장인 것 같았고, 현광(玄光)이라는 스님이 외교(外交)를 담당했고, 대표적인 사무는 법륜(法輪)이라는 내 또래의 젊은 스님과 고병완(高秉完; 후일의 光德 스님)이라는 처사가 맡고 있었다. 그 외에도, 피난 중인지라 남북(南北)의 제제(濟濟)한 인사가 100여 명이었는데, 고결(高潔)한 풍채로 자비가 넘치시는 원허(圓虛) 스님, 재기(才氣)가 철철 넘쳐흐르고 의복을 잠자리 날개 같이 입으신 월정사(月精寺) 중견 납자(中肩衲子) 탄허(呑虛) 스님, 심술기가 겉에까지 내비치는 봉선사(奉先寺) 명허(明虛) 스님 같은 분들이 인상적이었다.

개중에도 지선(智禪)이라는 내 또래의 젊은 스님은 동산(東山) 스님의 아드님이라는 데 부자(父子)가 한 도량에서 사는 것이 어린 내 마음에도 좀 이상해 보였고, 지선과 또래인 지종(智宗)이라는 수좌(首座)는 언행이 좀 익살스러우면서도 법도에는 조금도 어긋남이 없는 것이 특징이었다. 그중에도 의식(儀式)을 잘하는 통영 안정사(安靜寺) 출신인 태정(太靜)이라는 스님이 부러웠고, 젊은 스님들이 서로 반갑게 이야기를 나누는 것이 섬에서 혼자 살다 나온 나에게는 퍽이나 부러워 보였다.

그래서 범어사에서의 행사(行事: 합동위령제)를 마치자, 바로 화방사로 돌아와서 망운암 감원(監院)을 사임하겠다 하니, 화방사에서는 "왜 그러느냐?"고

궁금해했다. 그래서 그간 나의 심리적 변화를 말씀드리니, 해동당(海東堂) 서창동(徐昌東) 스님께서 깊이 이해하시고, 잘 처리해주셨다. 그래서 망운암 감원 소임을 인계하고, 다시 범어사로 가서 그해 6월 초순의 어느 날 큰방에 방부를 들었다.

이때는 이미 결제 중(結制中)인지라 평상시 같으면 당연히 방부(房付)가 안 되지만, 그때 마침 큰 행사 끝에 방부를 예약한 이가 있어, 나도 거기에 묻어서 방부를 들일 수 있었다. 그러나 나는 방부라는 것을 말조차 처음 듣는 일이어서 여기저기 물어보니, 통영 용화사(龍華寺)에서 온 태정(泰靜)이라는 분이 잘 알려주어서 방부를 잘 들일 수 있었다.

방부를 들이고 며칠 되지 않아, 조실(祖室) 스님께서 찾으신다기에 조실엘 갔는데 이 시골뜨기는 그 으리으리함에 정신이 헷갈릴 지경이었다. 그래서 정신을 바짝 차려 절을 하고 겨우 "저를 찾으셨습니까?" 하니, 내 이름과 나이를 물으시더니 대뜸 "선원(禪院)의 일을 좀 보라" 하시는 것이었다. 나는 깜짝 놀랐다. 이른바 '궁자경악(窮子驚愕)'이었다. 억지로 정신을 차려, 여쭙기를 "저는 남해 구석에서 온 무지렁이입니다. 대중에 방부를 들인 것도 이번이 처음이고, 아무것도 모릅니다. 저는 어떤 소임도 살 수가 없습니다" 하였더니, 더 높은 소리로 역정을 내시며 "이 소견 없는 것이 어른의 말을 거역한다?" 하시며 도리어 책을 잡으신다.

더이상 버틸 수가 없어 잠자코 앉아있으니, 그 무섭던 어른이 어느결에 봄눈 녹듯이 부드러워지시면서 "잘해보자"라고 격려해주신다. 그길로 나와서 며칠 지내노라니, 거기는 주로 고참(古參)들이 많아서, 하소임(下所任)은 싫어하기 때문에 나에게 그 불똥이 떨어졌었다는 사실을 알 수 있었다.

13

범어사에서 사부 운허 스님께 첫인사를 올리다

1952년, 庚寅, 7월 11일(음 5. 22.), 24세

내가 화방사에서 머리를 깎던 날, "너의 스승은 경기도 양주 봉선사(奉先寺) 운허(耘虛) 스님이시다" 했지만, 나는 그게 무슨 소리인지 무심히 지냈었는데, 범어사에 살면서 들으니, 운허 스님께서 여기 동래 범어사에 오셔서 매일 오후에 전 대중을 상대로『능엄경(楞嚴經)』강의를 하시는데 이미 제5권 중간에 이르렀다는 것이다. 듣는 이가 100여 명이나 된다고 했다.

그러나 나는 중이 되던 날 "너의 은사는 경기도 양주 봉선사 운허 스님이시다" 했던 말을 까맣게 잊고 있었고, 따라서 그분이 나의 은사 스님이라는 것도 전혀 생각하지 못하고, 처음으로 경전 강의를 듣는다는 호기심에 청강석(聽講席)에 참석했는데, 도대체 무슨 말인지 이해가 되지 않았다. 그래도 참고 앉아서 듣는 시늉을 하노라니, 어느 날 강의 끝에 청중들에게 시험문제를 내셨는데 시제(試題)는 "『능엄경』이 설해진 동기를 설명하라"였다.

그래서 나는 서둘러 『능엄경』의 앞뒤를 훑어보고, 계환(戒環)의 소(疏)도 섭렵해서, 건방지게 한문으로 "보살응기(菩薩應機) 시현미오(示現迷悟) 오타음실(誤墮婬室)"이라 써냈으니, 이 말의 뜻은 "아난보살(阿難菩薩)이 자비가 지나쳐서, 짐짓 도력이 부족하여 음실에 빠지는 모습을 보이셨다"였다.

운허당 용하 큰스님.

그 후, 어느 날 저녁에 시자(侍者) 소임을 보던 원기(圓機; 수덕사 스님)라는 자가 와서 전하기를 "조실 스님[우리 스님]께서 찾으신다"고 한다. 그래서 그 스님을 따라 가니, 동산(東山) 스님 방 뒤의 객실 하나를 쓰고 계셨다. 내가 절을 하고 꿇어앉으니, 낮에 내가 낸 답안지(答案紙) 밑 부분에다 주서(朱書)로 "미면경정(未免逕庭)", 즉 요점에서 한참 벗어났다는 뜻의 넉 자가 반행(半行)으로 선명하게 써진 것을 내 앞에다 내미신다. 얼핏 보아 내 답안지는 불합

격(不合格)이라는 것을 알고 내심에 좀 불쾌했으나 어쩔 수 없어 "이것이 무엇입니까?" 하고 가만히 앉았노라니, "본사(本寺)는 어디이고, 은사(恩師)는 누구시냐?" 하시기에 나는 얼른 대답하기를 "저의 본사는 경기도 봉선사요, 은사는 운허 스님이십니다" 하였다.

이때, 스님께서는 잠시 무엇엔가 생각에 잠기시더니, "그러면 네가 남해인가 어느 섬에서 왔느냐?" 하신다. 그래서 "그렇습니다" 했더니, 하하 웃으시면서 "언젠가 내게 공부할 사람을 보내겠다는 그런 내용의 편지가 왔기에 그러라고 했던 것 같은데 네가 바로 그 당사자인가" 하신다.

그러고는 이어 말씀하시기를 "이름은 무엇이라 했더냐?" 하시기에 "남해에서 중이 되었으니 남해의 용이란 뜻에서 해룡(海龍)이라고 지어 주셨습니다" 하니, "그렇지, 누군가가 이름을 그렇게 지으면 어떻겠느냐고 해서 무방하다고 했지. 참으로 기이한 인연이로구나. 그대는 경학(經學)을 익혀 부처님 은혜 갚는 일을 가게" 하셨다. 그러자 나도 어이가 없고 감격스러워서 얼른 일어나 여쭙기를 "은사 스님께 첫인사를 드립니다" 하고, 삼배를 올리고 물러났다. 이것이 우리 사자간(師資間)의 첫 상면(相面)이며, 1952년 7월 11일, 음력 5월 22일 저녁이었다. 그때의 그 말씀을 한시도 잊은 적이 없다.

그런데 당시 조실이셨던 동산(東山) 스님은 수좌(首座)들이 '참선(參禪)보다 경(經)에다 더 신경을 쓴다'고 판단하셨는지, 은근히 우리 스님과 청강하는 식구들을 좀 시원치 않게 표현하시는 말씀을 들을 때엔 '깨달으신 어른들의 세계에도 저런 '시샘'이라는 것이 있단 말인가?' 좀처럼 이해가 되지 않았다.

14

범어사에서 별난 첫 여름 안거를 성만하다

1952년, 庚寅, 여름, 24세

그때 동산(東山) 스님은 수좌(首座)들의 참선 공부에 지장이나 되지 않을까 걱정되시어서인지, 수좌들이 사부님의 '능엄경강의(楞嚴經講義)' 듣는 것을 탐탁지 않게 여기셨으나 '능엄경강의'는 그런대로 잘 진행되었으니, 파계사(把溪寺) 도원(道源) 스님, 월정사(月精寺) 희연(喜然) 스님, 설악산 신흥사(新興寺)에서 왔다는 성원(性源) 스님 등은 강사급(講師級)으로서 『능엄경』을 들으면서도 정진은 궐(闕)하지 않았었다.

이때 청풍당(清豊堂), 즉 선원(禪院) 사무실에는 법륜(法輪)이라는 우리 또래의 젊은 스님과 고병완(高秉完)이라는 처사가 있었는데 그중에도 고 처사(高處士)는 후일 출가하여 역시 동산(東山) 스님의 권속이 되었지만, 그때 이들 두 분이 사부님의 '능엄경강의'에 크게 애를 썼고 큰 도움을 주었었다.

그들은 매일같이 사부님께서 강의하실 내용의 원고를 받아다가 16절지

상단 4분의 1정도에는 『능엄경』 원문을, 그 나머지 3에는 번역하신 것을 넣어, 필경(筆耕)하여, 매일 프린트사에 가 복사해서 70여 명의 청중에게 나누어 주었다. 그 당시의 사회 상황으로는 매우 참신한 방법이어서인지 청강생들의 참여가 매우 높았었다. 그런데 전란(戰亂) 중인 상황인데도 사찰(寺刹)에서 이렇듯 방대한 양의 인쇄물을 복사해 낼 수 있었던 이유는 그 당시 사하촌(寺下村), 청룡리(靑龍里) 소대 청룡국민학교에 주둔하고 있던 의무부대 문관(文官) 장교(將校) 이완주(李完柱) 씨의 도움이었다.

그는 봉선사(奉先寺) 근처 직동리(直洞里)의 빈농(貧農)의 아들인데, 지난날 사부님께서 광동학교(光東學校)를 세우시고 학생을 모으실 때 응모된 학생이었다. 머리가 천재인 반면 가세가 빈한해 학교 다니기 어렵게 되자, 사부님께서 그를 시자(侍者)로 불러 같은 방에다 먹여 재우시고, 무엇인가 이름을 붙여 학비를 상당 부분 도와주셨다고 들었다. 그러한 그가 우리 광동학교(光東學校)를 졸업하고, 서울대학교 사범대학에 입학하였다가 재학 중 영장을 받아 입대하여 의무병과를 받아 대해 부대로 배속되었는데, 어느 휴일을 맞아 범어사(梵魚寺)엘 왔다가 스님들과의 대화에서 자신은 봉선사 인근 출신이라는 것과 운허(耘虛) 스님을 부모같이 모신다는 말에, 거승(居僧, 엮은이 주; 그 절에 사는 스님)들이 "운허 스님께서는 현재 이 절에 계신다"라고 일러 주어 만나게 된 사연이다.

이렇게 방외(方外)의 제자가 우연한 기회에 옛 스승의 도량을 찾게 되었고, 더구나 옛 스승께서 비전(祕傳)의 '능엄경강의'를 하신다는데 그 강의자료 70명분 정도는 한 부대의 의무장교로 해결이 가능했던지, 우리가 복사원지(複寫原紙)에 필경(筆耕)을 해 주면 매일 받아다 등사를 해다 주어, 강의가 잘 진행되었다.

이렇게 해서, 나, 조실 시자인 백양사(白羊寺) 출신 지흥(知興; 후일의 白雲) 스님, 월정사 출신 태정(泰靜) 스님 등이 시간에 맞추어 강당(講堂)과 선실(禪室)을 오가며 열심히, 그리고 재미있게 잘 수습(修習)해서 해제(解制)를 무난히 맞게 되었으니, 나로서는 첫 여름 안거[夏安居]로서 스스로 흐뭇해하기도 하고 자랑스러워하기도 한 해제가 눈앞에 다가오고 있었다.

　그런데 해제 바로 이틀 전인 음 7월 13일(양력 9. 2.) 동산(東山) 조실 스님께서 아무런 말씀도 없이 행방(行方)을 감추시니, 대중이 일대 혼란에 빠졌다. 나부터도 생각하기를 '조실 스님 없이 발급되는 안거증(安居證)이 유효하겠는가?'를 생각했었다. 그러니 사부님의 '능엄경강의(楞嚴經講義)'도 자동 멈춰졌고, 추석도 쇠는 둥 마는 둥 대충 넘어갔다.

　우리 스님께서도 얼마나 불안하셨던지 아무런 말씀도 없이 10월 5일(음 8. 17.), 짐을 싸 가지고 어디론가 떠나셨다. 나는 명색이 상좌라고는 하나 아직 앉을 자리 설 자리도 가리지 못하는 형편이기에 아무런 힘이 되어드릴 수 없었다. 어른들의 추한 모습을 아이들

범어사를 떠나 동학사에서 쓰신 운허 스님의 일기장.

에게 보이고 싶지 않으셨을 터인즉, 어린 내게 아무런 말씀도 없이 떠나신 것에 대하여는 오히려 타당한 수순으로 받아들였었다.

후일 사부님의 여중일기(旅中日記)인 『동학기(東鶴記)』를 보면, 1951년 11월 14일(음 9. 27.) 동학사에 정착하셨고, 1953년 8월 25일 동학사를 뜨셨고, 그해 11월 1일 자운(慈雲) 스님의 청에 의하여 통도사로 이우(移寓)하셨으니, 그간 친분이 계신 부산 문현동(文峴洞) 홍경(弘經) 스님과 초량동(草梁洞) 금수사(金水寺) 법홍(法洪) 스님 등의 처소에도 들르셨던 것으로 추측된다. 이렇듯 초조하게 기다리던 어느 날, 동산(東山) 스님께서는 훌쩍 돌아오셔서 아무 일도 없었던 것처럼 조실(祖室)에 드시고, 나도 여전히 소임을 보는데 조실 스님과 종무소(宗務所) 측이 가끔 충돌하는 모습이 눈에 띄었다. 그 이유는 당시 종단의 권력구조에서 오는 일종의 마찰이었다.

다시 말해, 조실 스님은 실질적인 이 산중(山中)의 어른으로서 사중(寺中)의 모든 시책을 당신의 뜻대로 해야겠는데, 종단의 임명을 받은 소임자들은 자기들의 직속 상관인 총무원장의 말을 들어봐야겠다는 것이었다. 그중에도 대표적인 충돌 사항이 있었으니, 국가에서 범어사 경내에다 '국립결핵환자수용소(國立結核患者收容所)'를 만들어야겠는데 현실적으로 선원(禪院)인 청풍당(淸風堂)을 써야겠으니, 선원을 딴 곳으로 옮겨달라는 것이었다. 그러나 이는 화약(火藥)에다 불을 지르는 격이 되었다. "이는 사판승(事辦僧) 놈들이 우리 수좌(首座)들을 내쫓으려는 수작이니, 우리 모두 총궐기하여 처자식을 갖은 중, 즉 대처승(帶妻僧)을 절에서 모두 몰아내자"는 입소문 속에 여름 안거를 끝냈다.

15

취처승 물러가라는 격문 쓰고 곤욕을 치르다

1952년, 庚寅, 歲暮, 24세

서기 1952년 세모의 어느 날, 업무보고 차 조실(祖室)에 들렀더니, 조실 스님께서 격하신 어조로 "종단의 분위기가 이런데 일을 본다는 사람들이 어찌 가만히 있기만 하는가? 이 사실을 제방(諸方)에 알려야 되지 않겠는가?" 하시며 불편해하신다. 이 말씀을 듣고 나와서 고 처사(高處士; 후일의 光德 스님) 등 몇몇 사람들과 상의를 했더니, 모두가 말하기를 "사판승(事判僧; 대처승)들의 무리한 주장에 반대하시는 조실 스님의 뜻을 널리 알려서 집단적인 대안을 찾아보라는 뜻이리라"라고 풀이해주었다. 그리고 나에게 그러한 뜻이 담긴 통문(通文; 공고문)을 만들라는 것이었다.

그러나 나는 그 말의 취지는 이해하지만 내가 나설 사항이 아님을 잘 알기에 굳이 사양했으나, 며칠을 두고 끈질기게 채근하기에 나도 자제력을 잃고 격문(檄文)을 썼으니, 그 제목은 "처자식을 거느린 중은 물러가라"였다.

고 처사는 출가하여 광덕 스님이 되셨고, 두 분은 당시의 인연을 오래 간직했다.

율장(律藏)에서 비구들의 지계(持戒) 정신을 강조하셨으니, 사자(獅子)는 맹수
라서 아무도 그를 멸망시킬 수 없는데 오직 자신의 몸에서 생긴 벌레만이
속에서 사자를 갉아먹어 죽게 하듯, 교단의 주체인 비구 공동체도 그 공동
체 자체 속에 계(戒)를 지키지 않은 행위가 불법을 망가뜨리고 있으니, 취처
승(娶妻僧), 즉 결혼한 중들은 승직(僧職)에서 물러가라는 내용이었다.

　그때의 세상에 나돈 격문(檄文)의 문구를 다 기억할 수는 없으나 그 줄거
리는 이렇게 기억된다. "오호(嗚乎)라 세쇠(世衰) 도미(道微)하야 사자신(獅子身)
중(中)의 충(蟲)이 사자(獅子)의 몸에서 생겨, 다시 그 사자의 살을 파먹듯이
불가(佛家)에서 생긴 취처승(娶妻僧)들이 도리어 불법(佛法)을 무너뜨리고 있으
니, 매우 딱한 일이로다. 이제 전국의 청정한 승가(僧伽)는 모두 궐기(蹶起)하
자." 이는 나 혼자만의 독백(獨白)이었는데 사무장 고 처사(高處士)가 갖다가
프린트를 해서 전국 사찰에 발송하고, 어언간 새해를 맞았다.

　그런데 누가 알았으랴? 이듬해(1953년) 1월 3일, 나름대로 양력설 분위기에

젖어있는 오전 10시경, 경찰을 앞세운 일당의 장년(壯年)들이 들이닥치더니, 우리를 큰방으로 불러 모은 뒤에, 나를 불러내어 질타하기를 "불순한 격문(檄文)을 쓴 것으로 보아 필시 간첩일 것이라"하며, 나를 끌어다 경찰에 넘겼다. 경찰은 일단 나에게 병역기피 혐의를 걸어 지서(支署: 지금의 파출소)로 끌고 가서 하룻밤을 유치장에 재우더니, 이튿날 부산 범일동(汎一洞) 부둣가에 있는 어느 보세창고(保稅倉庫)에 설치된 '병역기피자임시수용소(兵役忌避者臨時收容所)'라는 간판이 붙은 창고에다 집어넣는다.

거기는 알고 보니, 부산과 경남 일대에서 잡혀 온 병역 기피자들을 모은 곳인데 제법 많은 인원이 수용되어 있었다. 처음 들어온 나에게 자기소개도 시키고, 그 안의 법도를 잘 따르겠다는 선서도 시켰다. 그때 내심(內心)에는 '저들과 뒤범벅이 되어 어떻게 지내나?' 했었는데, 막상 겪어보니 전에 들은 형무소 생활과 같이 법칙도 있고 인정도 있어서 지낼만했다.

당시는 화폐개혁 실시 중이었는데, 몸에 지닌 돈이라고는 어제 누군가가 재빨리 내게 새 돈 구경하라고 갖다준 주화(鑄貨) 한 닢[설렁탕 한 그릇 값]뿐이었다. 나는 속으로 생각하기를 '올 것이 왔구나' 하면서 뿔이 삐죽삐죽한 통보리 밥과 소금국 한 그릇을 수저도 없이 지니고 다니던 이쑤시개로 입에다 긁어 넣는 식의 식사를 하며, 일선(一線)의 어느 최전방으로 배치될 날만 기다리고 있었다.

그동안 순호(淳浩: 후일 靑潭) 스님, 향곡(香谷) 스님, 경산(慶山) 스님 등이 혹 전혹후(或前或後) 다녀가셨고, 비룡(飛龍) 스님은 수시로 왕래하셨는데, 그편에 동산(東山) 스님의 안부와 지시 사항을 자주 들을 수 있었다. 이렇듯 바깥 소식이 빈빈(頻頻)해서 심심치 않더니, 입소(入所)한 지 3일이 되어 아는 체하는 이도 생기고 외부에서 저명한 분들이 면회를 자주 오시니 내가 무슨 힘을 가지고 있는 줄로 알았는지 은근히 궁금해하는 분위기도 생겼다.

16

국군영현안치소 참배차 오신 대통령께
교단 정화 필요성을 말하다

1953년, 癸巳, 新正, 25세

새해(1953) 1월 3일 아침에 수용소(병역기피자) 연락병이 들어와 나에게 나오라기에 나갔더니, 캠프 앞에 경산(慶山) 스님과 비룡(飛龍) 스님 등이 와 계셨고, 젊은 행자(行者)가 하나가 따라왔는데 당시 부산 선암사(仙巖寺) 석암(昔巖) 스님 회상(會上)에 있는 김지견(金知見)이라 했고, 그의 친구 하나가 국방부 무슨 요직의 비서로 있으면서 이번 사건에 빠르고 정확하게 손을 써서 오늘 내가 손쉽게 석방되게 되었다고도 했다.

그러나 나에게는 그저 눈이 부시도록 밝은 햇빛, 갯바람[海風]에 묻어오는 퀴퀴한 냄새, 그리고 그 부드러운 후감(嗅感), 발바닥에 밟히는 대지(大地)의 촉감(觸感), 모두가 엄청나게 황홀할 뿐이었다. 솔직히 말해 나는 황홀하다는 말의 참뜻을 그때에야 비로소 알았다. 자연이 주는 풍광(風光)이 이렇게도 황홀한 줄도 모르고, 그저 예사로운 것으로만 알고 살았던 내가 쑥스럽게 느껴지기까지도 했었다.

우리는 거기서 초량동(草梁洞)에 있는 임씨(林氏) 복덕심(福德心) 댁으로 안
내되어 준비된 옷으로 갈아입고, 잘 차린 점심을 먹고는 바로 범어사로 돌
아왔다. 며칠 동안 전과 같이 나 홀로 집을 보았다. 1월 12일, 그날따라 날
씨도 좋고 기분도 좋았다. 어른 스님들은 다 외출하시고 나 또한 별일이 없
어 도량이나 한번 둘러볼 양으로 나섰다.

이승만 대통령과 밴 프리트 장군.

그런데 누가 예측이나 했으랴? 내가 마침 종각(鐘閣) 앞쯤엘 지나는데 일진(一陣)의 귀빈들이 아무런 예고도 없이 들이닥치는데, 이승만(李承晚) 대통령 내외와 주한 미8군 사령관 제임스 밴 프리트 장군 내외 등 일행 50여 명이 새해를 맞아, 임시 수도(臨時首都)의 '국군영현안치소(國軍英顯安置所)'인 이곳을 참배차 왔다는 것이었다.

　　그런데 큰일이었다. 오늘따라 조실 스님도 안 계시고, 다른 고참(古參)들도 산철[해제 기간]인지라 모두 외출해서 우리밖에 없어서 죄송하다는 취지로 말했더니, 오히려 "우리가 예고 없이 온 게 오히려 결례가 된 것 같으니 젊은 스님은 부담스럽게 생각지 말고 일반 손님에게 안내하는 수준에서 주~욱 한 바탕 설명만 해 주시면 되오" 하는 것이었다.

　　그래서 내가 그분들을 모시고 경내를 한 바퀴 돌면서 들은 대로, 본 대로 설명을 죽~ 해 드리고는 행렬이 종각(鐘閣) 밑에 이르자 헤어지는 인사를 하는데, 내빈 중의 누군가가 말하기를 "각하께서 이렇게 어려운 걸음을 하셨는데 건의 사항이 있거든 말씀하시오" 한다. 처음에는 전혀 예상치 못했던 일이라 당황했었는데 대통령께서도 "할 말이 있으면 하라" 하시고, 다른 분들도 "이 좋은 기회에 한 말씀 하라"고 하기에, 평소 조실 스님에게 들은 몇 가지 사안을 제시했더니, 모두 옳은 말이라며 잘 처리해주겠다는 약속을 주었으니 그 내용은 대략 다음과 같았다.

　　첫째, 1948년 8월 정부가 수립된 직후 실시한 토지개혁(土地改革)으로 사찰 토지가 하나도 없게 되니, 부처님께 올릴 공양미(供養米)도 없고, 노승(老僧)들이 병이 나도 간호할 쌀도 없다. 그러니, 사찰 토지는 토지개혁 대상에서 제외시켜 달라.

둘째, 젊은 승려들을 무조건 징집해 가니, 부처님 시봉을 할 인력도 없고, 노승(老僧)들이 아파도 시중들 사람도 없고, 지붕에 풀이 나도 풀을 뽑을 수도 없으니, 사찰문화재(寺刹文化財)는 곧 소멸될 것이다. 그러나 그것이 어찌 승려들만의 책임이겠는가? 그러니 젊은 승려들의 징집을 전통문화 보존 차원에서 면제해 달라.

셋째, 현행 종법(宗法)이 승려의 대처(帶妻)를 허용하고 있고 그들이 사찰의 운영권을 가지고 있는데 반해, 실질적으로 가정을 떠나 수행하는 비구집단(比丘集團)은 그들의 지배하에 놓여 수행공간조차 차지하기 어렵다. 이 점을 국가에서 조절해 달라.

넷째, 주한미군에 관한 문제인데, 미군들이 휴가를 이용해서 사찰을 찾는 것은 환영하나, 풍속이 달라서 보기에 거북한 일이 종종 생긴다. 그러므로 미군 당국에서 일정한 교육을 시켜주면 좋겠다. 예컨대 공개된 장소에서 지나친 애정 표현을 하는 일, 크고 작은 건물에 신을 신은 채 들어오는 일 등이라고 했다.

이런 건의 사항에 대하여, 다른 분들은 정부에 돌아가 상의해서 그 결과를 알려주겠다고 했는데, 오직 미8군 사령관은 즉석에서 "좋소" 하고, "Remember Here"로 시작되는 공고 문안 하나를 써 주고 갔다. 며칠 후 그것을 페인트 집에 가서 써다가 범어사 보제루(普濟樓) 정면 벽에다 붙이니, 당장에 효과가 있었다.

17

범어사에서 동안거 지내고 부산 법화사로 가서 쉬다

1953년, 癸巳, 2월 18일(음 1. 15.), 25세

1953년 2월 18일(음 1. 15.) 범어사에서 동안거(冬安居)를 해제(解制)하고는 바로 떠나 부산 영도(影島)에 있는 법화사(法華寺)로 갔다. 그 이유는 그 절의 창건자 이씨(李氏) (法性華; 후일 법성 스님)라는 분과 혜명(慧明)이라는 젊은 스님이 절을 세우고 포교를 매우 잘한다는 소문을 늘 들었기 때문에, 그것을 보기 위해서였다.

와서 보니, 시내에서 영도다리를 건너면서 마주 보이는 고갈산(高碣山) 서록(西麓)에 위치한 사설사암(私設寺庵)인데 스님과 보살은 어떤 관계인지, 그리고 사설사암치고는 의외로 공공사업(公共事業)을 많이 하는 것이 특색이었다. 특히 피난 중에는 동국대학교가 부산 창신동 대각사(大覺寺)에 와 있었기 때문에, 동국대학교 박성권(朴性權) 교수와 서울대 사학과 교수 겸 고시위원(考試委員)인 황희돈(黃羲敦) 씨와 그의 아들, 그 밖의 많은 피난 인사들

도 수용하고 있었다.

주지 혜명(慧明) 스님은 법성(法性) 비구니 스님을 설득하여 절 전체를 〈정화자애원(淨化慈愛院)〉이라는 복지법인(福祉法人)을 만들어 전재고아(戰災孤兒)들과 무의무탁(無依無托)한 노인들을 거두고 있었다. 우리 모두가 해야 할 일을 그분들이 한다는 생각에 늦게나마 몸으로 참여하리라 했었다. 그때 내 소임은 고아원 어린아이들을 돌보라는 것이었는데, 최초로 부산시에서 위탁되어 온 아이가 4살짜리 이용주(李龍珠)였다. 당시 그 애를 데리고 온 중부경찰서 직원의 말에 의하면 자기네 정문 앞에 이 아이가 종일 울고 서서

존칭 생략/앞줄; 왼쪽부터 왕산–월운–운경–이용주(각원 보엽), 뒷줄; 왼쪽부터 태정–성파–밀운.
지금은 허문 동별당.

자기 아버지를 기다린다고 했는데, 해가 저물어도 아버지가 나타나지 않으니, 직원들이 시(市) 사회과(社會科)에다 데려다 맡겼고, 시에서 하룻밤을 재워서 이리로 데리고 왔다는 것이었다.

극도로 야위고 불안에 떠는 아이를 잘 달래서 씻기고 밥을 좀 먹여 재우고 나니, 말문을 열기 시작했는데, 서울 어느 '큰 돌 대문' 근처에 살다가 엄마는 집을 나갔고, 아버지하고 피난으로 부산까지 내려와서 며칠을 헤매다가 그날 경찰서 앞에 세워놓고 "내가 잠시 볼일 보고 해지기 전에 돌아올 터이니, 기다리라" 했는데 종일 안 오더라는 것이다.

그러나 들어보니, 버리고 간 것이 분명한데 얼마나 어려우면 제 새끼를 버리고 갔을까, 그런 상태로 예까지 와서 애를 경찰서 문 앞에다 세워놓고 "해지기 전에 돌아올 터이니, 기다리라"는 말만 남겨놓고 사라진 애비, 그런 어미 애비를 '행여나 올까?' 하고 밖만 자꾸 내다보는 꼬마, 실로 살아 움직이는 『화엄경』 속에 젖어 드는 심정(心情)이었다.

그런데 절 주인인 법화사 법성(法性) 비구니 스님이 내게 와서 말하기를 "그 아이는 너무 어리고 약해서 다른 아이들과 공동생활을 못 할 터이니, 스님이 같은 방에 데리고, 스님의 상좌처럼 돌보라"는 것이었다. 그러나 얼핏 생각하니 아이를 맡으면 귀찮은 일이 많을 것 같아 "나는 못해요" 했더니, 그 곁을 지나던 혜명(慧明) 스님이 한 마디 꼬집는다. "그것을 못 하겠다면 그 숱한 경전(經典)은 무엇 하러 읽었는가?" 하는 것이다. 그래서 할 수 없이 맡아 거두었는데, 나중에 내 앞으로 중이 되어 지금껏 인연을 끊지 않고 경상북도 선산 지역에 포교당을 하나 내고 포교를 잘하고 있다.

어려서는 사부님께서 일러주신 대로 보엽(寶葉)으로 부르다가, 내게 입실한 후에는 각원(覺苑) 당호를 주어 불렀다. 『화엄경』 첫 대목에 나오는 "보엽

부소(寶葉扶踈)하여 수음여운(垂蔭如雲)하고"라는 말씀처럼, 보배로운 잎사귀를 드리워 남들의 그늘막이 된다는 뜻인데, 사부님의 기대처럼 정말 그렇게 되었다.

또 그때 나와 함께 활동했던 스님으로서, 외형이 꼭 미군과 같다 하여 '오케이[OK]' 스님이라 불리던 분과 채동일(蔡東一; 후일 벽암) 스님 그리고 고성(固城) 옥천사(玉泉寺) 출신 오관수(吳官守) 스님 등이 있었는데, 그들은 자칭 군승(軍僧)이라 하고 시장에 가 '카키색' 군복도 사 입고, 모표(帽標)를 만들어 달고, 매일 밤새 끓인 보리차와 자기들이 만든 전단지를 들고 전방(前方) 어딘가로 가서 종일 포교를 하다가, 늦게 파죽[蔥湯]이 되어 돌아오기를 매일같이 했었다. 나는 고아원 아이들 돌보기와 그들의 뒤치다꺼리 하느라 범어사로 돌아갈 일을 까맣게 잊고 있었다.

18

사찰의 불량답 돌려주라는 대통령 유시 발표되다

1953년, 癸巳, 5월, 25세

   부산 영도 법화사에서 나름 자원봉사형식으로 이것저것 거들며 분주히 설치노라니, "불풍류처자풍류(不風流處自風流)", 즉 별 재미없어 보이는 곳에 남다른 재미를 누린다는 흥취(興趣)에 빠진 사이, 어언 5월로 접어들었다.

   정확한 날짜를 당시 일기에 적어두지는 않았으나, 어느 인편에 들으니, 5월 10일 정부 공시(公示)에 이르기를 '지난번에 일괄적으로 분배된 사찰 농지를 다음과 같은 요령으로 돌려주기로 했다'는 농림부장관의 공고문이 발표되었다는 것이다. 좀 더 자세히 말하면, 지난번에 사찰 농지를 일괄적으로 분배했었는데 이번 순시(巡視)로 잘못되었다는 것이 확인되었음으로, 농림부에서 주도하여 사찰 규모에 따라 일정 거리 안의 분배된 사찰 토지는 분배받은 자가 포기하는 형식으로 되돌려주게 하기로 했다는 것이다.

   그 구체적인 내용은 작은 절은 4킬로 이내, 중간 절은 8킬로 이내, 큰 절은 12킬로 이내의 분배된 사찰 토지는 지방 장관[읍·면장, 군수, 시장]의 책임 하에 이미 분배받은 이를 설득해서, 취하서(取下書)를 받아 되돌려주라는 것 이었는데, 이는 분명 지난 1월 12일 이승만 대통령 일행의 내방 때, 철부지 인 내가 건의한 일에 대한 화답인 듯했다. 여러 부처(部處)가 혹선혹후(或先 或後)해서 회신이 왔는데 그중에도 농림부(農林部)에서 먼저 왔다. 그러나 이 것이 어찌 쉬운 일이겠는가? 아무리 착한 사람이라 해도, 뜻밖에 합법적으 로 자기의 땅이 생겼는데 순순히 내놓을 사람이 몇이나 되겠는가?

개중에도 대체로 불심이 두터운 이는 가능할 수도 있겠지만 그렇지 않은 이들이야 매우 힘든 일이었다. 그럼에도 지방 장관들의 노력과 당사 주지들 의 신념과 대다수 국민의 협조로, 이미 분배받은 취득인들이 마음을 돌려 대체로 무난히 이루어져서 전통사찰(傳統寺刹)마다 현재의 토지를 확보하게 된 것은 큰 다행이라 해야 할 것이다.

그러나 일부 약삭빠른 취득인들은 요리조리 핑계를 대며, 협조하지 않다

이승만 대통령 취임식.

당시 경향신문 기사.

가 마침내는 집단으로 법적 대응을 해 오는 사례도 있었으니, 그중에도 대표적인 것이 해인사 사하촌(寺下村) 치인리와 구원리 주민들의 집단 반발로서 가장 오래 걸려 해결된 사건일 것이다. 그들의 주장은 한결같이, 경자유전(耕者有田)의 원칙에 따라 사찰토지가 분배된 것은 적법한 조처인데, 대통령의 말 한마디에 이미 법적 처리가 끝난 것을 포기하라고 강요하는 것은 부당하다는 것이었다. 이에 각 사찰 주지들과 지방 장관들도 애써서 상당 부분 잘 진척되었지만, '해인사 사건(海印寺事件)'이 끝까지 풀리지 않았었는데, 자운(慈雲) 스님이 주지로 취임하시면서 영암(映巖) 스님이 총무(總務)를 맡아, 마무리를 잘 지으심으로써 그와 유사한 사건에 좋은 판례(判例)를 만드셨다.

아! 나 같은 철부지의 예상치 못했던 저돌(猪突)로 각 사찰이 최소한의 불량답(佛糧畓)을 확보하게 되었고, 승단이 정화(淨化)될 계기가 마련된 것은 다행한 일이나, 그것이 만일 잘못되었을 경우, 어찌 되었을까를 생각하면 "미초족춘광(薇草足春光)", 즉 눈에 뜨이지 않게 미미한 잡초의 꽃도 봄의 풍광을 보탠다 했으니, 나로서는 큰 보람이었다.

19

대처승 물러가라는 제1차 대통령 유시 발표되다

1953년, 癸巳, 5월 20일, 25세

한편, 농림부와 비슷한 시기에 국방부에서도 회신이 왔는데, 그 줄거리는, "귀하가 진정하신 사안에 관하여 취지는 이해되나 젊은이들의 병역의무는 헌법 사항이므로 어쩔 수 없으나, 귀하들 쪽에서 소정의 신분증을 발급하고, 그 견본을 보내주면 현장에서 운영의 묘를 기하겠음"이었다. 이 통보를 받고, 조실 스님을 비롯한 당시의 간부들이 모임을 가졌는데, 처음에는 그 신분증의 이름을 '수도승 수첩(修道僧手帖)'으로 해서 한동안 그렇게 시행했었다. 그런데 얼마 지나지 않아 이 명칭에 문제가 생겼다. 선원(禪院)이나 사암(寺庵)에 속한 사미(沙彌)나 행자(行者), 내지는 처사(處士)가 이 수첩을 가지고 일을 보러 나갔다가 검문에 걸렸는데, 검문관(檢問官)의 입장에서 볼 땐 이들을 모두 '수도승'이라고 할 수 있겠냐? 그러니 다른 명칭을 써 달라는 것이었다.

그래서 다시 모임이 열렸는데 내가 참석했다가 분위기에 몰려 나서서 말하기를 "『사분율(四分律)』에 '계수례제불(稽首禮諸佛) 급법비구승(及法比丘僧)'이라 했습니다. 비구승(比丘僧)이란 고유명사인 동시에 승단 전체를 지칭하는 보통명사이니 '비구승 수첩(比丘僧手帖)'이라 하면 어떻겠습니까?" 했더니, 모두가 좋다고 해서 채택되었었다.

다시 '비구승 수첩'을 만들되 상례와 같이, 첫 장은 신분증을 넣고, 그 뒤로 내려가면서 각종 신원 사항을 기록하게 했다. 그때 그 신분증의 이름은 위와 같았고 발행인은 역시 동산(東山) 스님으로 했었던 것 같은데, 그때 발행인의 직함을 무어라 했었는지는 기억나지 않으나 아마도 전국비구승대표(全國比丘僧代表) 아모(阿某)라 했던 것 같다.

그러다가 그해(1953년) 20일, 이승만 대통령이 대처승은 사찰에서 물러나가라는 취지의 제1차 유시(諭示)를 발표하고, 그해 12월 26일 비구승 측에서 승려대회를 열고 태고사(太古寺; 현재는 조계사로 이름 변경)를 점거함으로써 이 사건은 사실상 비구승 측의 승리로 대단원이 잡혀갔다.

불교정화 운동.

이 무렵, 통도사에서는 구하(九河) 노사께서 자진해서 사찰 정화에 착수하셨으니, 이른바 그간 사판승(事判僧)들과의 연을 끊으시고, 보궁(寶宮) 관리자인 노전(爐殿) 소임을 자운(慈雲) 스님 일행을 청해 모셨다. 자운 스님께서 다시 우리 스님(엮은이 주: 운허)을 청하여, 그해 11월 1일(음 9. 25.) 탑광실(塔光室)에 드셨다. 나는 그때 철없이 자유로이 유랑(流浪)하느라 한동안 사부님 곁을 떠나 있었는데, 이 소식을 듣자 서둘러 통도사로 가서 어른들을 두루 찾아뵙고 탑광실로 가서 스님께도 뵈었다. 좋기는 하나 내가 머무를 공간은 보이지 않았다.

자운 스님을 비롯해 실질적으로 노전 소임을 맡기로 한 종현(宗現) 스님, 그 밖에 지관(智冠) 스님, 보일(普日) 스님 등을 만나 반가운 마음으로 이야기를 나누는 과정에서, 창원 성주사(聖住寺) 주지 문일조(文一兆) 스님이 오는 겨울에 오해련(吳海蓮) 스님을 모셔다가 강주(講主)로 모시고 강원(講院)을 개설한다는 소식도 이때 알았다.

최선이 아니면 차선이라도 택하라는 것이 보통 사람이 택할 수 있는 길인지라 우선 정규강원(正規講院)에서 공부를 할 수 있다는 기대에서 그리로 가기로 하고, 점심 공양 후 사부님께 이 말씀과 아울러 하직 인사를 고하니, 스님께서는 좀 서운하신 표정으로 사자목[獅子項]까지 따라 나오시면서, 자음(自吟)이신지 내게 주시는 경책(警策)이신지, "인간만사 불여의자 십상팔구(人間萬事 不如意者 十常八九)"라는 말씀을 여러 차례 되뇌이셨다. 이 말씀의 뜻은 인간이 사노라면 기대했던 대로 안 되는 일이 열에서 여덟이 넘으니, 뜻대로 안 되는 일을 예사롭게 새겨 넘기고, 다시 차선책을 강구해야 한다는 내용인데, 이런 말씀을 하시는 뜻은 성주사에 가서라도 경학(經學)을 열심히 하랍시는 분부로 이해되었었다.

20

마산 성주사에서 삼동결제 중 탈진으로
죽을 고비를 겪다

1953년, 癸巳, 겨울, 25세

1953년 11월 15일(음력 10. 15.) 경상남도 창원군(昌原郡; 현재는 창원시) 상남면(上南面) 천선리(遷善里)에 있는 성주사에 가서 오해련(吳海蓮) 강백(講伯)에게 『금강경오가해(金剛經五家解)』를 배웠다. 이때 주지 문일조(文一兆) 스님은 그 정체는 잘 모르겠으나 수단이 매우 비상한 사람이었다. 통도사 오해련 스님을 강주(講主)로 모셔다 놓고 강원(講院)을 열 뿐 아니라, 뒷산에다 선방(禪房)을 차린다고 엉성하게 집 한 채를 지어놓고는 불모선원(佛母禪院)이란 이름으로 성철(性徹) 스님의 후광(後光)을 끌어들여 수좌(首座)들을 모으고 있었다.

또 진해(鎭海)에다 무슨 학교를 세우고 무슨 포교당도 만들었다며, 가보자기에 따라갔더니 진해 시가지는 보이지도 않는 산골짜기(진해시 경화동 920번지)에다 누군가가 살다 버리고 간 널찍한 터의 허름한 민가 하나를 사서 절이라고 꾸몄는데 전혀 정이 안 갔다. 나중에 무슨 일이 있어 갔더니, 도시가 발전하여 그 골짜기까지 뻗어 들어와서 절이 시가지 안에 있었다. 터가 제법 넓으니 절 구색을 갖추고 정암사(靜巖寺)라는 이름으로 유치원까지 갖춘 도시포교당 역할을 톡톡히 하고 있었다.

학교라는 것도 포교당 근처에 있었는데 몰골은 망지불사(望之不似)였으니, 성주사 재산을 다 집어넣었다고 들었는데 요즘 알아보니, 그 학교는 '창원중고등학교'라는 이름으로 종단(宗團)과는 아무런 관계가 없는 사이라고 하니, 그 과정은 알 수 없으나 안타까운 일인 동시에 나는 이미 예측했던 상황이었다.

이때 선원에도 10여 명, 강원에도 10여 명이 살았는데 선원 대중으로는 자비 보살로 유명한 응석(凝石; 후일 무진) 스님이 고참으로서 기억에 남고, 강원에는 나와 재용(再聳) 스님이 『금강경오가해(金剛經五家解)』를 그해 결제 익

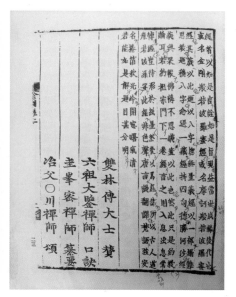

오해련 강백 문하에서 읽었던 『금강경오가해』.

일부터 보았고, 하루종일 쉬지 않고 문미(文味)가 나라고 글을 읽던 만학의 창현(昌玄) 스님 등이 기억에 남는다.

문(文) 주지가 좀 황당해서, 공양주와 채공은 학인들이 차례로 하라고 해서, 내가 먼저 솔선수범한답시고 공양주 소임을 첫 당번으로 들어가 15일간을 복무했는데 허리가 너무 아파서 쩔쩔맸었다. 부뚜막에 가랑이를 벌려 밥솥을 발로 끼고 앉아 밥을 푸는 등 죽을 고생을 했다. 그때의 충격으로 지금까지도 남에게 '군 밥상'을 차리게 하는 일 하나만은 꼭 하지 않으려고 명심하고 있다.

공양주 당번이 끝날 무렵에 병이 났다. 기력이 뚝 떨어지고 맥이 풀리면서 자꾸 쓰러지니 사람들은 누워 있는 나를 보며, 죽었다고 하는데, 나는 그 소리가 다 들리면서도 "나 안 죽었다"라는 말이 나오지 않았다. 이때 함께 있던 고참 재용(再聳) 스님이 주동이 되어 내 염(殮) 준비를 한다고 '삿자리'를 구해오는데, 마침 마산에 사는 오동동 보살이라는 분과 약사(藥師) 보살이라는 분이 왔다. 그들은 이 광경을 보자, 말하기를 "이것은 죽은 게 아니라 기진(氣盡)한 것이다"라며, 차를 불러 나를 싣고 자기네 집으로 가더니 '재첩국'이라는 국물을 한 방울씩 입에다 흘려 넣었다. 입에 침이 돌고 감겼던 눈도 떴다.

모든 병에는 약이 있다고 했는데 겪어보지 않은 사람은 모른다. 나의 경우 아무것도 목에 넘기지 못했었는데 그 '재첩국' 덕에 비위가 가라앉고 차츰 입맛도 회복되어 밥을 조금씩 먹을 수 있게 되었으니, 지금도 그 두 분의 은혜를 잊을 수 없다.

그런데 강주(講主) 오해련 스님은 과연 당대의 대강백(大講伯)이셨다. 그 어른은 얼굴이나 피부도 깨끗하시지만 성품이 매우 온화하시고 언행도 매우 조용하셨는데, 그 내부에는 '3장 12부(三藏十二部)'의 대법장(大法藏)을 쉬지 않고 굴리시는 분이셨다. 이력과정(履歷課程)의 어떤 부분, 어떤 행상(行相)을 여쭙더라도 직접 입으로 답을 주시는 것이 아니라, 그 답이 있는 경론(經論)을 꺼내서 착오 없이 그 문면(文面)을 찾아 딱 눈앞에 보여주셨으니, 그 이유는 '이렇게 책에 있으니 남에게 묻지만 말고 직접 찾아보라'는 뜻이시란다.

그럭저럭 그해 동안거(冬安居)를 마치자, 주지 문일조 스님이 차츰 불성실해지니 대중이 차츰 흩어지기 시작했다. 강사 스님께서도 짐을 꾸려서 떠나셨고 선원 대중도 대부분 흩어졌다. 그러나 나는 명색이 총무라는 소임을 맡고 있던 터라 무책임하게 떠날 수가 없어서, 주지의 상좌인 해경(海京)과 원철(圓徹) 두 사미를 데리고 살림을 꾸려 나아가고 있었다.

21

통도사 천자각에 강원 열리고
운허 스님 강사로 부임하시다

1954년, 甲午, 三冬 결제일, 26세

그러던 어느 날, "통도사에 공부할 여건이 생겼으니, 오라"는 기별이 왔다. 서둘러 짐을 싸 가지고 와 보니, 홍법(弘法) 스님이 말하기를 "강주 스님(講主, 엮은이 주; 운허)께서 지난 초겨울 결제(結制) 직전에 오셨는데, 그때는 아직 처소도 마땅치 않고 준비도 부족해서 연락을 안 했는데, 이제 해제도 되었고 해서 연락을 했노라"는 것이었다. 이어 말하기를 "때마침 부전 자리가 하나 나서 스님을 추천했으니, 서둘러 산철 방부(房付)를 들이고 함께 공부를 시작하자"라는 것이었다.

그래서 그 이튿날인 음력 정월 20일(양력 1954. 2. 23.) 보광전(普光殿) 큰방에 방부를 들이고, 이어 별당(別堂) 구하(九河) 노사에게 인사를 드렸다. 그러고는 보광전 지대방에 머물면서 동년배인 홍법(弘法) 스님, 겸곡(謙谷) 스님의 상좌인 우리 또래 영관(榮寬) 스님 등 셋이 『대승기신론필삭기(大乘起信論筆

削記)』를 보기 시작했다. 그간 속서(俗書)를 좀 본 실력으로 혼자 보던 불서(佛書)를, 이제 선생님 앞에서 제대로 배울 수 있는 시초가 되었다.

여기서 말하는 '방부'란, 스님네 풍속에 새로운 식구가 그 도량에 함께 살기를 청하면, 기존 대중들이 모인 자리에 나아가 자기의 신원과 온 취지를 밝히고, 아울러 이 대중의 법도를 잘 따르겠으니 한 대중으로 살도록 허락해 달라는 청원을 하고 대중에게 세 번 절을 하는 절차이다. 요즘 군인들의 전역신고(轉役申告) 비슷한 것으로서, 주로 대중이 다 모이는 바루 공양 끝에, 말석(末席)에 나아가 삼배(三拜)하고 꿇어앉아 사뢰기를 "소승(小僧)의 이름은 무슨 자 무슨 자이고, 나이는 몇 살이오며, 출가본사(出家本寺)는 어디이고, 스승의 법명(法名)은 누구시며 당호(堂號)는 누구이신데, 제가 미거(未擧)하지만, 이 도량에서 여러 스님네를 모시고 한 철 배우고자 왔으니 방부를 허락해 주십시오" 하고는 다시 일어나 세 번 거듭 절을 한 뒤에 꿇어앉아 처분을 기다린다. 그러면 '본방' 대중의 대표이신 조실 스님이나 주지 스님이나 입승(立繩) 스님이 나서서 사중 소임자들의 의견도 참작하고, 대중들의 의견도 수렴한 뒤에 대체로 이의(異意)가 없다고 판단되면 화답하기를 "잘 오셨소. 부족한 게 많지만 함께 사십시다" 하면 방부, 즉 입방(入房)이 허락되는 것이 상례였다.

'보광전(普光殿)'이란, 통도사 노전(爐殿) 서쪽에 이어져 있는 딴방, 즉 따로 솥을 걸고 독립 살림을 하는 곳인데, 여기는 당대의 걸승(傑僧)이신 구하 노사(九河老師)께서 주석하시는 곳이며, 월하(月下) 스님이 그 문수(門首)이시고, 극락암(極樂庵)에는 구하 스님의 사제(師弟)되시는 경봉(鏡峰) 노사가 수좌(首座)들을 제접하고 계시는데 벽안(碧眼) 스님이 그 문하를 대표하고 있는 쟁쟁한 도량이었다.

'지대방'이란, 승단의 공적 생활을 하는 큰방, 즉 판도방(判道房)에 붙어있는 조그마한 부속실(附屬室)인데, 여기에는 조실 스님 등 '본방' 어른들을 제하고는 일반 스님네들이 소지품이나 이부자리를 여기에다 보관해 두고 공동으로 쓴다. 방선시간(放禪時間)은 여기서 좀 쉰다든가, 바느질한다든가, 때로는 한 구석에 좀 눕는다든가, 혹은 또래끼리 모여 대화를 나누는 등, 누구나 편리하게 이용할 수 있는 일종의 공동 공간이다.

그래서 누군가는 '지대방 야화(夜話)'라는 글을 써서 승단(僧團) 사생활의 이면을 사회에 소개한 적이 있었는데, 지대방이란, 쉽게 말하면 스님네들이 시간에 맞추어 큰방에서 정좌(正坐)하고 방선(放禪) 뒤에 잠시 쉬거나, 정히 허리가 아픈 이는 잠시 허리를 기댔다가 가는 곳이란 뜻이다. 방선(放禪) 시간을 이용해서 친한 이끼리 모여 앉아 이야기꽃을 피우기도 하고, 자기의 옷가지를 빨아다가 매만지거나 다리기도 하고, 몸이 좀 불편한 이는 한쪽에 자리하고 좀 누워서 조리하기도 하는, 그야말로 스님네들의 공동의 사생활 공간이다.

뿐만 아니라, 길을 나선 객스님들이 사참(寺站; 여행계획)을 대어 숙소로 찾아들기도 했으니, 그편에 전국 소식을 골고루 들을 수 있는 정보 공간이기도 했었다. 그래서 왜놈들이 임진왜란(壬辰倭亂)을 준비할 때 정탐꾼을 만행납자(萬行衲子)로 꾸며 절 지대방마다에 깔아놓아, 정탐꾼을 배치하여 전쟁을 자기들의 승리로 이끌었던 정보의 교차로였다.

그러한 공간의 한구석을 얻어, 큰방 부전 소임을 보면서 홍법(弘法) 스님, 영관(榮寬) 스님 등과 『대승기신론필삭기』를 보노라니 고생도 많았지만, 그런대로 남들이 느끼지 못하는 기쁨도 없지는 않았다. 그러나 일단 세상사를 버리고 나온 내가 이토록 고학생처럼 공부하는 이유를 나도 잘 모르겠다는 사실이 짜증스럽기도 했다.

이렇듯 어려운 여건을 감내하며 경(經)을 보는데, 중간에 풍문이 돌기를 구하(九河) 노사께서 "천자각(天子閣)에 강당(講堂)을 부활시키라" 하셨다는 소문이 돌더니, 그해(1954) 삼동(三冬) 결제일(양력 11. 10.)을 기하여 사중(寺中)에서 거기에다 강원을 부활시키고, 사부님을 강주(講主)로 모셨다. 사부님은 천자각 패엽실(貝葉室)에 드셨고, 나는 천자각 뒤 별당채의 첫 방 하나를 얻어 옮겼다.

이 무렵(1954. 11. 10.)에 나는 지관(智冠), 홍법(弘法) 두 스님과 합류하여 '원각경반(圓覺經班)'을 차려 바야흐로 공부를 시작하려는데 또 중앙에서 연락이 왔다. 그 내용은 "오는 12월 1일을 기하여 서울 태고사(太古寺; 지금은 조계사로 명칭 변경)에서 '제2차 비구승대회'를 개최하니 전 대중 하나도 빠지지 말고 모두 다 모이라"는 내용이었다.

앞줄 의자 왼쪽부터 영암, 월하, 구하, 운허 등 네 큰스님.

참으로 딱한 일이었다. 사세(事勢)로는 꼭 가야겠는데 사부님께서 우리들의 그런 행보를 달갑게 여기지 않으시는 게 큰 부담이었다. 그렇다면 사부님께서는 자신도 젊으실 때, 승려의 취처(娶妻)를 막아야 한다고 조선불교학인대회(1928년 3월, 현 조계사의 전신인 각황사에서 개최; 사진은 이 책 239쪽 참조.)를 여셨다는데 왜 우리의 길은 막으시려는 것일까? 나중에 기회를 보아 넌지시 여쭈어보니 완만히 반대하셨으니, 그 이유는 공부하는 과정에 있는 사람은 그 일정한 기간에는 사변(事邊)에 관여치 말고 열심히 공부해야 교학(敎學)이 자기화(自己化)되어 후일 응용(應用)이 자재할 터인데, 공부도 이루어지기 전에 이권 투쟁에 먼저 뛰어드는 것은 마치 미성년자를 전쟁터로 끌어가는 것과 같은 정도로 생각하셨기 때문이었다. 사부님의 이 말씀이 백번 맞지만, 당시의 분위기는 종권(宗權)의 인수(引受)에 비중이 더 컸기 때문에 사부님의 말씀이 먹혀들지 않았다. 다시 말해 승가의 정통(正統)인 우리가 종권을 맡아서 우리가 집행하든지 누구를 시키든지 할 일이지, 기존의 대처승단은 없애야 한다는 강경론(强硬論)이 지배적이었다.

그러나 사부님 등 일부 어른들의 생각은 '공부하는 사람은 공부하게 놔두자'라는 것이었으나, 당장 싸움판에 인력(人力)이 부족하니 모이라는 독촉을 거부할 수가 없었다. 그래서 사부님께서 평소 이르시기를 "교단의 정화도 해야겠지만 정화가 끝난 뒤에 바르게 집행해 나아갈 젊은이들이 식견(識見) 쌓아 나아가는 일이 병행되어야 진정한 정화가 완성될 것이니, 너희들은 차분히 앉아서 공부를 열심히 하라" 하신 훈화(訓話)를 지키지 못하고, 11월 25일 새벽, 나를 포함한 젊은이들 모두가 '야반도주(夜半逃走)'하는 식으로 빠져나가 기어이 12월 1일 서울 태고사(太古寺; 후일 조계사)에서 열리는 '제2차 비구승대회'에 참석했다.

22

서울에서 통도사를 거쳐 다시
사부님 따라 연화사로 가다

1955년, 乙未, 3월, 27세

작년도(1954) 12월 1일, 서울 태고사에서 '제2차 비구승대회'를 끝내고 나자 일행들의 입장이 두 가닥으로 나뉘었으니, 예컨대 지관(智冠), 홍법(弘法) 등 강경론자(强硬論者)들은 이미 시작된 김에 대처승을 완전히 쫓아낸 뒤에 우리는 산으로 돌아가야 한다는 것이다.

나 같은 일부 온건한 사람의 생각은 좀 달랐으니, "우리는 세속으로 말하면 학생 신분이다. 쉬지 말고 공부를 해서 식견을 쌓아야 다음 차세대의 종단을 건전하게 이끌 수가 있을 터이니, 제방에서 온 학인(學人)들은 일단 각자 자신들의 강원(講院)으로 돌아가서 우선 경학(經學)에만 열중하는 것이 좋겠다"였다.

그런데 나의 이 주장을 따르는 이는 하나도 없었다. 모두가 모인 김에 대처승의 뿌리를 뽑아버리자는 생각뿐임이 분명했다. 어쩌면 그들은 생각하

기를 '자신도 이 기회에 공을 세웠다가 싸움이 끝난 뒤에 말사(末寺) 주지라
도 하나 얻어 나가리라'는 것이 아닌가? 하는 생각도 좀 들었다.

병서(兵書) 『육도삼략』 첫머리에도 "부주장지법(夫主將之法), 무람영웅지심(務
攬英雄之心), 즉 장수가 그 역할을 다할 수 있는 비결은 군중(群衆)의 심리를
잘 파악해야 한다더니, 젊은이들의 마음이 영웅(英雄)의 심리로 바뀌어 당
분간 산으로 돌아갈 사람이 없을 것 같았다. 그러나 나는 사부(師傅)님께서
궁금해하실 게 계속 마음에 걸려 서둘러 통도사로 돌아와 그간의 상황을
대충 사뢰고 죄송하다는 말씀과 함께 학인들이 돌아올 때까지는 방학을
하는 것이 좋겠다고 말씀드려, 허락을 받아 시행했다.

방학이 되자, 나도 별일이 없어 전에 내가 좀 살았던 부산 영도 법화사(法

연화사 신자 친목회 기념.

華寺)엘 내왕하면서 법문이나 해 주는 등으로 소일하는데, 어느 날 사부님께서 며칠 어디를 다녀오시더니 말씀하시기를 "내가 학인들이 마음 놓고 공부할 수 있는 자리로서 진주(晉州) 연화사(蓮華寺) 포교당을 맡아 놓고 왔으니 모두 그리로 가자" 하시는 것이었다.

생각건대 그 취지는 국가나 사회나 제2세를 위한 교육은 지속되어야 하는데, 여기는 중앙의 직접적인 지배를 받지 않아도 되는 영역으로서 포교당 포교사 소임을 맡아 놓고 오셨다고 하시니, 우리들의 공부를 염려하심이 극진하심에 새삼 감격했다.

배우려는 우리들의 생각보다 가르쳐 주실 어른의 생각이 더 간절하심에 새삼 감격한 우리는 "경학(經學)을 열심히 해서 정화된 종단에 기여하리라"라고 스스로 다짐했다. 중앙에서 싸우는 이들에게는 좀 미안하나, 이 또한 종단을 위하는 일이라는 생각에 그해(1955년) 3월 13일 사부님을 따라나서서 진주시 옥봉동 연화사로 옮겼다.

그때 동행한 이는 나, 자운(慈雲) 스님의 상좌 상운(祥雲), 법주사 종원(宗源), 부산 금수사(金水寺) 법홍(法弘) 스님의 상좌 호연(浩然) 대사 등이었고, 거기서 새로 만난 이는 파계사(把溪寺) 도우(道雨), 해인사 도안(道安)과 법인(法印) 두 스님, 그리고 키가 크고 사람됨이 서글서글한 호연(浩然) 등이었고, 합천서 심삼진(沈三鎭)이라는 행자가 새로 와서 시봉을 했으니, 그가 후일의 사부님 제자 관일(觀一)이다.(엮은이 주: 이 책의 172쪽에 관일 스님 사진 참조.)

내가 통도사 보광전(普光殿) 부전을 보면서 『능엄경계환해(楞嚴經戒環解)』를 봤었을 때, 당시의 동거 대중이 많이 동참했던 것으로 기억된다. 통도사 산내암자인 보타암(普陀庵)에 묵으면서 내왕하면서 『능엄경계환해』를 듣던 묘엄(妙嚴)과 명성(明星) 두 니사(尼師)도 따라와서 비봉산(飛鳳山) 기슭의 도솔암이라는 니암(尼庵)에다 자리를 마련하고 내왕하면서, 역시 그들만의 판을 차리고 공부를 했었는데 그들 역시 『능엄경계환해』를 했던 것으로 기억된다.

동거 대중인 호연(浩然; 부산 금수암 출신) 수좌가 어느 날, 어느 상가(喪家)에 시다림법문(尸茶林法門)을 간다기에 내가 번역한 「무상계(無常戒)」를 건네주면서 이것을 가지고 가서 독송해 보라고 했더니, 그가 막상 다녀와서는 "공연히 그 「무상계」 때문에 상가에서 봉변만 당하고 왔다"며 투정을 한다. 그래서 그를 진정시키고 사연을 들어보니, 상가에 가서 이 우리말 「무상계」를 고성(高聲)으로 독송하여 "영가여, 그대는 오늘 근(根)과 진(塵)을 훌쩍 벗어나서 신령한 알음알이[靈識]가 또렷이 드러나 부처님의 위 없이 거룩하신 계(戒)를 받게 되니, 이 얼마나 다행한 일인가?" 하는 대목에 이르자, 돌연 상가의 가족들이 열을 올리며 달려들어 멱살을 잡고 외치기를 "이 가짜 중놈아, 남의 악상(惡喪)에 와서 '이 얼마나 다행한 일이냐?'니, 무슨 악담(惡談)이냐?"며 항의하는 봉변을 당했다는 것이다.

이런 지난 경험을 되살려, 나의 졸저 『무상계강화』(도서출판 불천, 2011년 초판) 뒤편에 〈무상계 독송 의식〉을 부록으로 붙었다. 일과(日課)로서 날마다 독송할 경우와 의전(儀典)으로 누군가를 위하여 독송하거나 합송할 경우를 나누어, 소위 상황 소개인 '거량(擧揚)'을 이렇게 하라고 적어두었다. "부처님의 경전을 제가 있는 그대로 읽어드릴 터이니 잘 들으시고 극락왕생하십시오" 그러면서, 만일 어른에게 '영가야' 하기가 거북하다는 이유로 '영가시여'한다면 부처님이 영가에게 '영가시여'하는 꼴이 되기 때문에, 안 된다는 논리도 밝혀두었다.

23

사부님께 알리지도 않고 '제3차 비구승대회' 참석하다

1955년, 乙未, 6월 9일, 27세

진주 연화사(蓮華寺)에 있는데 그해(1955년) 6월 9일(음 4. 19.) 서울 조계사(曹溪寺)에서 '제3차 비구승대회'를 개최하니, 무루(無漏) 참석하라는 밀령(密令)이 내려와서 또 도리없이, 사부님께 알리지도 않고 빠져나가 참석하고 왔다. 이때, 동산(東山) 스님께서는 총사령관(總司令官) 격으로 활동하셨는데, 나를 보시더니 퍽 반가워하시며 "곁에서 일을 좀 보라"고 하신다. 그러나 나는 이 것이 그 어른께서 평소 사람을 대하시는 일종의 관례요 치레라는 것을 잘 알기 "예"하고 대답만 하고, 그 주변을 내왕하면서 며칠을 쉬었다.

그러던 어느 날, 이른바 대처승 측 대표이며 당시의 국회의원이었던 아모(阿某) 씨와 그쪽의 종회의장이라는 아모(阿某) 씨와 그 밖의 몇 사람이 와서 우리 측 대표와 휴전방안(休戰方案)을 토의하는데 주로 다음과 같은 내용이 라고 전해졌다.

〈법보신문〉에 실린 정화운동 당시의 법정 공방.

첫째, 승단을 독신승(獨身僧)과 대처승(帶妻僧)으로 양분하고,

둘째, 대처승에게는 3급 이하 사찰만 주지를 주며,

셋째, 대처승의 세습이나 신종(新種) 대처승을 인정하지 않으며,

넷째, 현재 대처승이 맡은 절은 여생을 보장해주며,

다섯째, 이 협의에 의해 쌍방이 휴전하고 공히 포교사업에 힘쓴다.

　　대체로 이런 내용이었는데 우리 측 일부 대표들은 부당하다고 분개하여, 곁에 있는 장척(長尺)으로 그쪽 어느 대표의 머리를 쳐서 피가 천정(天井)까지 치솟았다는 후문(後聞)이다. 이 소식에 대다수의 젊은이는 박수를 치며 찬양하는데, 나는 생각이 좀 달랐다. 세속(世俗)의 전쟁에서도 '항장불살(降將不殺)'이라 하여 항복한 장수는 죽이지 않는다고 했는데, 우리는 명색이 '일불제자(一佛弟子)'로서 그간 잘못된 부분을 바로잡고 앞으로 잘해보자는 노

력이 여기까지 왔거늘, 이런 상황에서 무조건 대화를 막겠다는 것은 현명한 처사가 못 되는 것 같다는 생각이 들었다. 생각이 여기에 미치자, 이 싸움이 장기전이 될 터이니 그 결과는 인연법(因緣法)에 맡겨두고 나는 내 할 도리나 좀 챙기자는 생각이 들었는데 그 첫째가 부모님 소식이나 좀 알아보자는 것이었다.

나의 고향은 개성 근처의 장단(長湍)이니 서울서는 100리 길이다. 그간 내가 집을 떠났고, 중간에 집 떠날 때 따라 나오셨다가 어머니가 되돌아가셨고, 6.25사변이 터졌고, 1953년 3월 7일 휴전협정이 체결되었건만 어머니 아버지와 동생들의 안부는 추호도 생각지 않고 지내던 것이 새삼 죄스러워졌다.

무슨 일이나 하는 양 여기까지 왔는데 나를 되돌아보니, 지난날의 푸른 꿈은 다 어디다 버리고 결국 이런 분규의 한복판에 서 있다는 내가 몹시도 철없게 느껴졌다. 그래서 이왕 서울까지 왔으니 어딘가로 피난을 나오셨을 부모님 소식이나 알아보자는 생각이 문득 들었다.

24

집 나 온 뒤 8년 만에 피난 나오신 부모님을 찾아뵙다

1955년, 乙未, 6월 13일, 27세

그러나 가족들이 모두 전란(戰亂) 중에 무사한지도 모르겠고, 설사 무사하시더라도 모두 피난을 나가셨을 터인데 어떻게 찾으랴? 그래서 생각한 것이 우리 고향은 김장과 청과류를 많이 재배해서 서울로 올리던 곳이니, 동대문 청과시장(靑果市場) 같은 데로 가서 찾으면 행여 그쪽 소식을 알 수 있을 것이란 생각이 들었다.

그러나 쉽지는 않았다. 그야말로 각성(各姓)바지가 들끓는 곳인지라 가능성이 희박했다. 그러나 의외로 빨리 단서가 잡혔으니, 파주군 적성면 식현리(食峴里; 속칭 밥재)에 살던 이종사촌 형 정운채(鄭運采) 씨가 파주군 광탄면 용주골 입구 개울가에 천막을 치고, 임시로 세운 어느 초등학교 교사로 있다는 것을 알았다. 그 길로, 운채 형을 찾아가 친가와 외가의 소식을 들었는데, 우리 식구들은 파주군 문산읍(汶山邑) 향양리(向陽里) 안능안이라는 동네에 계시다는 것을 알았다. 한걸음에 달려가 부모님과 가족들을 찾아뵈오니, 반가움은 잠시이고 그 비참한 모습에 모진 내 눈에서도 평생 처음 눈물이 나왔다. 그날이 바로 1955년 6월 13일이었다.

그렇게 어려운 전란 틈에 가족의 손상이 없었다는 것은 천만다행이지만 얼마 전까지만 해도 토굴을 파고 사시다 상황이 좀 나아진 것이 이 꼴이라니, 죄스럽기까지 했다. 당초에는 '나도 어디를 가서 좀 벌어다가 부모님께 효행을 좀 해 보자'던 것이, 이토록 고생들을 하시는데 나만 고대광실에서 호사스럽게 살다 온 것이 죄스럽기 짝이 없었다.

큰누이 성순(成順)이는 법원리에 사는 오석환(吳錫煥)이라는 사람에게 인연지어 출가시켰고, 둘째 업순(業順)이는 금촌에 사는 정갑진(丁甲鎭)이라는 사람에게 짝지어 출가시켰고, 셋째 유순(柔順)이는 선유리(仙遊里)에 사는 이홍경(李

동짓달 난리 때의 피난민 행렬.

弘卿)이라는 사람에게 출가시켰는데, 생활들이 흡족하지는 못하나 피난 중 생명을 보존해서 다시 만날 수 있다는 사실 자체가 고맙기만 했었다.

남아있는 막내 누이 임순(姙順)이와 경상도까지 업혀 갔다 온 동생 성율(成律)이와 남방에서 돌아오신 뒤에 보신 막내 동생 성수(成洙: 成德) 등 셋도 어려워 보였다. 모두가 맏이인 내가 나약해서 나만 빠져나가는 바람에 이렇게 되었다는 자책감에 퍽이나 마음이 괴로웠었다. 그렇다고 내가 집에 있었던들 별수가 있었겠느냐는 자문(自問)에 역시 대답할 말이 없었다는 것이 더 괴로웠다. 더욱 괴로웠던 것은, 어머니의 왼쪽 눈이 푹 꺼져든 함몰 현상이었다. 어째서 그런가를 물으니, 막내 누이동생의 말에 "만날 오빠 보고 싶다고 눈물을 흘리고, 닦고 해서 눈이 짓물러서 그렇게 되었다"라고 했다. 이 얼마나 가슴 아픈 일인가?

그때, 나는 아연(啞然) 말이 막혔다. 이러니저러니 해도 나는 일신 편케 잘 지내면서도 부모 형제를 생각지 않은 것은 아니지만 이토록 간절하게 이 못난 아들을 생각하시리라고는 생각지 못했었기 때문이었다. 그래서 나도 모르게 '저 식구들에게도 내가 해야 할 응분의 책임이 없지 않을 터인데, 내가 깊이 생각하지 못해 여기까지 멀리 와서 보니, 도덕적인 빚이 더욱 무거워지는구나!' 하는 생각을 했다. 그리고 그 은혜를 갚는 길이 무엇인가를 생각하면서 하루쯤 더 지내고는 서울을 거쳐 진주(晉州) 연화사로 돌아와서 겨울을 났다.

25

다시 진주 연화사로 내려와서 홀로 겨울을 지내다

1955년, 乙未, 7월, 27세

'제3차 비구승대회'(1955. 6. 9.)가 끝나자, 서둘러 진주 연화사로 돌아와서 본
연(本然)의 자리로 들어가려는데, 그해 8월 13일, 비구승 측의 종헌 선포로
전국 유수(有數)한 사찰을 거물급 스님네들이 발령을 받아 나가니, 젊은 비
구들은 마음이 해이되어 갈피를 잡지 못했다.

그 무렵에 자운(慈雲) 스님이 합천 해인사(海印寺) 주지를 맡으시고 영암(映
巖) 스님이 그 총무를 맡아 살림을 차리시는데, 사부(운허 노사)님께서는 그분
들과 합류하여 강석(講席)에 앉으시기로 되었으니, 대략 수습하고 바로 해인
사로 합류하랍시는 사부님의 전갈이 왔다.

그해 11월 27일(음 10. 14.) 사부님 등 일행은 해인사로 떠나셨는데, 나는 몸
이 안 좋아서 뒤에 처졌다. 그러나 몸이 안 좋았다는 것은 지금 솔직히 말
하면 핑계였다. 그토록 처참한 피난 생활을 하는 부모님과 동생들의 모습

해인사에서, 맨 앞줄 왼쪽이 월운 스님.

이 자꾸 눈앞에 떠올라서 사라지지 않으니, 그런 혹진(惑塵)을 달고 가서야 어디를 간들 무엇을 할 수 있겠느냐는 생각에서였다.

그때의 솔직한 심정은, 다 털어버리고 속세(俗世)로 나가서 껌이라도 팔아 단돈 한 닢이라도 벌어서 부모님께 봉양하고 싶은데 그 또한 거기에 상응하는 용기와 결단력이 부족했다. 그중에도 가장 마음에 걸리는 것은 사부님께서 그 정중(鄭重)하신 인품(人品)으로 나에게 거시는 기대를 모른 체 할 수가 없었다. 우리 주변에 '진퇴양난'이란 말이 있으니, 이러지도 못하고 저러지도 못한 채 엉거주춤 망설이고 있다는 뜻이다. 나 또한 그 꼴이 되었다. 훌렁 벗어버리고 부모님 곁으로 가자니 그간 이룩한 부처님의 인연이 너무나 소중하고, 눈 딱 감고 이 길을 계속 가자니 그 또한 인간의 도리가 아니라는 생각이 앞을 막는다.

이렇듯, 앞으로도 나아갈 수 없고 뒤로 물러설 수도 없는 상황에 이르니, 입맛까지 떨어져서 밥을 먹지 못했다. 밥을 먹지 못하니 기운이 떨어져서 저녁에 잠을 잘 수가 없고, 잠을 자지 못하니 더욱 입맛이 떨어져서 속절없이 말라죽을 지경이 되었다.

며칠을 두고 골똘히 생각한 끝에 얻은 것이 '수분수류(隨分隨流)', 즉 흐르는 물결대로 따라가며 살자는 것이었다. 얼핏 보면 이는 어느 달사(達士)가 세상사(世上事)에 걸림 없이 살아간다는 뜻과도 같지만, 나의 경우는 주어진 여건에서 최소한의 의무는 감당해야 제2 제3의 비극이 예방될 수 있다는 생각에서였다. 다시 말해, 나의 경우 내가 정처 없이 집을 나옴으로써 일시적이나마 가족들에게 고생을 시켰는데, 이제 저런 상황을 보고서도 내 경전 공부나 하겠다고 덜렁 그 길로 몰입한다는 것이 마음에 부담스러웠다. 그렇다고 옷을 벗고 뛰쳐나가자니 오랜만에 만난 불법(佛法)을 훌쩍 버린다는 것도 쉬운 일이 아니었다.

그래서 생각하기를 '나같이 나약한 사람은 일단 시작한 경전(經典) 공부나 열심히 하는 것으로 부모님 무고하시기를 비는 기도(祈禱)로 삼고, 경학 진작(經學振作)에 힘써 출가인(出家人)으로서의 자질을 소분(少分)이나마 쌓아보리라'고 편한 마음으로, 우선 보이는 『능엄경계환소』를 혼자서 보며 겨울을 지내다가 이듬해 3월 통도사를 떠나 해인사로 갔다.

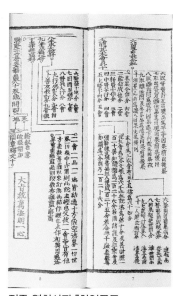

진주 연화사판 『화엄품목』.

26

해인사 강원에서 대교를 이수하다

1956년, 丙申, 3월 22일, 28세

통도사 선원(禪院)인 보광전(普光殿) 지대방에서 몸조리를 하노라니 어언 해가 바뀌었다. 이듬해인 1956년 3월 22일 짐을 꾸려 해인사로 갔다. 승가의 관례에 따라 방부(房付)를 들이고 지관(智冠) 스님과 대교(大敎: 玄談)를 차렸는데, 지관은 회계 소임을 보느라 바빠서 미리 보지도 못하니房付실질적으로는 나 혼자 보는 형편이었다.

나에게는 우리 스님의 체면을 봐서인지 과분하게도 궁현당(窮玄堂) 뒤채에 있는 영암(映巖) 스님 방과 인접한 객방(客房) 하나를 주어, 거기로 들었다. 영암 스님은 평소 듣던 것보다 훨씬 소탈하고 겸손하셨으며 허식을 벗어난 숨은 도인(道人)이셨다. 겉보기에는 그저 키가 좀 나직하시고 언행이 좀 소탈한 어느 촌노(村老) 같으신데, 눈이 봉안(鳳眼)인지라 사물을 관찰하심이 예리하시고 조모근행(朝暮勤行)이 철저하셨다.

곁에서 뵌 바로는 아침저녁으로 좌선을 하시는 것 같았고, 깨어서는 무엇인가를 쉬지 않고 독송하시는데 주로 「제경서(諸經序)」, 「청량국사 왕복서(往復序)」, 「대예참(大禮懺)」, 「능엄주(楞嚴呪)」 등임을 보고, 내심 경탄했다. 나는 그때까지 그분을 '권승(權僧)'으로만 알았고, '권승'은 막행(莫行)하는 것으로만 알았었는데, 이토록 근행(勤行)을 철저히 하시다니 실로 '대선지식능지물정(大善知識能知物情)', 즉 참 선지식은 모든 물정을 잘 안다는 말이 이런 어른을 지칭하는 말이라는 것을 새삼 알았다.

그간 세간에는, 정화 주체세력인 수좌 집단은 이판(理辦)으로서 사변(事邊)에는 관심 없이 편하게만 살았기 때문에 정화 후에 사찰을 어떻게 관리하려고 그러느냐는 식의 우려 겸 비판이 많았었는데, 영암(映巖) 스님이 총무를 맡아 집안일을 총괄하시니 그 큰 덩어리가 잘 굴러가서 그러한 의구심이 전국적으로 모두 사라졌다.

영암 스님은 원래 통도사 근처인 상남면(上南面)의 어느 동네 출신으로서 동진(童眞)으로 통도사(通度寺)에 출가하여, 갖출 것을 다 갖추시고는 오대산 월정사(月精寺)로 가서 가깝게는 주지인 이종욱(李鐘旭) 스님을, 멀리는 방한암(方漢庵) 스님을 모셨던 종무(宗務)의 베테랑급인 동시에, 경학(經學), 선지(禪旨), 의식작법(儀式作法), 업무추진, 나아가서는 젊은이들의 공차기까지에도 한몫을 톡톡히 하시는 종합적인 종장(宗匠)이셨다.

그런 분이 주지 자운(慈雲) 스님의 외호를 자임하고 나섰고, 선암사(仙巖寺) 석암(昔巖)스님의 상족(上足)인 종현(宗現) 스님이 노전(爐殿)을, 자운(慈雲) 스님의 상좌 지관(智冠) 스님이 회계(會計)를, 철정(哲淨; 後日의 신정균 씨) 스님이 종무소 일을 맡았고, 선원(禪院)에는 지월(指月) 스님, 무진(無盡) 스님, 도견(道堅) 스님 등이 계셨고, 강원(講院)에는 사부님이 계시고, 인욕 보살 재용(再鎔) 스님, 진용(眞容) 등 고참(古參)들이 포진하고 있어 아주 오래 묵은 산중(山中)다웠다.

한편, 나에게는 중강(仲講)을 겸하라고 해서 '능엄회'를 차렸는데 적묵(寂默), 철인(哲印), 원철(圓徹) 등 이름은 다 기억되지 않으나 쟁쟁한 이가 많았고, 실력도 상당해서 토론이 가능했었다. 그래서『인악기(仁嶽記)』를 보는데, 매양 중요한 대목에 이르러서는 "『환해(幻解)』를 보라"하고 해석을 그리로 미루니 안달이 날 지경이었다.

그래서 늘『환해(幻解)』를 한 번 보기를 희망했었는데, 어느 날 통도사 사하촌(寺下村)엘 내려갔다가 엿장수 고물함에 고서(古書) 하나가 섞여 있기에

선문염송 수학을 마친 기념으로 1958년 통도사에서 찍은 사진. 앞줄 오른쪽부터 영암·운허·월하스님, 뒷줄 오른쪽부터 지관·홍법·월운스님.

가까이 가서 살펴보니, 그것이 바로 평소에 말로만 들었던 『능엄경환해산보기(楞嚴經幻解刪補記)』의 필사본(筆寫本)이었다. 너무나 반가워 얼마인가를 주고 그것을 차지했다.

이때 마침 제주도에서 온 도환(道還)이라는 사미(沙彌)가 있었는데, 그는 서경보(徐京保) 스님의 상좌로서 속명은 현지준(玄至濬)이라 했고, 재주가 다양했다. 글씨를 잘 쓸 뿐 아니라 프린트용 원지(原紙) 필경(筆耕)도 많이 해 봤다고 했다. 그래서 내가 넌지시 제의하기를 "내가 매우 중요하게 여기는 전적(典籍) 하나를 프린트로 복사해서 제방(諸方)에 나누어 주고 싶은데 좀 도와줄 수 있겠느냐?" 했더니, 즉석에서 "좋다"고 했다.

그래서 내가 매일매일 『능엄경환해산보기』 일정 부분을 정서(整書)해 주면 그가 필경(筆耕)해서 복사하고, 복사한 것을 학인들에게 나누어, 그것을 보면서 공부를 하게 하니, 이른바 '사반공배(事半功倍)'였다. 이렇게 해서 다음 해(1957년) 초가을에 『능엄경환해산보기』를 프린트판으로 '해인사강원' 이름으로 발행하니 실로 감격스러웠다. 사부님께서도 매우 기뻐하시며, 그 책머리에 「프린트판을 내면서」라는 제목으로 감회의 일단을 밝혀 주셨다. 한편, 『능엄경사기(楞嚴經私記)』, 즉 『능엄경사족(楞嚴經蛇足; 仁嶽記)』은 교정까지만 봐 놓고, 출판하지 못한 채 해인사를 떠날 때 통도사로 가지고 갔다가 1960년도 통도사에서 출판했다.

2005년 활자본으로 출판한
『능엄경환해산보기』.

27

대교과 졸업 후 비구계 또 받고 국내 일주 여행 떠나다

1957년, 丁酉, 8월 10일, 29세,

지난해(1956년) 3월, 해인사로 와서 17개월 동안 지관(智冠) 스님과 함께 대교(大敎)를 시작해서 이미 「십지(十地)」에 들어갔는데, 그는 너무 바빠서 좀처럼 논강(論講)이나 문강(問講)에 참석치 못하는 것이 오히려 정상적인 상황이 되었다. 그래서 거의 나 혼자 『화엄경청량소』를 보면서, 한편 중강 소임을 맡았기에 사교반(四敎班)을 가르쳤다. 어느 날 갑자기 사중(寺中)에서 공고하기를 "8월 10일은 강원 졸업식을 시행하고, 10월 9일은 자운(慈雲) 스님을 계사(戒師)로 모시고 수계식(授戒式)을 봉행하니, 모두 참석하라"는 내용이었다.

그때, 나는 생각하기를 '어찌하여 이런 일들을 사전에 아무 말도 없이 이렇게 촉박하게 서두는지?' 그 저의(底意)가 상당히 궁금했으나 '어른들께서 하시는 일이니 잘못될 일이야 없겠지' 하는 생각에, 시키는 대로 그해 8월 10일 졸업식에 참여하여 나는 대교(大敎) 졸업장을 받고 그해 10월 9일에는 자운 율사(慈雲 律師)의 이름으로 구족계를 다시 받았다.

구족계란 보살계와 비구계를 묶어서 이르는 말인데, 이는 이미 서기 1952년도에 범어사에서 동산(東山) 스님에게 받은 터라 다시 받는다는 게 좀 어색했지만, 정화(淨化) 후 처음으로 열리는 비구계단(比丘戒壇)이라는 점과 계는 좌수입파(坐受立破) 즉 앉아서 받고 서서 파하더라도 공덕이 되니, 거듭 받을수록 좋다는 통설(通說)에 따라 다시 받았다.

그러나 대교 졸업식(大敎卒業式)을 이렇게까지 서둘러 마치고, 전 대중을 이끌고 통도사로 가려는 눈치인데 내게까지 숨겨야 할 게 무엇인지 궁금하기도 하고 서운하기도 했다. 분명 윗전에 무슨 심각한 알력이 있는가 본데 지관(智冠) 스님까지 내게 한마디 귀띔도 없는 것은 너무나 서운했었다. 특히 그날 사부님께서는 먼저 해인사를 떠나 혼자 통도사로 가셨는데, 역시 내게 아무 말씀도 없으신 것이 서운하고도 궁금했었다.

며칠을 이렇게 궁금해하다가 당시 종무소 일을 보았던 지관(智冠)에게 조심스럽게 접근해서 힘겹게 알게 된 내용은 대략 다음과 같았다.

> 첫째, 청담(靑潭) 스님은 비구승단을 대표해서 이번 정화불사(淨化佛事)를 주도(主導)해서 성공케 하신 분으로서, 갑자기 "내가 해인사 주지를 해야겠다"라고 하시니 우리는 어쩔 수 없이 해인사를 비워 드리고 떠나야 한다는 것이었다.
>
> 둘째, 이런 상황을 잘못 다루면 자칫 종단의 이미지가 추락 되어 정화의 전리품 다툼으로 비추어질 우려가 있어, 정화(淨化)의 주장(主將)인 청담(靑潭) 스님의 말씀을 따라야 한다는 것이었다.
>
> 셋째, 이런 상황을 통도사 측에 긴급히 알리고 협조를 요청한 결과,

"정화(淨化)의 선봉장으로서 갑자기 심적인 변화를 일으켜 해인
사를 써야겠다면 비워 드리는 것이 옳다고 생각되는데 스님네
들이 오시겠다면 통도사 노전(爐殿)채를 내드리고 운허(耘虛) 스
님은 강석(講席)에 모시겠다"는 것이었다.

이렇듯 서운한 소식을 듣고 나니 감회가 착잡하여 모든 것이 손에 잡히
지 않았다. 그래서 평생 처음 바람이나 좀 쏘여보자는 생각에 종원(宗源)과
도환(道還), 두 학인(學人)을 데리고 평생 외출을 모르던 '맹꽁이 3형제'가 큰
마음을 먹고 일단 길을 떠났다. 대구까지 나와 생각하니, 아직 경주 불국사
를 못 보았는데 거기를 먼저 보고 싶었다. 평소 말과 그림으로는 많이 듣고
보았지만 '백문불여일견(百聞不如一見)', 즉 백 번 듣는 것이 한 번 보는 것만
못하다는 격으로 한 번 직접 보고 싶었다. 그래서 곧장 불국사를 찾아가니
마침 서경보(徐京保) 스님이 불국사 주지인데, 해인사에서 나와 같이 있는 도

통도사 강사 시절; 중앙의 뒷모습이 월운 스님.

환(道還)의 스승인 동시에 제주 관음사 주지를 겸하고 있었다.

그 어른과 나는 평소 잘 아는 터인지라, 며칠 동안 머무르면서 불국사는 물론 경주 일대를 두루 돌아보니 실로 마음이 뿌듯하고 감격스러웠다. 불국사 경내의 모든 성물(聖物)과 경주 일대의 모든 유적도 그렇거니와 왕릉(王陵), 사탑(寺塔), 석빙고(石氷庫), 첨성대(瞻星臺), 에밀레종 등, 평소 말로만 듣던 유물과 유적들을 직접 실컷 보니 감개무량했다.

더구나 불국사 사무장 박(朴) 씨라는 분이 우리를 데리고 다니며 친절하게 안내를 해 주어 매우 고마웠는데, 어느 지점에서였던가 다섯 분상(墳上)의 묘(墓)가 종(縱)으로 줄지어 놓인 것을 가리키며, 옛날에 이 고장에 다섯 과부가 살면서 너무나 올곧게 수절(守節)을 하다가 죽어서, 동네 사람들이 그 정절(貞節)을 존경키 위해 모두가 잘 보이는 여기에다 잘 묻어 주었다는 이야기를 해 주는데, 그 이야기의 사실 여부는 차치하고 너무나 재미가 있어 모두가 박장대소를 했던 일은 지금도 머릿속에 선연(鮮然)하다.

어느 날, 역내(域內) 관광을 마치고 저녁 공양 시간에 맞추어 불국사로 돌아오니, 주지실에 웬 낯선 여신도(女信徒)들이 드나들면서 주지 스님과 무슨 중요한 이야기를 하는 것 같더니, 저녁 예불 끝에 주지 스님이 시자(侍者)를 보내 나를 자기 방으로 불러 앉히고, 나에게 부탁을 하나 하자는 전제하에 늘어지게 사연을 늘어놓으신다.

그 이야기의 줄거리는 당신이 제주도 관음사라는 절 주지를 겸하고 있는데, 지금 그 절에서 생전예수재를 설판(設辦)해서 모레 회향을 한다고 그 절 신도대표들이 와서 "그날은 와 달라"고 저렇게 조르는데, 당신은 도저히 갈 수가 없으니 날더러 대신 가서 법문을 해 주라는 것이었다.

처음에는 내가 아직 많은 대중 앞에서 이야기를 한 경험이 없고, 평생 지

해인사 중강 시절, 맨 오른쪽이 영관 스님.

은 죄를 죽기 전의 이런 의식을 통해 사(赦)함을 받을 수 있다는 점에 대한 확고한 믿음이 없어서 좀 당황했으나, 거듭 권하실 뿐만 아니라 동행했던 두 사람과 관음사 신도회장 등 일행이 합세해서 조르는 바람에 내가 어정쩡하게 대답하니, 당장 그날 저녁 배로 떠나기로 하고, 시간에 맞추어 도환(道還), 종원(宗圓)과 제주 관음사에서 온 신도회장과 함께 부산항으로 가서 제주행 여객선을 탔다.

날씨가 좋고 바람기도 없어서 매우 좋았는데, 배가 다대포(多大浦) 앞을 지나니 풍랑(風浪)이 심해지면서 그 큰 철선(鐵船)이 문자 그대로 '일엽편주(一葉片舟)'처럼 요동하니, 배 안의 사람들이 처음에는 남자와 여자가 나뉘어 앉고, 친지와 가족들이 끼리끼리 얌전히 모여 앉았었는데, 일단 풍랑을 만나니 네 남자 내 여자를 가릴 것 없이 배 쏠리는 대로 이리저리 밀려다니면서 추풍낙엽(秋風落葉)처럼 좌왕우왕(左往右往) 뒤범벅이 되는데, 차마 볼 수가 없었다.

나는 다행히 멀미가 심하지 않아서 좋았으나, 그들의 그러한 모습을 보는 일이 지겨워서 배 위의 갑판으로 올라갔다. 그럴 때마다 번번이 선원들이 나타나서 위험하다며 객실 안으로 들어가라고 나를 쫓았다.

28

한라산과 제주 일대 풍물을 둘러보다

1957년, 丁酉, 8월, 29세

그렇게 배에서 밤을 새우고 오전 8시경 제주항(濟州港)에 도착하니 머리가 띵—했다. 나보다 좀 연장(年長)으로 보이는 제주 관음사 총무이며 제주포교당 주지인 연종(蓮宗)이라는 내 또래의 스님이 직접 항구에 나와 우리를 맞으며, "물질이나 아이셨는지요?" 하고, 순 제주 사투리로 수인사를 건넨다. 그리고는 이어 "처음 오시는 분은 거의 물질을 하시기에 흰죽을 쑤어 놓았으니, 들어가 좀 드시지요"하는데, '물질'이 뱃멀미임은 얼마 뒤에 알았다.

항구(港口)에서 과히 멀지 않은 지점에 관음사가 있었다. 지금은 제주시에 편입되어 시가지와 연결되어 있지만, 그때는 항구에서 좀 떨어진 거리의 한라산 북록(北麓)이었는데 지붕이 아직 양기와로 이어진 개량식 건물에 법당 한 채가 따로 서향(西向)하여 있었다.

절의 규모는 그다지 크지 않으나 깨끗이 가꿔서, 마당이고 부엌이고 어디서나 윤(潤)이 나고 있었다. 법당에 참배하고 총무 스님과 수인사(修人事)를 나누니, 그도 역시 서경보 스님의 권속이라 했고 제주 토박이로서 아직 뭍에 가서 살아보지는 못했다고 겸양해 했다.

여객선에서 들은 바와 같이 저녁에 흰죽이 들어왔기에 한 술 입에 넣으니, 진짜 속이 편했다. 이것이 이른바 경험의학이구나 싶었다. 죽을 들면서 이 절의 창건 유래는 어떻게 되느냐고 운(韻)을 떼었더니, 총무 연종(蓮宗) 스님은 기다렸다는 듯이 다음과 같은 이야기보따리를 털어놓는다.

예전에도 제주에 불교가 있었는데, 언젠가 형산(衡山)이라는 목사(牧使)가 부임하여 모든 사찰을 소각해서 빈터만 있었는데, 약 100년 전에 봉려관(奉呂觀, 엮은이 주; 1865~1938)이라는 여인(女人)이 나타나서 자수삭발(自手削髮)을 하고, 육지에서 불서(佛書)를 구해다가 혼자서 공부를 많이 하고 산기도(山祈禱)도 많이 해서 시중(時衆)의 귀의가 두터워지자, 전해오던 관음사 옛터에다

대교 졸업 기념으로 떠난 여행길; 제주 한라산.

현재의 관음사를 지으려 했다는 것이다.

이때 해남 대흥사의 어떤 노덕(老德)이 지나다가 이 광경을 보고 만류하기를, "모든 것이 형식이라지만 부처님께서 주지삼보(住持三寶)의 법도를 남기신 뜻은 서로가 참월(僭越)치 않기를 바라셔서이다. 그런데 지금 그대는 속인으로서 중 행세를 하며 절을 지으려 하니, 절이 이루어진 뒤에 중[僧]의 절이라고 하겠느냐? 속(俗)의 절이라 하겠느냐?" 하더라는 것이다.

봉(奉) 행자는 그 말을 듣자 느끼는 바가 있어, 그를 따라 대흥사로 가서 1년 동안 시봉(侍奉)도 들고, 좌립(坐立)과 사참(事懺)도 익히고 돌아와서 우선 불사를 진행하여 낙성(落成)된 것이 이 관음사인데, 금년이 낙성한 지 몇 해라고 했는데, 기억이 나지는 않으나 그 말에 준하여 추산하니 그 해는 제주 관음사 개산(開山) 101주년이 되는 해였다.

그로부터 제주 명소를 두루 둘러보는데 볼 것이 너무나 많았다. 태초(太初)에 고(高), 부(夫), 량(良), 세 성(姓)의 시조(始祖)가 이 고장의 땅속으로부터 솟아나왔다는 삼성혈(三姓穴), 조선 예종(睿宗) 때 제주목사(濟州牧使) 변협(邊協)이 양주 회암사(檜巖寺) 중흥주(中興主) 보우(普雨) 스님을 관아 뜰에서 타살했다는 그 관아인 관덕정(觀德亭), 성산포(城山浦)의 일출(日出)과 동굴, 끝없는 감귤밭과 아낙네들의 구덕 행렬, 서귀포 천제연폭포(天帝淵瀑布), 그리고 알아들을 수 없는 특이한 이 지역의 사투리, 조랑말 떼 등 모두가 신비로웠다.

특히 관음사 신도회장(불명 망각)의 주선으로 법환리(法還里) 쪽 오름[등산로]을 타고 한라산엘 오르는데 중간에 그의 지인이 오늘 여기서 장사를 치르니, "잠시 들렀다 가야되겠다"고 한다. 우리는 새로운 풍물도 볼 수 있고 그에게 인심도 쓸 겸, "좋소"하고 따라 들어가서 네 사문(沙門)이 영전(靈前)에 「무상계(無常戒)」 한 편 합송(合誦)해 주고, 잠시 기다리며 보니, 그 지역에서는 산기

늪을 '오름'이라고 하는데, 오름마다 일정한 고도의 경사를 유지하고 있으되 결코 나무는 없고 억새뿐이었다.

평소에는 그저 풀밭이거니 했었는데 그날 자세히 보니, 그 끝없는 오름은 하나의 거대한 사력암군(沙礫巖群), 즉 청석(靑石) 조약돌이 모여서 임시 이루어진 바윗덩어리였다. 그래서 억새밭 한 귀퉁이를 따서 겨우 관(棺) 하나 들여놓을 만치 방향을 잡아 사력(砂礫)을 잘라내서, 금정(金井)을 만든 뒤 하관(下棺)한 뒤엔 돌을 주어다가 그 위를 덮어 분상(墳上)을 만들어 묘(墓)임을 표시함과 동시에, 야생동물들의 침탈을 방지하는 방식이다.

이렇듯 예기치 않았던 회장(會葬)을 마치고 다시 걸어 정상에 오르니, 그 분화구의 규모가 대단하였다. 화산(火山)이 터지면서 한라산 봉우리가 빠져나가 삼방산(三房山) 봉우리가 되었다고 하는데 그럴 듯도 해 보였다. 삼방산 봉우리를 들어다가 한라산 분화구에다 맞추면 꼭 맞을 것 같았다.

그때 누군가가 발의하기를 "우리 모두 모처럼 이런 명산(名山)에 왔으니, 이 영실기암(靈室奇巖)에서 모닥불을 피우고 하룻밤 기도나 하고 내려가자"라고 했다. 모두 그렇게 하기로 하니, 동행했던 관음사 신도회장이 말하기를 "저기 빙 둘러선 작은 봉우리들을 묶어서 우리는 영실기암이라 하고, 거기에 뾰족뾰족 솟은 작은 바위들은 모두 나한(羅漢)님이신데, 저것은 무슨 나한(羅漢), 다음의 나직한 것은 무슨 나한이고" 하며, 나한님의 명호를 주~욱 섬기는 그 암기력에 나도 놀랐다.

이렇게 해서 평생 처음 명산(名山)에서 하룻밤을 지내고 이튿날 아침에 하산하여 10여 일간 제주 일대를 둘러본 뒤, 다시 관음사로 돌아와 쉬고 익일 부산으로 건너와서 다시 해인사로 돌아왔다.

29

통도사 강원에서 중강 맡고, 사기류를 탈초 출판하다

1957년, 丁酉, 12월, 29세

　여행에서 해인사로 돌아오니 사중(寺中)의 분위기가 뒤숭숭했다. 사연인즉 자운(慈雲) 스님 등 우리 일행은 통도사로 가고, 해인사에는 청담(青潭) 스님 일행이 온다는 것이었다. 요즘 말로 이른바 'big deal'이며 정화불사의 '지분 재분배'라고도 생각되었다.

　그러더니 그해(1957) 12월 20일(음 11, 9,) 설을 며칠 앞두고 자운(慈雲) 스님, 영암(映巖) 스님, 우리 스님, 나아가서는 나까지 도합 17인이 '집단'으로 해인사를 떠나 통도사(通度寺)로 갔다. 우리는 영문도 모르고 따라갔으나 분명 무엇이 있기는 한데 누구에게 물어보기도 쑥스러워서 그저 어린애처럼 따라다니기만 했었다.

　통도사에서도 이 사실을 알고 있었던지, 우리를 맞아 적의하게 방부 절차를 신속히 마치고 방사(房舍) 배치 역시 신속히 끝내는 것을 보니, 이는 사

중앙이 구하 노장님, 왼쪽이 월운 스님.

전에 충분히 교감이 있었을 것이라는 생각이 들었다. 어쨌든 이렇게 해서 신구중(新舊衆)이 하나의 회상(會上)을 이루니, 주지는 월하(月下) 스님, 총무는 영암(映巖) 스님, 회계(會計)는 지관(智冠) 스님이어서 마치 '연립정부(聯立政府)'를 수립한 기분이었다.

그 과정에서 사부님께서는 강주(講主)로서 패엽실(貝葉室)에 드셨고, 나는 중강(仲講)으로서 천자각(天子閣) 뒤의 딴방 하나를 쓰라고 해서 들었는데, 대교반은 나와 지관(智冠), 홍법(弘法) 등 셋이 「십지(十地)」를 차렸고, 사교반은 정묵(定黙), 철인(哲印), 도안(道眼) 등 10여 인인데 내가 맡아서 『금강경오가해(金剛經五家解)』부터 시작했다. 그리고 이미 해인사에서 프린트판으로 간행한 『능엄경환해산보기(楞嚴經幻解刪補記)』를 참고하면서 『능엄경계환해』 수업을 진행하여, 그 이듬해인 서기 1958년도 하안거 해제를 기하여 종강했다.

같은 해(1957년) 하안거 해제 무렵에, 『금강경오가해』를 마친 학인들이 '원각회'를 차렸는데, 역시 도환(道還)의 손을 빌어 날마다 당일분의 사기(私記)를 필경(筆耕)하여 프린트해서 강의의 진도에 따라 의용(依用)케 해 주니, 모두가 편케 그리고 열심히 보았다. 그런데, 그때 나는 '이 한문 경전만으로는 학인들이 자기의 이론을 체계적으로 정립하기가 어려울 것이다. 1주일에 하루쯤 할애해서 이론불교(理論佛敎)를 습득하게 하면 좋겠다'는 생각이 들었다.

이렇게 해서, 일본인(日本人) 미천건당(梶川乾堂)이라는 이가 쓴 『구사대강(俱舍大綱)』 등의 책을 구해 번역해서 역시 도환(道還)의 필경(筆耕) 프린트로, 주중에는 각자 자기의 본강(本講)을 공부하고, 주말에는 통강(通講)으로 전체 학인들이 모여 『구사대강』 특강을 들어, 이듬해(1960년) 여름 해제 무렵에 종강했다. 그때 모든 사기(私記)의 정서(整書)와 일어로 된 『구사대강』의 번역은 내가 했으나, 이 모든 필경을 맡아 해 준 도환 학인의 노고가 컸으니, 그 도서목록은 다음과 같다.

『능엄경해산보기(楞嚴經幻解刪補記)』; 고려 보환(普幻) 스님의 『능엄경』 사기(私記).
『금강경사기(金剛經私記)』.
『구사대강(俱舍大綱)』, 첫머리에 법정(法頂) 스님의 「머리말」.
『구사대강(俱舍大綱)』, 말미에 나의 발문인 「졸필의 변」.
『원각경사기(圓覺經私記)』, 말미에 나의 필적 간기(刊記).
『능엄사족(楞嚴蛇足)』, 말미에 4교 「사기 인행 후의 변(辯)」.

30

나의 재적 본사를 통도사에서 봉선사로 바로 잡다

1958년, 戊戌, 7월, 30세

지난 1949년 6월 1일(음 5. 5. 당시 21세), 남해 화방사(花芳寺)에서 마음의 정리도 되지 않은 상태에서 "중이 되라"는 주변의 권유를 받고, 그해 5월 단옷날을 기해 중이 되었는데 문자 그대로 '이름만 중[名字僧]'이었다.

나 자신이 꼭 중이 되어야겠다는 절실함이 있었던 것도 아니요, 불교의 어떤 장점을 발견해서 거기에다 한평생을 바치려고 작심했던 것도 아니라, 만나는 이 노소(老少)를 막론하고 말하기를 "중이 되어 같이 살자"라는 것이 전부였다. 나 또한 큰일이나 할 듯이 집을 뛰쳐나와 달리 할 일도 마땅치 않고, 그렇다고 집으로 돌아갈 수도 없어서 우선 이렇게라도 내가 자리를 잡는 모습을 보여 드려야 어머니가 집으로 돌아가실 것 같아서 택한 조치였다.

그런데 중이 되려면 먼저 은사(恩師)가 정해져야 하는데, 은사란 세속의 부모와 같은 위치로서 입산(入山)하는데 크게 도움을 준 분, 그리고 출가 후에도 계속 부모 같이 보살펴 줄 분이라야 하는데, 나는 위 제8항에서도 언급한 바와 같이 앞뒤의 사정으로 이유 없이 경기도 봉선사 운허(耘虛) 스님의 상좌(上座)로 일단 중이 되었다.

그때 춘송(春松)이라는 노장님이 작법(作法)을 하고, 해월(海月)이라는 노장님이 계(戒)를 설하면서 계명(戒名)을 해룡(海龍)으로 하여 일단 계를 받으니, 그때의 서무(庶務) 서창동(徐昌東) 스님이 나를 자기의 몫인 삼성각(三聖閣)으로 올라가 지키라고 해서 올라갔다.

6.25사변으로 당시 봉선사 전각과 종각도 불타고, 범종은 그 열기로 하단부에 상흔이 남았다.

새로 머리를 깎은 초년사미(初年沙彌)의 상태로 삼성각을 맡아 조석예불(朝夕禮佛)도 하고, 그 큰 놈의 집 청소도 하고, 때로는 불공 손님이 오면 마지도 지어서 불공도 해 주고 하니, 어머니가 보시기엔 내가 일단 자리를 잡은 것으로 간주하셨는지 그해 추석(秋夕) 무렵에 여수역을 통해 집으로 돌아가셨다.

그때까지 나는 중이 되면 승적(僧籍)을 취득해야 한다는 사실을 모르고 있었다. 뿐만 아니라 그런 제도가 있다는 사실도 모르고 있었다. 그러던 어느 날 종단에서 〈승적정비특별조치령〉이라는 법이 발표되었으니, 그 내용은 대략 다음과 같았다.

종전에는 모든 승니(僧尼)가 득도(得度)한 사찰의 본산(本山)을 재적본사(在籍本寺)로 했었으나, 앞으로는 모든 승니(僧尼)는 그 은사(恩師)의 재적본산(在籍本山)을 자신의 재적본사(在籍本寺)로 한다는 내용이었다.

이 조례(條例)를 놓고 나의 상황에 맞추어보면, 종전의 제도로는 내가 해인사의 말사인 화방사에서 득도했기 때문에 자동 해인사 중이 되어야 하는데, 새 조례에 의하면 나의 사승(師僧)이신 운허(耘虛) 스님께서 봉선사(奉先寺) 스님이시기 때문에 나도 자동 '봉선사 식구'가 되어야 한다는 것이었다. 그래서 나는 아직 가 보지는 않았지만, '봉선사 식구'가 되는 것이 마땅하겠다는 생각했다. 총무원(總務院)과 해인사와 봉선사 등에 연락을 통해 설왕설래(說往說來) 한 끝에, 그해 7월 20일 나의 승적을 봉선사(奉先寺) 이운허(李耘虛) 스님의 도제(徒弟)로 옮겨놓았으니, 봉선사는 내가 아직 직접 가서 참배하지는 못했지만 나의 뿌리는 밝혀야하겠기 때문이었다.

31

사부님께 입실하고 전강 받다

1959년 己亥, 5월 16일, 31세

양력 정초인 1월 9일(음력 12. 2.), 비록 남방이지만 날씨가 제법 차가운데 어머니가 동생(성율)과 둘째 매부 정갑진(丁甲鎭)을 대동하고 통도사로 오셨다. 그때 어머니는 52세이시고, 동생 성율은 13세가 되었고, 정갑진은 둘째 매부인데 나 집 떠난 뒤에 이루어진 연(緣)이어서 초면이었다.

나는 너무나 철이 없었다. 그간 6.25사변 등 어려움을 겪고 나를 찾아오신 어머니를 더 위로해 드리고 편안하게 모셔야 할 터인데, 그저 3일 밤을 덤덤하게 묵혀 보내드렸다. 지금 생각하면 나는 딱한 사람이었다. 다행히 어머니 가시는 날, 사중(寺中)에서 3천 환을 차비 조로 보조해 주시니 너무나 고맙고도 흐뭇했었다고 그날의 내 일기장에 쓰었는데, 당시 3천 환의 값어치가 얼마였던가는 잘 모르겠다.

고작해야 모시고 자장암(慈藏庵) 금개구리나 보여 드리면서 이틀을 지냈으니, 서운하셨을 것 같은데 그런 내색도 없이 이틀 밤을 주무시고는 가시겠다고 하셔서, 12일 점심 후 부산으로 모시고 가서 부산 거리를 잠시 보여 드리고, 오후 6시 49분 차로 떠나시게 해드렸다. 가실 때 차비라도 좀 해 드렸어야 했는데 그런 기억이 나지 않는다. 단 일기장 끝머리에 총 경비가 모두 1만 2천 100환이었다고 적혀있으니, 그 내역은 모르겠으나 아마도 내왕 차비와 기차표 끊어드린 것을 적어두었던 것 같다.

지금 생각하면 어머니께서도 퍽이나 서운하셨을 것 같은데 아무 말씀 없으시고, 그저 내 몸 성한 것 보신 것으로 족할 뿐, 더 바랄 것이 없다는 체념이셨던가, 아니면 철없는 자식을 낳으신 자책감에 서운함 따위는 꾹 참으심인가. 차라리 불평이라도 좀 하셨더라면 이다지 서운하지는 않았을 터인데, 그야말로 후회막급이다.

통도사 불교전문강원; 스승 운허와 제자 월운 두 강백.

같은 해(1959년) 5월 16일(음력 4. 15.) 아침 예불 후, 사부님 방에 문안을 드리러 갔더니 내게 게문(偈文) 한 통을 주신다. 나는 별 관심 없이 그저 글 하나 주시는 것으로 생각했었는데 나중에 알고 보니, 그것은 사부님께서 큰 마음을 잡수시고 내게 기대를 거시는 하나의 명령서이며 격발문이었으니, 그 문면(文面)은 다음과 같다.

示 月雲堂 丈室(시 월운당 장실)　　월운의 장실에
王舍一輪月(왕사일륜월)　　왕사성 밝히던 밝은 달의
淸光古到今(청광고도금)　　맑은 빛이 오늘에 이르렀기에
映輝今付汝(영휘금부여)　　그 맑은 빛을 너에게 전해 주노니,
好護昭雲林(호호소운림)　　잘 간직해서 온 천하를 밝히라.

기해불탄지익(己亥佛誕之翌)
환옹문손(幻翁門孫) 운허(耘虛) 설(說)

그 게문(偈文) 말미에 "기해불탄지익(己亥佛誕之翌)"이라 했으니, 이는 기해(己亥), 즉 1959년 부처님오신날 다음 날이란 뜻으로서 양력으로는 그날이 5월 16일인데 그 전날, 즉 보름날 쓰셨다는 것이다. 그러나 나는 단순한 게문(偈文)으로만 여겼을 뿐, 별 신경을 쓰지 않았었는데 나중에 생각해 보니, 그것이 당신께서는 통도사 강석(講席)을 내게 맡기시고 봉선사(奉先寺)로 돌아오시려는 속내일 줄이야 어찌 알았겠는가? 그래서 그 게문을 수습해서 오늘까지 고이 지니고 있다.

같은 해(1959년) 10월 1일(음 8. 29.) 사부님께서 강사(講師) 소임을 내게 전하

신다고 선포하시고 이날을 기해 전강식(傳講式) 겸 건당식(建幢式)을 거창하게 봉행하니, 나의 당호(堂號)는 월운(月雲)이요, 석가 세존 후 제78세 법손이라 했으며, 봉선사 월초 노사(月初老師)의 증손(曾孫)이 되는데, 타사(他寺)에서 이렇게 건당(建幢)을 하는 것이 어쩐지 마음에 걸렸었다.

그때는 종단이 다소 안정되어 전국의 크고 작은 본말사(本末寺)들의 주지를 다 임명하고 유고사찰(有故寺刹)만 남았는데, 봉선사는 사찰의 규모나 역사적인 전통으로 보아서는 당연히 교구본사(敎區本寺)에 들어야 할 것이나, 6.25사변으로 모두 불 타고 빈터만 남아있는 형편이어서 일반사찰로 분류되고, 사부님께서 주지 임명만 받아놓으신 형편이었다.

그때 나는 통도사 원통방(圓通房) 동쪽 행랑채 첫머리 방을 썼었는데, 그해 겨울의 어느 날 일과(日課)를 마치고 밤늦게 소피를 보러 나가니 온 도량에 '콩 타는 냄새'가 진동했다. 처음에는 무심히 생각하다가 다시 생각하기를 학인들이 늦도록 공부하다 출출해서 콩을 볶아 먹는가 보다 하고 모른 체하려다가, 늦은 이 시간까지 놀면 내일 수업에 지장이 있겠다는 생각에 콩 볶는 냄새를 추적해서 강원 채인 천자각(天子閣, 엮은이 주; 당시 강원 대중들의 처소)엘 갔더니, 모두 잠들어 조용한데 지대방에서 효봉(曉峰) 스님의 문도 활연(活然)이라는 학인이 혼자서 무엇인가 책을 보고 있었다.

그래서 그에게 "이 밤중에 콩 타는 냄새가 이토록 진동하니 자네가 필히 야경(夜警)을 찾아서 그 원인을 꼭 찾아 밝히라고 하게" 하고, 내 처소로 돌아가 잠시 잠이 들려는데, 그때 내 시봉을 하며 후원 일을 거들던 행자 장서화(張瑞華)가 달려와서 방문을 두드리며, "스님, 어서 일어나세요. 감로당(甘露堂)에 불이 나서 양동이 가지러 왔습니다" 한다.

그 소리에 귀가 번쩍 뜨이며 벌떡 일어나려 했으나 손발이 후들후들해서 일어나지를 못하니, 서화가 달려들어 팔을 잡아 번쩍 일으켜주어서 겨우 일어났다. 서화는 먼저 달려갔다. 나도 얼른 현장으로 가고 싶은데 도저히 일어날 수가 없었다. 훗날 생각하니 화재(火災)가 나면 인명 피해가 많은 이유가 이 때문이구나 했다.

순간, 대웅전(大雄殿)과 사리탑(舍利塔)이 바로 지척에 계시고, 천년 된 고건축물이 골 안에 즐비한데 이것들을 다 태우면 그 허물을 어찌할 것인가 하는 생각이 들었다. 어서 달려가려 해도 더욱 일어날 수가 없었다. 그러는 동안에 내 상좌 서화(瑞華)가 와서 말하기를 "불은 다 끄고 모두 청소하는 중입니다" 하기에 그제야 한시름 놓았었다.

나중에 안 일이지만 그 당시 아모(阿某)라는 어름한 스님이 원주(院主) 소임을 보았는데, 메주를 쑤어 감로당(甘露堂) 어느 딴 방에다 쌓아놓고 띄우려 멍석을 덮고 불을 지나치게 때서 구들장이 달아서 가스화(化)한 화재였는데, 다행히 총무 영암(映巖) 스님께서 평소 대중들에게 소방 훈련을 많이 시키셨고 야경(夜警)을 철저히 돌게 하셨기 때문에 초동에 진화가 되었다. 그러나 나의 입장에서 생각하면, 나의 예민한 후각과 그것을 추적 확인하려는 성격과 그때 나의 지시를 따라 준 활연(活然) 학인의 연락과 그날 야경을 맡았던 처사(處士) 등의 일사불란한 연락 체계가 천년고찰(千年古刹)을 화마(火魔)에서 미연에 건졌다고 믿는데, 이는 평소 영암(映巖) 스님께서 늘 일러주신 훈화(訓話)에 연유한 것이었다.

어쨌든 나는 비록 타사(他寺) 승려로서 내가 이 일의 중심에 서서 역사적인 큰일을 해낼 수 있었다는 것이 무한히 기뻤고, 내가 나를 생각해봐도 이것은 적은 인연이 아니라는 점에 공감하면서 내가 앞으로 해야 할 일이 이렇게 많을 것이라고 속으로 다짐했었다.

32

사부님의 『불교사전』 출판을 인권하다

1960년, 庚子, 32세

전년도(1959년) 12월 30일, 평소와 같이 저녁 공양을 마치고 도량을 거닐다가 해탈문(解脫門) 근처를 지나는데 풍채가 매우 풍만한, 한 쌍의 노부부(老夫婦)가 석양의 여휘(餘暉)를 받으며 해탈문을 들어서는 것을 보았다.

그중의 한 부인은 낯이 익은 것 같아 가까이 가서 아는 체를 하니, 그쪽에서 먼저 나를 알아보고, "아니, 이거 해룡(海龍) 스님이 아냐?" 하며 반긴다. 그리고는 얼른 동행한 노인을 가리키며 말하기를 "영감님이야, 인사드려" 하기에 얼떨결에 "안녕하십니까?" 하고 인사를 드렸다. 그리고는 감로당(甘露堂) 뒤에 있는 귀빈실로 안내하고, 후원에 이야기해서 저녁도 차려드리게 하고, 이어 어른들께 찾아뵙도록 인권(引勸)하고, 부목에게 일러 방을 좀 따스하게 해드리라는 당부도 했다. 그러나 궁금한 일이 많았는데 차츰 알고 보니, 그 노인은 그때 우리나라의 유수한 대기업인 군산(群山) 만월(滿月) 고무공업주식회사의 창업자이며 현재 회장(會長)인 이만수(李晩秀) 씨요, 부인은 오씨(吳氏) 보명월인데 세모(歲暮)를 기해 통도사로 설을 쇠러 왔다는 것이었다.

내가 오(吳) 보살을 처음 만난 것은 50년대 초, 범어사에서 소임을 볼 때였다. 그때 선원(禪院)의 양식이 떨어져 걱정을 하니, 중견인 비룡(飛龍) 스님이 나를 데리고 부산 완월동(玩月洞)에 있는 그녀의 집으로 가서 쌀 50가마를 얻어온 적이 있었다. 그때 본 기억으로는 혼자 살았고, 좀 특이한 사업을 조그맣게 하여 그다지 큰 부자는 아니었던 것으로 기억되는데 사람 팔자 시간문제라고, 그녀가 환골탈태(換骨脫胎)하여 이제 대재벌의 귀부인으로 나타난 것이다.

수인사(修人事)를 마치고, 저녁 대접을 하고, 이어 저녁 예불을 하고, 다시 노부부(老夫婦)의 방엘 들러 "저녁 공양은 잘하셨느냐?"고 안부를 드리니, 오 보살(吳菩薩)이 불쑥 말하기를 "용 수좌(龍首座; 나를 가리키는 말)는 내가 늘 무엇인가를 좀 도와주고 싶은데 생전 무엇을 좀 도와달라는 말을 않으니 무슨 까닭인가?" 한다.

이 말씀은 그때 흐름이, 좀 똑똑한 젊은 스님들은 능력이 좀 있어 보이는 보살들을 만나면 으레 "엄마"라 부르면서 각종 공궤(供饋)를 받는 이른바 '수양부모(收養父母)'의 관계를 맺었는데, 나는 생각하기를 '친부모도 섬기지 못하고 나다니는 주제에 어찌 전혀 모르던 남남에게 돈 몇 닢 얻어 쓰자고 어머니라고 하겠는가?' 하는 생각에서, 그짓은 못했었다.

그런데 지금 오 보살(吳菩薩)의 지적은 나의 이 주변머리 없는 처신, 실속 없는 아상(我相), 그것을 나무라는 것이었다. 다시 말해 왜 "어머니", "아버지"하고 화끈하게 한 마디 못하느냐는 책망임을 나는 잘 안다. 그러나 이번에는 각별한 사연이 있어 염치불구하고 크게 용기를 내어 일어나 절을 하고 "이번엔 진짜 도와주셔야 할 일이 생겼습니다. 크게 한번 도와주십시오. 이것은 나 개인을 위한 부탁이라기보다 한국불교 1,600년 역사를 빛내는 일이며 미래 불교를 탄탄하게 자리 잡게 하는 초석입니다" 했다.

그러자 보살이 놀라 묻기를 "무슨 일이 그렇게 절박하신가?" 한다. 그러자 나는 그날 아침 예불 후 사부님께 문안 차 들어갔다가 보고 들은 사연을 소상하게 여쭈었다. "그러니 그『불교사전(佛敎辭典)』을 낼 수 있도록 자금을 좀 도와주셔야겠습니다" 했다.

그러나 오 보살(吳菩薩)은 시큰둥했다. 그분도 역시 여느 신도와 같이 '참선(參禪)'하는 이라야 중이라고 생각하는 분이었다. 그래서 나도 어쩔 수가 없었는데, 이때 방 아랫목에 이불을 쓰고 누워있어서 잠이 든 줄로만 알았던 노거사(老居士)가 벌떡 일어나 버럭 소리치기를 "지금 자네 무어라 했어, 다시 말해 봐. 말해 봐"하고 다그친다.

내가 오히려 다그침을 당하는 입장에서 조심스럽게 말하기를 "우리나라에는 아직『불교사전(佛敎辭典)』이 없었는데 나의 스승이신 운허(耘虛) 스님께서 여러 해 동안 불교의 낱말과 그 풀이를 수집해서, 카드로 작성하여 출판할 단계에 이르렀으나, 출판비 약 1,300만 원이 없어 출판을 못 하고 계십니다. 오늘 아침 예불 후 문안 차 들어가니, 그『불교사전』자료 카드를 여러 개의 '박스'에다 나누어 넣으시고 '박스'마다 '나 사후에 누구라도 이를 발견한 이가 뜻이 있거든 임의로 출판해서 쓰라'는 일종의 판권위임장(板權委任狀) 같은 것을 넣어 포장해 놓으시는 것을 뵈옵고 속이 많이 아팠습니다. 어르신께서 좀 도와주시면 고맙겠습니다" 하고 일어나 넙죽이 절을 했다.

그러자 노거사(老居士)는 당장 싫지 않은 반응을 보였다. 그리고 어서 그 어른께로 가자는 것이었다. 그래서 "이미 침소(寢所)에 드셨을 터이니, 내일 아침 예불 후에 찾아뵙도록 연락을 취해 놓겠습니다" 하고, 나와서 나는 바로 스님의 처소로 갔다.

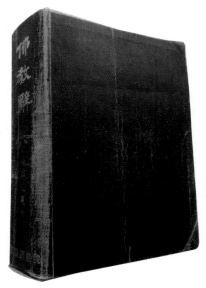

스님께서는 방금 잠이 드셨는가 본데 잠을 깨워드리는 것이 처음 있는 일인 동시에, 죄송하기 그지없었으나 이 옹(李翁)과 이야기한 내용을 빨리 알려드려야겠기에, 시봉들에게 내가 잠시 뵙자고 한다고 여쭈라 해서 뫼시고 전후 사연을 자세히 말씀드리니, 사부님께서도 좋으신지 편안한 마음으로 다 들어 주셨다.

우리나라 최초의 한글 『불교사전』.

이것이 계기가 되어 이 거사(李居士)의 희사(喜捨)로 서기 1961년 5월 22일 우리나라 최초의 우리말 『불교사전(佛敎辭典)』(법보원, 1961년 5월 22일 초판)이 나왔으니, 실로 한국불교의 역사적인 경사가 아닐 수 없었다. 이 장한 일을 주도하신 사부님, 그 일을 맡아 무상으로 출판해 주신 이 거사(李居士) 내외분, 그래서 후일 자운(慈雲) 스님께서도 이 거사에게 수광 거사(壽光居士)라는 법호를 내리셨다.

뿐만 아니라 사부님께서는 『불교사전』「일러두는 말」 끝에 "이 책 간행에 큰 힘이 되어 준 석 보명일(엮은이 주; 오 보살.) 님과 간행의 동기를 만들어 준 월운 스님에게 지극한 마음으로 감사하는 바이다"라고 써 놓으셨으니, 이 일이 성사되기까지 일정 부분 나의 역할이 있었음을 사람들에게도 알리고 싶으셨던 것이라고 생각했다.

33

『불교사전』 카드 정리하고,
역경사업 차 사부님 대통령 만나시다

1960년, 庚子, 32세

수광 거사(壽光居士) 이만수(李晚秀) 씨가 사부님의 『불교사전』 출판비를 독판(獨辦)하겠다고 선언하던 날, 사부님께서는 퍽이나 좋아하시며 말씀하시기를 "출판하려면 그간 만들어놓은 원고를 낱말마다 카드에다 올리고, 그 다음 카드를 가나다순으로 나열한 뒤에 일괄적으로 다시 원고지에다 올려야 하는데, 그러자면 약 1년 반이 걸릴 터이니 '그때 가서 돈을 달라'고 하라" 하신다.

그때 내가 "1년 반이 지난 뒤에 어떤 일이 생길지 누가 아느냐. 그러니 스님 문하(門下)의 똑똑한 젊은이들 몇몇을 불러 분업(分業)으로 정서(整書)를 시키면 그 기간이 많이 단축될 수 있을 터이니, 그렇게 하시지요"라고 제의했더니, 스님께서도 "그게 좋겠군" 하셨다. 이는 『능엄경』 계환소(戒環疏)에 인용된 "야학부추(夜壑負趨) 속어반장(速於反掌)", 즉 배[舟]를 도둑맞지 않으려 깊은 산골에다 감추어 두었는데도 눈 깜짝 사이에 날랜 도적에게 몽땅 도적을 맞았다는 『장자(莊子)』의 우화인데, 수광 거사가 『불교사전(佛敎辭典)』 출판비를 주겠다고 했던 마음이 오래가면, 자칫 달라질까 하는 기우에서였다.

사부님께서는 평소 사전 출판 준비로서 단어를 수집하여 카드에 실어 가나다순으로 정리해 놓으신 상태였다. 이것을 사전으로 내려면 원고지에다 옮겨 써야 하는데 이를 스님께서 혼자 천천히 옮겨 쓰셔서 그 작업이 끝나면, 그때 출판비를 달라고 하랍시라는 뜻이셨다. 그 순간 내 생각에는, 그러자면 시간이 3~4년은 좋이 걸릴 터인데 이 거사(李居士)의 건강이나 마음이 그때까지 변함이 없을지, 또는 죄스러운 생각이지만 스님의 건강이 그때까지 유지되신다는 보장이 아무 데도 없는데 왜 혼자 베끼신다는 것일까?

카드를 순번대로 정서(整書)하는 일이라면 스님 문하의 중견들을 불러 시키면 시간도 단축될 뿐 아니라, 이 거사가 보기에도 당신의 판단력이 있을 때 이 일을 처리하는 것이 보람찰 것이 아닌가. 그래서 "스님 문하에 드나들던 중견들을 모두 소집해서 작업량을 나누어 전사(轉寫)케 하시면 사반공배(事半功倍)가 될 것이니, 그렇게 하시지요" 하여 허락을 받았다.

그래서 법정(法頂), 법안(法眼), 정묵(定黙), 인환(印幻), 명철(明徹), 철정(哲淨) 등 10여 명의 스님이 통도사 원통방(圓通房)에 모여 정서(整書)하기를 시작해서 이듬해인 서기 1961년 5월 22일 자로 출판을 할 수 있게 되었다.

그 무렵(5. 11.)에 부산 영도 법화사(法華寺)에서 데리고 있던 이용주(李龍珠)라는 꼬마가 나를 보고싶다고 찾아와서 내 방 시봉을 하다가, 그해(1960년) 10월 15일(음 8. 6.) 사미계(沙彌戒)를 받고 중이 되니, 그가 오늘의 각원당(覺苑堂) 보엽(寶葉)이다. (엮은이 주; 이 책 72쪽, 219쪽 참조.)

한편 사부님께서는 『불교사전』 출판 작업이 가시적으로 진행되자 그해 9월 서울 선학원으로 가셨고 나는 남아 강원을 지켰다. 명색이 강사(講師)인지라 '현담회'와 '원각회'를 맡았으나 이 부분은 초강(初講)이어서 힘이 들었었다.

중앙 종단 사정은 1954년 5월 20일, '대처승은 사찰에서 물러가라'는 취지의 이승만 대통령 유시(諭示)로 인해 촉발된 이른바 비구 대처의 분규(紛糾)는 이 무렵에 와서 극도에 이르러, 엎치락 뒤치락을 반복하면서 법정 소송전이 치열했으니, 그 한 사례로 1960년 11월 24일 자로 발표된 다음의 사건 같은 것이었다.

대법원(大法院)은 〈종헌 결의 무효에 대한 판결(民上 제27호)〉을 통해 원판결(原判決; 피고 비구측 승소)을 파기(破棄)하고, 서울고등법원에 환송(還送)한다.

『불교사전』 내지.

이 판결문의 내용은 전일 고등법원에서 비구승 측이 합법적이라고 판시했던 것은 오판(誤判)이었기에, 대법원은 이 사건을 다시 고등법원으로 반송하면서 다시 심리하기를 명했다는 내용이다. 이는 비구승 측의 패소(敗訴)로서, 비구승 측으로서는 심각한 타격이 아닐 수 없었다. 이 소식을 안 젊은 비구들 400여 명이 대법원 청사로 난입했고, 심지어는 2층 집무실까지 쳐들어가기도 했으며, 자기의 배를 가른 이가 6명이나 되고, 경찰에 구인(拘引)된 인원이 133명에 이르는 등 큰 사건이었다.

이에 앞서, 사부님께서는 조용히 추진하신 일이 있으시니, 이른바 불경을 우리말로 번역하는 역경사업(譯經事業)이었다. 계내(界內) 계외(界外)를 망라하여 역경(譯經)과 외호(外護) 등 각 분야에 관계되는 인사는 모두 찾아다니시면서, "우리의 글을 가지고 있는 백성으로서 우리들의 대장경을 갖자"라는 뜻을 '봉인즉설(逢人卽說)'로 말씀하셨다. 내가 일일이 모시고 따라다니지는 못했지만, 이런저런 편으로 들은 바로는 그 노고가 대단하셨고, 심지어는 말씀의 참뜻을 몰라 동문서답하는 이들도 있었으나 꼭 참으시고, 이 무렵에 이르러서는 청와대에까지 들어가셔서 대통령을 만나 이야기를 나누시고, 대통령의 긍정적인 답변까지를 얻어내셨다는 기사가 터졌다.

상황이 이렇게 되자, 좀 소원해졌던 지식인들이 불교계, 특히 비구승단에 대한 인식이 약간 바뀌기 시작했다. 이 사람들이 그냥 절만 차지하려는 것이 아니라 진정 역사적 사명감 같은 것을 가진 지식 집단인 것 같은데, 너무 알아주지를 않으니 과격한 행동이 잠시 나타났을 뿐이라는 식으로 여론이 형성되어갔다. 당시 뜻있는 이들의 공통적인 인식이었고, 나 자신도 생각하기를 "법은 법을 존중한다"는 통념(通念)에 따라, 사법 당국에서 '거관결안(據款結案)'으로 마침내 비구승 측의 손을 들어 준 것이라고들 믿었었다.

34

5.16 일어나고, 사부님 『불교사전』 출판하시다

1961년, 辛丑, 5월 22일, 33세

1961년 5월 16일 무엇인가 일이 있어 부산엘 나갔다가 온천장에 들러 목욕을 하고 나와 몸을 말리는데, 텔레비전에서 긴급 방송이 나오기를 "장도영(張都英) 장군이 혁명을 일으켜 성공하고 계엄령을 선포했다"라고 했다. 이 말은 사실상 누군가가 '쿠데타'를 일으켜 성공했다는 이야기인데, 그간 흘러다니던 이야기가 현실적으로 나타난 것이었다.

그간의 설(說)이란, 이른바 순수 민주주의를 실시한다고 평화 정책만 펴는 장면 정권(張勉政權)이 통제력을 잃자, 대북 방어(對北防禦)에 소홀하여 국기(國基)가 위태로워지면 군부에서 그것을 구실로 '쿠데타'를 일으킬 요소가 충분하다는 것이었는데, 그 설(說)이 현실로 나타난 것 같았다.

그래서 대다수 시민은 올 것이 왔다고 체념했고, 그러는 과정에서 혁명의 주체가 박정희(朴正熙) 장군이라는 사실도 알려졌고, 그들이 세운 정권을 이른바 제5공화국이라 하는데 그 막하에 이후락(李厚洛)이라는 이가 끼어있었다는 사실도 알려졌다. 그는 울산 사람인지라 그 부인 정씨(鄭氏) 보현행(普賢行)이 언양(彦陽) 석남사(石南寺) 어느 노(老) 비구니(내 기억에는 인홍 스님)와 친분이 있었고, 그 인연이 이어져서 후일 사부님께서 이후락 씨에게 월파(月波)라는 거사(居士) 호(號)를 내리시는 법연(法緣) 관계가 이루어지고, 나아가서는 앞날의 사부님 〈한글대장경〉 불사와 봉선사 당우 재건에 많이 도움 되어드렸다.

이 무렵(1961. 5. 22.) 서울 선학원에서 사부님이 내신『불교사전』간행 법회가 있었는데 사부님은 이미 상경하셨고, 나는 학인들 제접(提接) 때문에 갈 수도 없었지만 내게는 그런 말씀도 않고 혼자 가셔서 내심 기분이 좀 안 좋았다. 하지만 나는 생각하기를 '내가 바삐 사는 것이 딱해서 봐주신 것이리라'고 스스로를 타일렀다. 더구나 사부님께서『불교사전』첫머리 「일러두기」에 내가 출판의 연(緣)를 만들어 준 일은 영원히 고맙다는 뜻을 밝히시니, 더없는 광영이 아닌가? 생각이 여기에 이르자 서운했던 생각이 모두 풀렸다.

그런데 나는 그 무렵에 심한 무기력증에 빠졌었는데, 그런 상황에서도 여력을 모아 경학 수업(經學授業)을 차질 없이 진행하는 한편, 작년에 시작했던 일본인(日本人) 자명(慈明) 씨의『유식강요(唯識綱要)』를 번역해서 학인들과 강독을

문병차 방문(이후락 씨)
2007.6.27.

왼쪽부터 철안 스님, 노년의 이후락 씨, 월운 스님.

끝내고, 그해(1961) 8월의 어느 날 프린트판으로 출판했는데, 그 첫머리에 산중(山中)의 어른이신 벽안(碧眼) 노사께서 「번역에 대한 말씀」이란 제목으로 글을 써 주셨다.

그러고는 나의 지병(持病)인 소화불량이 재발하여, 그해 8월 25일, 사부님께서 물려주신 강석(講席)을 겨우 2년 만에 물러나니 죄송스럽기도 하였으나, 한편으로는 무거운 짐을 벗은 것 같아 후련하기도 했다. 뿐만 아니라 좀 수월케 살아보려는 생각이 내 마음속에 꿈틀거리고 있음을 느낄 수도 있었다.

한편으로 그간의 모든 출판물은 모두가 그 도환(道還)의 필경(筆耕)으로 이루어진 것이었다. 그런데 내가 살피지 못한 사이에 그가 방황의 길을 헤매다, 마침내는 허무하게 자진(自盡)했다는 소식을 들었다. 나는 나의 일만 생각하느라 그의 고충 사항에는 전혀 개의치 못했던 것이 그가 방황의 길을 벗어나지 못하게 한 이유인 것 같아서 마음이 많이 아팠다.

후일, 혹시 그의 유족(遺族)이 있어 그의 유흔(遺痕: 생전의 흔적)이라도 찾으려는 이가 있다면, 그의 필적이 경상남도 산청군 신동면 율현리 1034번지 율곡사(栗谷寺) 대웅전 기둥 주련(柱聯)에 있으니 다음과 같은 게송을 살피소서.

古佛未生前 고불도 태어나시기 이전에
凝然一相圓 뚜렷하게 완전한 그 무엇
釋迦猶不會 석가모니도 그걸 몰랐는데
迦葉豈能傳 가섭 존자가 어찌 전했으리오.

35

새 종헌 선포되고 학사고시 패스하다

1962년, 壬寅, 4월 11일, 34세

　부산 영도에 있는 법화사(法華寺)는 지난 1953년도 범어사에 있으면서 잠시 잠시 드나들며 일도 봐주고 신세도 지던 곳이었다. 세모(歲暮)에 찾아가서 전후 사정을 이야기하고 며칠 와서 쉬어야겠다고 하니, 그러라고 했다. 그래서 바로 짐을 옮기고 방을 하나 얻어들었는데 골방이어서 겨우 무릎을 펼 수 있는 그야말로 '용슬(容膝)'이었지만, 그 상황에서 불평할 처지는 더욱 못 되었다.

　그런 상황에도 내가 와 있다는 소문이 나서, 이웃 절에 있는 젊은 남녀 스님들이 저녁으로 다니면서 내게 무엇인가 경(經) 공부를 하자고 했다. 공부하는 사람들이 차츰 느니 골방이 좁아서 불편했으나 그런대로 지내는데, 이런 정황을 본 주지 법성(法性) 비구니 노장이 반듯한 방 하나를 비워 주었다. 이때 나도 기뻤지만 공부하던 학인(學人)들도 좋아하며 어느 날 모여서

마산대학 졸업사진. 이 대학은 해인대학에서 마산대학으로
현재는 경남대학으로 변했다.

청소를 함께해 주니 30 평생 처음 느껴보는 인정미였다. 개중에는 충남 서
산 출신인 임씨(任氏) 성을 갖은 청년이 있었는데 사람됨이 건실하고 성격이
무난한데 나의 모든 일을 친절히 도와주어 내 삶이 훨씬 부드러워지기 시
작했으니, 좋은 길동무를 만난 셈이었다.

　　그간 종단은 지방이나 중앙을 막론하고 힘겨루기가 대단했었다. 우리같
이 심약(心弱)한 사람은 단 하루도 견디기 어려울 만치 잔인하고도 치열했었
다. 그래서 나는 짐짓 변방으로 돌면서 세월을 보내는 신세가 되었는지도
모른다.

　　그런 와중에 종단은 그해 4월 11일을 기하여 전국을 25개 교구본사로 나
누는 새 종헌[新宗憲]을 선포하고 실질적인 집행에 들어갔으니, 사체(事體)로

보아서는 거기에 가서 얼쩡거려야 할 것이 분명했지만 그렇게 세월을 보내기는 너무나 아까웠다. 그래서 더욱 변두리에서 서성였는지도 모른다.

어느덧 8월이 다 저물어가는 27일, 홀연히 생각하기를 '이렇게 격변하는 과도기에 남들은 모두 좋은 절 주지를 맡아 나가거나, 아니면 중앙에서 좋은 감투를 나누어 쓰고들 좋아하는데 나 같은 사람은 그 축에도 낄 배짱이 없어 무의미하게 나날을 보내노라니, 피난 중이신 부모님의 안부나 알아서 찾아뵈옵고, 인사라도 올리는 것이 좋겠다'는 생각이 부쩍 들었다. 그래서 서둘러 길을 떠나려는데 마침 임 처사(任處士)가 왔다가 구경 삼아 따라가겠다고 하기에, 길동무 삼아 데리고 가서 부모님과 동네 어른들께 인사 올리고 대접도 좀 하고 하룻밤 묵어오니, 작년 5월에 찾아뵈었을 때보다 부쩍 늙으신 모습에 마음이 아팠다.

이때, 종단은 일괄적으로 사찰 주지를 임명하는데, 9월 28일 자로 사부님께서 봉선사 주지 임명을 받으셨다. 이는 불타고 없는 절이지만 본사(本寺)를 지키시려는 의지 때문에, 다른 절을 지원하셔도 될 터인데 군이 봉선사 주지 임명을 받으신 것으로 안다.

이런 소용돌이에 나는 12월 12일 자로 '학사고시 자격 합격통지'를 받았다. 그런데 전혀 기쁘지 않고 오히려 허전했다. 당시 나는 마산대학교 철학과 학생으로 적을 두었는데, 당시는 졸업과는 별도로 학사 자격을 국가고시로 관리했었다. 제때 공부하지 못해서 늦은 나이에 얻은 졸업장으로 할 수 있는 것이 무엇이겠는가? 돌이켜 생각하니, 너무나 멀리 허상(虛相)에 끌려 와 있는 자신이 초라하기만 했었다.

36

통도사를 떠나 동국대 대학원에 입학하다

1963년, 癸卯, 3월, 35세

비록 양력설이지만 새해에는 좋은 일이 많았으면 좋겠다는 염원으로 여느 날처럼 법화사에서 조용히 지내는데 1월 초의 어느 날 꿈에 평소에 듣기만 했던 백의관음(白衣觀音)이라는 백발 노인이 나타나서 말하기를 "수일 후에 조그마한 옥돌 관음상(觀音像) 하나 보내줄 터이니, 잘 간직하라"하고는 '인홀불견(因忽不見)'이었다.

괴이한 꿈도 다 있다고 혼자 치부하고 말았는데 1월 7일, 평소 내게 왕래하던 불자 한 분이 외국엘 다녀왔다며 말하기를 "이번에 외국엘 나갔다가 골동품상에 예쁜 옥조(玉雕) 관음상이 보이기에 스님께 드리려고 사 왔으니 받으라"며 내놓는다. 그러나 나는 남의 절에 얹혀 일이나 봐주는 형편인데 이런 선물을 받으면 간수할 길이 없어 굳이 사양했으나 막무가내로 던지고 간다. 그래서 어쩔 수 없이 받아 두었는데 보관하자니 힘이 들고, 버리자니 너무나 아까웠다. 그래서 마음으로만 섬기다가 적절한 공간이 생기면 모시리라 했다. 그러던 어느 날 전일의 그 처사가 다시 와서 말하기를, 시골의 부모님들이 괜찮게 사시는데 이번에 특별히 할 일이 있어 이 방을 얻어 쓰다가 돌아가게 되었는데 그 집을 그냥 넘겨드릴 터이니 부담 없이 쓰라는 것이다. 그래서 나는 그 방을 받아 '천일방(天一方)'이라 불렀으니, 이는 소동파(蘇東坡)의 「후적벽부(後赤壁賦)」에 "묘묘혜여회(渺渺兮予懷)요 망미인혜천일방(望美人兮天一方)"이라 한 것이 생각나서 붙여 둔 이름이었다.

같은 해(1963년) 2월 16일 마산대학교(馬山大學校, 엮은이 주: 지금의 경남대 전신)를 졸업하고 졸업장을 받았으나 마음이 공허하기는 여전했다. 이 무렵에 통도사에서 연락이 오기를 대학도 졸업하고 했으니 다시 통도사로 와서 강석(講席)을 맡으라는 것이었다. 이는 나를 가장 아끼시는 통도사 어른 스님네들의 배려임을 나는 잘 안다. 그래서 내 마음도 달랠 겸 그해 2월 18일 다시 패엽실(貝葉室)로 들어가서 겨우 자리를 잡아가는데, 지난날 마산대학을 함께 했던 친구 스님들이 드나들면서 설득하기를 "기왕 시작한 것 대학원까지라도 해야 후일 무엇에 써도 쓸 것이 아니냐"고 한다. 그 또한 나를 생각하는 사람들로서 일리가 있는 충고라 생각하고, 그의 말에 따라 동국대학교 대학원에 입학원서를 냈다.

어느 날 입학시험을 보러 오란다. 그때 제1외국어를 일어(日語)로 하고, 제2외국어를 한문으로 했더니 시험관인 양주동(梁柱東) 박사가 한문 수필을 한 편 쓰라고 출제하셨다. 그분들도 우리가 엉터리 학생이라는 것을 잘 알기 때문에 이런 과제(課題)를 주었을 것인데, 나는 「인왕산유감(仁王山有感)」이란 제목으로 수필을 썼다. 그 전문(全文)은 기억되지 않으나, 줄거리는 이렇다.

이 동국대학교가 인왕산(仁王山) 기슭에 위치하고 있지만 이 터의 원(元) 주인은 인왕산 호랑이들이었다. 그런데 극성스러운 인간들이 개발이라는 이름으로 무자비하게 그들을 몰아내고 빌딩의 숲을 이루었으니, 쫓겨난 그들은 지금 어디서 배꼽을 씹고(엮은이 주; 생전에 이 고사를 스님께 여쭈었더니, 호랑이는 싸움에서 패하면 분해서 그런 행동을 한다고 하셨다.) 있을까. 그러한 터전에 자리한 우리가 구세대를 아우르고 신시대를 설계하는 지식인의 대표로 성장하여 호랑이의 영각 대신 세상을 깨우치는 경종을 울려야 할 것이 아닌가. 그래서 지금 나는 그 길을 찾으려고 오늘 이 자리에 서 있는 것이다.

양주동 박사. 제6대(1962.3~1965.9) 대학원장.

이런 내용이었는데 8월 28일 합격통지서가 내게 배달되었다. 이 답안지 때문에 입학한 후에 양주동 교수로부터 한 소리 들었다. "운허의 제자가 왔다는 소리는 들었는데 자네인가? 칼은 칼집에 들여두어야 하네." 나는 금방 깊은 염려의 뜻을 알아들을 수 있었다.

아무튼 합격통지서를 받고 나니 실로 난감했다. 그 무렵에 사부님께서는 『불교사전』출판 관계를 거의 마치시고 서울서 통도사로 잠시 들르셨다가 며칠을 머무셨다. 찾아뵙고 한쪽에 앉아 사뢰었다. "아무래도 시작한 일이니, 끝을 내야 할 것 같아서 대학원에 입학허가를 받았습니다. 거기서는 학문을 어떻게 하는지 알아보고 싶습니다."

사부님께서는 내가 세속적인 형식의 교학에 신경을 쓰기보다는 내전(內典)에 힘쓰기를 더 기대하시면서도, 내가 하고자 하는 정을 아시고는 어느 날 시자를 시켜 나를 부르신다. 그래서 나아가 뵈었더니, 서찰 한 통을 주시며 "서울에 가면 아무런 연고도 없을 터인데 어찌하누, 내가 서울 간 김에 돌아보고 왔다. 경기도 양주(楊州)에 불암사(佛巖寺) 주지가 만허(滿虛)라는 분인데 내게는 사제가 되는 분이야. 월운(月雲)이 서울로 진학을 하겠다고 하기에 그 처지를 감안해서 보낼 터이니 거두어 달라고 부탁해 놨으니, 잘해 주실 거야. 떠나는 날짜와 기차 시각을 미리 편지로 알리고, 청량리 역전광장 시계탑 밑으로 가서 서 있으면 만허 스님이라는 분이 너를 인도하실 것이다" 하신다. 그러면 매사에 조심하고 잘 모시고 공부하라 당부하신다.

이 말씀을 듣자, 퍽이나 감사했다. 그리고는 정신을 차려, 지난 6월에 재취임했던 통도사 강사 소임을 불과 7개월만인 9월 4일 다시 사임하고, 통도사를 떠날 준비를 했다.

동국대 명진관과 그 뒤로 남산이 보인다.

불암사로 짐을 옮기고 대학원에서 공부를 계속하다

1963년, 癸卯, 9월 23일, 35세

일전에 하신 말씀으로 보아, 미리 나를 부탁하시고 초행인 내가 청량리역까지 가거든 나와서 데려다가 보살펴달라고 부탁까지 해 놓으셨음을 미루어 알 수 있었다. 그런데 청량리 역전광장에 도착해서 한참을 기다렸으나 만허 스님은 나타나지 않는다. 그렇지만 나에게는 기다리는 길 밖에는 도리가 없어 얼마를 더 기다리노라니, 몸이 장대하시고, 상호가 구리구리하시고, 머리를 깎으셨고, 양복을 입으셨고, 회갑을 조금 지내셨을 법하신 신사 한 분이 나타나더니, "자네가 통도사에서 온 월운인가? 내가 만허인데 길이 좀 막혀서 늦었네. 미안하네." 하신다.

나는 내심 약간 불쾌하기도 하고, 한편 깜짝 놀라기도 했으니, 양복을 입은 스님이 있다는 것이 생각 밖이요, 양복을 입은 이 주제에 내게 대뜸 '하게'를 붙이며 '자네'라고 하니 그간 남방(南方)으로 다니면서 신도들의 무조건 승보(僧寶) 공경 풍속에 아만(我慢)만 꽉 차 있던 내게는 너무나 급작스러운 충격이었다.

사부님께서 매사에 조심하라 당부하신 말씀도 생각났고, 당장 기댈 곳이 없어 저 양반의 신세를 지러 가는 처지이니 '꾹 참자' 하고는 얼른 "사숙님! 처음 뵙겠습니다. 월운입니다" 했다. 그러자 그 어른께서 얼른 내 손을 잡으시며, "잘 왔네. 자네 이야기는 자네 스님께 들어서 잘 아네. 어서 불암사로 들어가세" 그리고는 그 옆의 버스정류장에서 얼마를 기다리자 차가 오니, 그것을 타고 한참 가다가 불암동(佛巖洞)을 지나 불암사로 올라갔다.

절에 올라가니, 매우 아담한 광경의 절이었다. 이른바 '동불암(東佛巖)', '서진관(西津寬)', '남삼막(南三幕)', '북승가(北僧加)'라는 말이 허언(虛言)이 아니었다. 식구들은 이럭저럭 몇 되는데 주로 불공 손님 제접(提接)과 오가는 등산

불암사 시절 신도들과 함께 하신 월운 스님.

객에게 '상(床) 밥'을 파는 전형적인 경산(京山) 절 풍경이었다. 남쪽에서 듣기를 경산 절 스님네들은 '기생오라비' 같이 몸치장이나 하고, '재바지'에만 힘쓰고, 가족끼리 모여서 '상밥'이나 팔아서 돈벌이만 한다고 했는데 비슷한 평론이라고 생각되었다.

이렇듯 처음에는 눈에 걸리는 것이 많았으나 첫째는 내가 자진해서 조용한 곳을 버리고 예까지 왔는데, 그중에서도 사부님께서 나를 이리로 소개하신 뜻은, 어려워도 다른 데보다는 좀 수월하게 공부도 하고 일을 좀 배우라는 뜻이리라 생각하고 '두루치기 맛치기'로 열심히 뛰었다. 그리고는 서둘러 학교에 등록을 마치고, 절과 학교 사이를 오갔다.

다행히 사숙님께서 나를 신도들에게 '법사(法師)'라고 소개해 주셔서 운신하기가 퍽 좋았다. '법사'이기에 점잖은 체해도 좋고, '법사'이기에 궂은일을 해도 쑥스럽지 않고, '법사'이기에 학교 드나들 때도 별 흉이 없고, '법사'이기에 법상에 올라 법문을 해도 쑥스럽지 않아 좋았다. 그래서 고인은 법사의 생애를 다음과 같이 읊었다.

유시취주매인(有時醉酒罵人) 때로는 술에 취해 사람들을 꾸짖다가
홀이소향작례(忽爾燒香作禮) 때로는 법당에 올라가 향을 사른다.

왜 그럴까? 남의 수행을 돕는 것이 법사의 본분(本分)이기 때문이다. 그러나 나에게는 나를 경책하려는 생각에서 나 자신이 편해져서는 안 된다는 것이었다. 그래서 조석 예불에서 법당 관리까지, 도량 청소에서 신도댁 호별 방문, 내지 가정법회까지 만들어 주관했으니, 내가 생각해도 원 없이 바삐 산 시절이었다.

38

교도소 포교를 도우며 요로에
군승 제도 창설을 제창하다

1963년, 癸卯, 35세

어려운 고비를 겪으며 학교엘 나갔는데 뜻밖의 걱정거리가 생겼으니, 백성욱(白性郁) 총장이 선포하기를 "대학원에 나오는 학생은 모두 양복을 입으라"는 것이었다. 그 이유는 학생이 승복(僧服)을 입고 학생석에 앉았으면 교수가 어떻게 엄하게 가르칠 수 있겠느냐는 것이었다.

다시 말해 교수는 거의가 속인인데 승복을 입은 스님들을 어떻게 제자로 대하겠느냐는 것이었다. 비칭어를 쓰면 '존승지도(尊僧之道)'가 무너지고, 그렇다고 존칭어를 쓰면 '사엄지도(師嚴之道)'가 무너진다. 이렇듯 양전지계(兩全之計)가 없다면 여기는 가르치는 곳이니, 교육의 질을 높이기 위해 사자(師資)의 예(禮)로 편케 대하게 되기를 바란다는 것이었다.

그때 나는 총장의 말이 옳다고 생각했다. 나아가서는 그 말속에는 "일단 출가 사문이 되었으면 그 길로 갈 것이지, 가로 늦게 뭘 더 배우겠다고 나와서 그러고 앉았느냐"고 힐책하는 소리로도 들렸다. 그러나 여기까지 왔으니, 중단할 수도 없는데 어떻게 양복을 준비하느냐가 큰 걱정이었다. 그러던 차에 지난날 성주사(聖住寺)에서 내가 병이 났을 때 나를 마산으로 데리고 가서 '재첩국'으로 치료해 주었던 두 보살이 내 소식을 추심해 듣고 찾아왔다가, 양복을 한 벌 맞춰주고 가서 한시름 놓았다.

다시 그 무렵의 어느 날, 의정부교도소와 태릉에 있는 육군사관학교에서 설교를 해 달라는 청이 거의 동시에 들어왔다. 그래서 격주로 드나들면서 법문을 했는데 나에게는 이 모두가 소중한 경험이며 기쁨이었다.

그런데 그해 세모(歲暮)에 예상치 못했던 일이 육군사관학교에 생겼다. 전라도 쪽에서 왔다는 생도(生徒) 하나가 착실한 불자인데 아침 구보 도중에

의정부교도소 재소자들을 위한 법회. 당시 교도소에도 〈통신강원〉 테이프가 반입되는 상황이었다.

질식사했다는 것이다. 그래서 내가 다니며 '시다림' 독경도 해 주고, 유족들 위문도 했는데 막상 영결식에는 목사가 집전해야 한다는 것이었다. 그때 나와 유족들이 항의하기를 "불교 신자인데 당연히 불교식으로 장례를 지내야 하지 않겠느냐"고 했더니, 학교 측 실무자가 대답하기를 "군법이 그렇게 되어있기 때문이라" 했다. 그리고는 말하기를 "굳이 그렇게 하시려면 탈영자로 처리하면 되겠지만 그렇게 되면, 국법을 등지고 도망간 사람이 되기 때문에 훈포장(勳褒章)은 물론 연금까지도 삭제된다"고 했다.

그 이유를 알아보니, 해방 후 창군(創軍) 당시에 아무런 준비도 없이 미국 군법(美國軍法)을 그대로 번역해서 썼기 때문인데, 그간 일부 단체에서는 자기들의 정서에 위배되는 것은 의정(議政)을 통해 많이 고쳤지만, 불교계에서는 아직 아무 말이 없어서 이렇게 되었다는 것이었다.

이 말을 들으니, 울화가 치밀었다. 그래서 나와서 "이 땅에 불교 신자 지식인이 이렇게도 고갈되었는가"라는 제목으로 글을 써서 〈불교신문〉사에 갖다주고, 봉인즉설(逢人卽說)로 떠들었다. 종단의 어른 스님네들도 저 젊은 것의 말이 맞는다고 생각되셨는지 의외로 공감하는 이가 많았었다. 그로부터 군목(軍牧)과 대등한 군승(軍僧) 제도를 설치해 달라는 운동이 일면서 군 법당들이 조금씩 생기더니, 머지않아 월남전이 터지자 그에 따른 파병(派兵)을 계기로 군종승(軍宗僧) 제도가 입법화되었음은 다행한 일이 아닐 수 없었다.

39

교도소 법회에 다니며 출소자를 위한
헌 옷 모아 보내다

1964년, 甲辰, 36세

그 무렵에 나는 매우 바쁘게 살았다. 불암사 지대방에다 내 책상 하나를 놓고, 마산 보살들이 맞추어 준 양복 한 벌을 벽에 걸어두고, 가방 하나에다 책이나 돈푼 같은 것을 넣어둔 채 아무런 거침없이 활동했다. 그중에도 의정부교도소 법문을 맡아 다니는 동안 중생들의 삶의 현상을 골고루 보았다. 개중에는 나의 처지보다 더 딱한 상황이 비일비재했다. 특히 상담을 통해 들은 내용은 평소 생각했던 중생계의 고뇌 정도가 아니었다. 그래서 그들을 도울 길이 없을까를 생각하게 되었다.

그중에도 겨울에 입소(入所)했다가 여름에 출소(出所)하는 이, 여름에 입소했다가 겨울에 출소하는 이, 그들은 의복 때문에 큰 걱정이었다. 그래서 나는 '헌 옷가지 모으기 운동'을 벌여, 출소하는 사람들이 적당히 구색을 맞추어 갈아입고 나가게 하니, 재소자들에게 이 소식이 알려지자 내 법문을 듣겠다고 나오는 인원이 부쩍 늘었었다.

개중에도 전라도 어디에선가 온 아무개(실명은 내 일기장에만)라는 청년 하나가 있었는데 내게 지대한 관심을 가지고 접근해 왔다. 그는 매우 영리하고 싹싹한데다가 출가할 생각까지 있다고도 했다. 그러나 출가란 그렇게 즉흥적으로 결정하는 것이 아니라고 타이르며 지냈다.

그러던 그가 그해 구정(舊正)의 어느 날, 적설(積雪)을 밟으며 불암사로 나를 찾아왔다. 평소에 내 주소를 일러 준 적이 없고, 교도소 당국에서도 이 부분은 극비 사항으로 다루고 있는데 어떻게 알고, 출소(出所)하자마자 눈길을 헤치며 찾아온 것이 궁금하고도 대견도 했다. 그뿐 아니라 하루하루가 지날수록 '백령백리(百怜百俐)' 하게 일을 잘 봐주고, '송주(誦呪)'도 제법 열심히 읽어서 외워나가는 진도가 빨랐다. 그러면서 사중의 모든 일을 몸으로 부딪치면서 사중의 제반 업무들을 퍽이나 열심히 공부하는 눈치였다.

그러나 이는 새로 입산한 이로서 한평생을 여기에 묻으려면 하루빨리 이 가풍(家風)을 알아야겠다는 평범한 정도가 아니라, 너무나 서두는 경향이었

김해교도소 재소자들을 위한 법회.

다. 그러나 그것은 그의 특성이며 신심(信心)이거니 하면서도, 그의 지나친 '백령백리(百怜百俐)'가 은근히 부담스럽기도 했었다.

이런 상황에서 구정을 맞아 정초 불공도 한 고비를 넘기고 조금 한가해진 어느 날 아침에도 평소와 같이 아침 예불을 모시는데, 그날따라 그 아무개가 보이지 않는다. 예사로 봐 넘길 수도 있는 상황이지만 그날따라 머릿속에 얼핏 '그가 내 소지품을 훔쳐 달아나는구나'하는 생각이 떠올랐다. 그리고 이어서 떠오르는 것이 '그 애가 이렇게 도망을 쳤다면 필시 불 관리를 제대로 안 했거나, 아니면 일부러 소홀히 했을 수도 있을 것이다.' 이런 생각에, 즉각 법당에서 나와 지대방에 가 보니 과연 내 양복과 신, 그리고 가방이 몽땅 없어졌을 뿐 아니라, 뒤채에 있는 그의 방엘 가 보니 촛불이 켜진 채 쓰러져서 촛농을 흘리고 있었다.

그야말로 대화재의 일보직전이었다. 서둘러 불을 끄고 동구 밖까지 뛰어가 보았으나 아무런 흔적도 없었다. 이 절이 천년고찰인데 내가 그 순간 불을 잡지 못했더라면 국가적인 큰 손실이었을 터인데 그 꼴을 면했으니, 오히려 다행이 아니겠는가. 그런데 나는 어찌하여 지난 1959년도 통도사에서도 초기 화재를 껐는데, 이번에 또 미연의 대화(大火)를 꺼야 하는가? 이 또한 답답한 일이었다.

숨을 돌려 지대방엘 다시 가 보니 내 가방이 있던 자리에 쪽지 하나가 떨어져 있었는데, 그 내용은 "스님 처지에 대학원은 해서 무엇 하시오. 망신스러우니, 그만두세요. 옷과 돈은 필요한 내가 쓰고 후일 갚겠습니다"였다. 이를 보니 괘씸하기도 하고, 한편으로는 '네 말이 맞다'는 생각이 들어 쑥스럽기도 했다. 그런데 끝내 그 쪽지의 주인공은 나타나지 않았고, 저 뒤 어디에선가 나를 비웃는 것만 같다는 생각이 자꾸 들었다.

40

동국역경원 개원되고 사부님 그 원장을 맡으시다

1964년, 甲辰, 4월 10일, 36세

사부님께서는 평소 역경사업에 지대한 관심을 가지고 계셨다. 그 결과 1961년도 5월에는 우리말『불교사전』을 출판하셨고, 이어 역경에 관한 작업을 지속하셔서 종단적인 합의로 '동국역경원'이란 공식 기구가 정식으로 발족했다.

그러나 그 초기에는 그 기구가 머무를 공간이 해결되지 않아 당시의 동국대학교 총장인 김법린(金法麟) 박사에게 역경원 간판이라도 걸 공간을 하나 달라고 하시니, 현재 사범대학이 있는 자리에 대학선원(大學禪院)이 있었고, 그 대학선원은 백양사(白羊寺) 석호(石虎: 西翁) 스님이 담당하고 계셨다. 석호 스님과 상의하여 그 공간 하나를 얻어, 이날 몇 사람이 모여 간판만 달고 개원식에 갈음했다.

이는 평소에 직접 들은 사실이지만 그 어른의 회고록인 「자초연보(自抄

왼쪽부터 영암-운허-지월-구산-서옹

年譜)」에 다음과 같은 기록이 있는 것으로 보아, 그날의 상황을 짐작할 수 있다.

"3월 25일. 역경원장 및 역경위원장 임명을 받고, 4월 10일 동대 구내
에 있는 대학선원 일우(一隅)를 빌려 개원(開院)하니, 석호(石虎) 사(師)
와 동정식(同鼎食)을 하다."

여기서 말씀하신 '대학선원 일우'라 함은 극히 좁은 공간이란 뜻이요, 그
조촐한 현판식에 참석한 인원은 종회에서 위촉받은 임원들만 갔었을 터이
니, 당시의 임원이란 역경위원회 위원장 운허(耘虛) 스님, 역경부장 석주(昔
珠) 스님, 사업부장 석정(石鼎) 스님이셨다.

〈한글대장경〉한글 번역어 자문. 운허의 좌측이 일석 이희승. 우측이 외솔 최현배. 일석 옆이 김달진.

따라서 역경원 개원일(開院日)을 흔히 서기 1964년 7월 21일로 아는데 이는 잘못이다. 개원식은 위 기록과 같이 3월 25일 대학선원장(大學禪院長) 석호(石虎) 스님과 역경원 임원들이 조촐히 봉행하고, 그 후 꾸준히 역경위원회(譯經委員會)를 구성하여, 그해 7월 21일을 기하여 '제1차 역경위원회'를 성대하게 개최하였기에, 이날을 개원일로 오인(誤認)하게 된 것이다.

'제1차 역경위원'의 방명(芳名)은, (무순) 전관응(全觀應), 김탄허(金呑虛), 이청담(李靑潭), 김일타(金日陀), 김자운(金慈雲), 서경보(徐京保), 박법덕(朴法德: 김법린 총장의 부인), 오법안(吳法眼), 김태흡(金太洽), 이종익(李鐘益), 김동화(金東華), 김잉석(金芿石), 황희돈(黃羲敦), 서경수(徐京洙), 이기영(李基永), 김달진(金達鎭) 등이었다. 이어 '제2차 역경위원'으로 박법정(朴法頂), 박경훈(朴敬勛) 등이 추가되었다.

41

증조 옹사 월초당의 기신제에 처음 참석하다

1964년, 甲辰, 음 4월 29일, 36세

월초(月初) 노화상은 내게는 증조옹사(曾祖翁師)가 되시며, 봉선문도의 중흥조(中興祖)이시며, 종단 개화기의 큰 선구자이셨으니, 그 어른의 생애는 봉선사 입구 비원(碑園)에 있는 〈월초노화상추모비(月初老和尙追慕碑)〉에 상세히 기록되어있으니, 그 주요한 업적만을 추리면 다음과 같다.

1. 1900년 동궁(東宮)에 환후(患候)가 있어 그 쾌유(快癒)를 위해 국명(國命)으로 청도(淸道) 운문사(雲門寺 邪離窟)에 가셔서 3×7일 기도를 봉행하여 치유(治癒)케 한 공로로 황실에서 무엇으로 보답함이 좋겠는가를 하문하시니, 출가 사문이 부처님께 봉향(奉香)하며 조용히 여생을 마치기가 소원이라고 하셨다는 것이다. 그래서 고종께서 직접 권화(勸化)하여 갈현동(葛峴洞) 수국사(守國寺)를 창건하여 포상(褒賞)하심

을 받으셨고,

2. 1906년 동대문 밖(지금의 창신국민학교 자리)에 원흥사(元興寺)를 지으시고 불교총본산이라는 이름으로 전국사찰을 대표하여, 지방관서장이 임의로 재산을 몰수해 가는 일 또는 지역의 힘 있는 이가 교육사업 등 재단을 형성하는 과정에서 임의로 지방 장관에게 신청하면 되던 제도 등을 막고, 원흥사를 대정부 단일 창구로 삼으시어 불교계의 권익을 크게 보호하셨고,

3. 같은 해, 원흥사에다 명진학교(明進學校)를 세워 청년 승가에게 현대학문을 접하게 함과 동시에 후일 동국대학교가 생길 수 있는 기초를 마련하셨으니, 이는 유생(儒生)들이 강화읍(江華邑)에 보창학교(普昌學校; 현 강화국민학교)를 세우면서 강화군 내가면 고려산(高麗山)에 있는 적석사(磧石寺) 등 여러 사찰의 재산을 당해 학교 재산으로 편입시켜 달라는 신청을 학부(學部; 지금의 교육부)에 내자, 학부에서 무조건 허락해 주니, 이런 폐습(弊習)이 전국으로 확산하는 것을 막기 위해 사찰 재산은 불교단체만이 사용할 수 있다는 선례를 남기셨고,

4. 1922년 제석일(除夕日), 극렬한 독립군이었던 손상좌 박명하(朴明夏, 엮은이 주; 운허 스님의 독립운동 당시 가명의 하나)가 강원도 유점사(楡岾寺)에 숨어든 것을 아시고 불러들여 보호하셨고, 그 후 운암(雲巖) 김성숙(金星淑, 엮은이 주; 상해 임시정부 국무위원) 씨도 독립군으로서 잠입했는데 그런 정을 아는 일경(日警)을 적절히 따돌리셨고,

5. 봉선사는 왕릉 부지(王陵敷地) 안에 있어 연료를 반드시 광릉림(光陵林)에서 채취해야 하는 취약점을 가지고 있는데, 일경(日警)이 봉선사를 길들이려면 반드시 부엌에 들어가 땔감 해다 놓은 것을 트집 잡

아 일단 부목들을 잡아가서 사찰의 기능을 마비시킨 뒤에, 두 독립군(獨立軍) 은닉 문제를 들고 나왔다. 이에 식상한 대중이 어떤 방법으로든지 사중 임야를 확보해야 한다고 들고일어나니, 노사(老師)께서 안진호(安震湖) 스님에게 명하여 봉선사(奉先寺)가 고려조에 이미 세워진 절인데 예조조(睿祖朝)에서 광릉(光陵)을 모시느라 몰수해갔다는 고증(考證)을 만들게 하셨다. 그리고는 그것을 근거로 국가에서 찬탈해간 봉선사(奉先寺) 사유림(寺有林) 8,000정보를 반환하라는 청구소송(請求訴訟)을 제기하여 막대한 인력(人力)과 재력(財力)을 소진(消盡)하며 몇 해를 싸운 끝에, "정황은 이해되나 원고 측의 청을 다 들어줄 수는 없으니, 하늘에서 빗방울이 떨어져서 봉선사 마당으로 흘러가는 지역만을 돌려주라"는 판결을 받아내어, 총 9정보의 임야를 되돌려 받았다.

원흥사 경내에 세운 명진학교.

이러한 공로가 있으신 분이 1934년 73세로 입적하시니, 그 음덕을 추모하는 후손들에 의해 제향(祭享)을 잘 모시다가 1951년 6.25 사변으로 잠시 멈췄었고, 그 후 1961년부터 운경(雲鏡), 능허(凌虛) 두 스님이 주지이신 사부님을 모시고 운하당(雲霞堂) 복원(復元)에 힘쓰시어 63년 6월에 낙성하니, 이 해부터 월초 노스님의 기신제(忌辰祭)를 음력 4월 29일 다시 시작한 것이다.

남의 땅이 되어버린 수국사비의 옛터.

어쨌든 나는 그제야 승문(僧門)의 조상님들께 현신(見身) 드리고, 문중 어른들께도 인사를 드렸다. 그리고 조파(祖派)를 살펴보니, 나는 명색 석가세존 후 78세 법손(法孫)이요, 백파긍선(白坡亘璇)의 6세손이요, 월초 노화상의 증손(曾孫)이 된다는 것을 알았다. 자세한 것은 「월초문도약식계보(月初門徒略式系譜)」로 보존한다. (엮은이 주; 스님이 만드신 약식계보는 2015년 도서출판 불천에서 『월초문도조파보(月初門徒祖派譜)』로 출간되었다.)

수국사 주지 호산 스님의 원력으로 월초 대화상께서 세운 〈수국사 사적비〉를 사찰 경내지로 옮겼다는 소식에, 봉선 문도의 숙원 불사에 증명 공덕 하시고자 2023년 5월 23일 참배하시니, 월운 스님의 마지막 외출이셨다.

42

고향 잃은 부모님을 파주로 이사하시게 하다

1965년, 乙巳, 37세

이 무렵에 나는 해경(海京)과 이미 작고한 원철(圓徹) 두 사람과는 자주 만나는 사이였다. 그들은 내가 1954년도 창원 성주사(聖住寺)에 있을 때 문일조(文一兆) 스님 앞으로 중이 된 사람들이니, 원칙적으로 나와는 여러 가지 면에서 상당한 격차가 있는 사이이지만, 그들도 컸고 나도 늙은 터라, 편케 '형야제야(兄耶弟耶)' 하는 처지였다.

그중에도 원철은 재복(財福)이 있고, 돈 쓰는 법도 알아서 제법 좋은 절을 맡았다 버렸다하다가 마침내 서울 안암동(安巖洞) 개운사(開運寺) 주지를 맡아 나왔다. 그래서 해경은 아예 개운사에 와서 머무르면서 일을 봐주었고, 나는 불암사(佛巖寺)에 있으면서 무슨 일이 있을 때만 가서 도와주었다

그렇게 가깝게 지내는 터라 서로가 부모 형제 상황에 대해서도 잘 아는 관계가 되었는데 그중에도 속가 부모님들이 어렵다는 것을 잘들 알고 있었

승가대 학생들이 따라 나선 송산 부모님 댁 모내기.

다. 그러던 어느날 원철이 고양(高陽) 파주(坡州) 일대에 산재(散在)한 개운사 토지를, 서울 근교인 양주군(楊州郡) 별내면(別內面) 청학리(靑鶴里), 일명 송산 (松山)으로 모으는 작업을 시작한다는 것이다.

나는 그때까지도 아무런 생각 없이 있었는데, 해경이 나와 주지 원철(圓徹)이 있는 자리에서 제안하기를 "이번에 개운사 땅을 송산(松山)으로 옮기면, 우선 월운(月雲) 형님네 가족들이 6.25 때 피난 나와 고향에 전답을 두고 왔고, 절로서는 직접 스님네들이 땅을 부칠 형편도 못 되고 부득이 남에게 소작 놔야 한다면 월운 형님네 부모님에게 맡기자"고 한다. 나는 그제야 깜빡 정신이 들어, "해경의 말대로 그렇게 좀 해 주게" 해서 주지의 동의를 받아놓고, 바로 파주(坡州)로 가서 이 사실을 알리고, 서둘러 송산으로 이사를 시켜드렸다. 나는 이사하는 경비와 영농비를 조금씩 도와 드렸다.

이렇게 해서 남의 땅이지만 잡숫고 남는 것이 있어, 조금 여유롭게 사시면서 남은 동생들 셋을 다 성가(成家) 시키시고, 두 어른 또 거기서 종신(終身)하시니, 내 마음이 조금은 편했다. 그러나 그날의 일을 생각하면 해경은 나보다 우리 부모 형제를 더 생각하던 사람임이 분명해서 고맙기도 하고 부끄럽기도 했었다.

나는 원래 아둔하고 암되어서 좋은 기회를 잃는 때가 많았는데 이번에 해경의 도움으로 아버지와 동생의 삶이 좀 안정되고, 편케 해 드린 것은 전적으로 그의 공인데 그런 정을 생각하면 그와의 교분(交分)을 오래 지속해야겠지만, 불행하게도 그가 몹쓸 병이 나서 내가 찾아가도 몰라보니 마음만 아프고, 원철은 벌써 타계해서 더욱 안타깝다.

어쨌든 어느 날 막내 누이동생이 회고하기를 "오라버니가 우리를 송산으로 옮겨 주어서 우리 형편이 좀 나아졌다"고 했다. 나는 그 독백이 사실이었으면 좋겠다고 내심으로 기대했다.

43

역경위원이 되어 〈한글대장경〉 번역 불사에 참여하다

1965년, 乙巳, 12월 19일, 37세

1965년 초, 수원(水原) 용주사(龍珠寺) 주지로 부임하신 관응(觀應) 큰스님께서 그의 취임과 동시에 용주사를 역장(譯場)으로 개방한다고 선포하심으로써, 종단적인 찬사(讚辭)도 대단하셨지만 사부님의 기쁨도 대단하셨다.

그래서 사부님께서도 즉각 용주사로 짐을 옮기셨는데, 『운허선사어문집(耘虛禪師語文集)』 중 「자초연보(自抄年譜)」 1965년 조(條)에는 "3월 15일, 용주사에 역장을 설치하고, 이거(移居)하다" 하셨고, 같은 해 탁상일기(卓上日記) 3월 24일 조에는 "용주사로 짐을 옮겨 늦게 도착했는데 용달비는 용주사 사중에서 지불해 주었다"고 기록하신 것으로 보아, 짐이 제법 많았던 것으로 짐작된다.

그때 나는 나대로 바빴으니, 첫째, 그해부터 국제적인 부처님오신날인 5월 8일을 기해 불암사(佛巖寺)에서 서울 양주(楊州) 일대의 초등학생들을 상

164 • 월운당도중사

대로 '어린이 백일장'을 해마다 열고, 그 시상식에는 불암사와 연고가 있는 영친왕(英親王)의 부인 이방자(李芳子) 여사(女史)를 초빙해서 수여케 하기로 한 터였고, 둘째, 서울 국제방송국(國際放送局, 엮은이 주; 1961년도에 KBS의 대외 전담 방송으로 개국된 특수 방송국. 북한 공산주의 비판 폭로와 함께 교양 부문도 신설되었다.) 에서 정규 대북(對北) 프로를 맡아 방송을 진행하던 중이었다.

이런 일들로 시간을 보내다가, 9월 22일(음 8월 17일)에야 짐을 꾸려 용주사(龍珠寺) 역장(譯場)으로 가서 방부를 들였다. 그리고는 우리 또래의 중견(中肩)들 몇몇이 역경연수생(譯經研修生) 자격으로 일정 기간 '시역고(試譯稿; 일종의 번역 능력 심사 시험에 가늠하는 원고)'를 정하여 역경 공부를 시작했다. 그 과정에서 나는 『묘법연화경』을 번역해보았으면 좋겠다'고 생각했으나, 『묘법연화경』은 이미 동대 교학처장이며 그 전문가인 홍정식(洪庭植) 박사가 맡아갔다고 하기에, 나는 그 속경(屬經)인 『살담분다리경(薩曇芬陀利經)』 등 10경을 배당받아 번역해서 홍 박사의 『묘법연화경』과 함께 1967년 5월 15일, 구판 〈한글대장경〉 제38책 [법화부 1]로 출판되었다.

그때 들은 바로는 〈한글대장경〉 한 권에 소요되는 원고는 약 5,000매요, 페이지 당 소요되는 원고는 약 7매요, 고료(稿料)는 200자 원고지 1매당 1,200원이라 했는데 이 기준에 맞추어 구판 〈한글대장경〉의 쪽수를 살펴보면 홍 박사와 나의 작업량과 수령한 고료(稿料)를 추산(推算)할 수 있었다.

홍 박사가 번역한 『묘법연화경』은 260쪽이니 원고는 1,820매가 되고, 내가 번역한 『살담분다리경』은 4쪽이요, 『불퇴전법륜경(不退轉法輪經)』이 123쪽이요, 『법화삼매경(法華三昧經)』이 23쪽이요, 『대법고경(大法鼓經)』이 33쪽이요, 『보살방편경계신통변화경(菩薩方便境界神通變化經)』이 64쪽이요, 『대살차니건자소설경(大薩遮尼乾子所說經)』이 174쪽이요, 『금강삼매경(金剛三昧經)』이 36

용주사 역장 개원식. 정면 맨 오른쪽 동그라미 부분이 운허 스님.

쪽이요, 『대승방광총지경(大乘方廣總持經)』이 13쪽이요, 『무량의경(無量義經)』이 17쪽이요, 『관보현보살행법경(觀普賢菩薩行法經)』이 16쪽이어서, 이를 합하면 503쪽이 된다. 이를 다시 7배 하여 원고지 쪽수로 환산하면 3,521매가 된다.

이들 10경(經) 중 『살담분다리경(薩曇芬陀利經)』의 원고를 '원고심의분과위원회(原稿審議分課委員會)'에 '시역고(試譯稿)'로 제출하여, 같은 해(1965) 12월 19일 '심의위원회'서 합격되어 정식 역경사(譯經師)가 되었다. 그리고 그 이듬해인 1967년 1월 28일에는 종정(宗正)으로부터 역경위원(譯經委員) 위촉장을 받았다. 그해(1967년) 5월 15일 발행된 『살담분다리경(薩曇芬陀利經)』외 11경은 후일 다시 신판 〈한글대장경〉 제172책으로 발행되었다.

44

용주사 역장에서 번역도 하고
학인들에게 강의도 겸행하다

1966년, 丙午, 38세

지난해(1965년) 12월 19일 '시역고(試譯稿)'가 합격되어, 정규 역경사가 되니 훨씬 마음이 바빠졌다. 우선 '역경위원회'에 참석하여 작업 방향을 짐작할 수도 있어 마음이 든든했다. 이는 모두가 어릴 적에 부모님이 나를 서당엘 보내 주셨고, 나 또한 착실하게 글을 읽어 글을 보는 것이 지루하지 않을 만치 된 덕분일 것이다.

당시 사람들은 나의 한문 실력이 상당하다고 하는 이도 있었지만 내게는 그저 추켜세우는 인사말일 뿐 실감이 나지 않았으니, 이른바 현대 문법 분야에 자신이 없고 경전에 동원된 언어 영역이 시간으로나 공간으로나 방대하기 때문에 우리의 능력으로는 다 섭렵(涉獵)할 도리가 없었다.

그래도 다행히 '시역고'가 통과된 것은 늦게 공부하는 것이 딱해서 동정으로 점수를 좀 후히 주셨던 것 같고, 평소 이 분야에 관심을 가지고 좀 챙겨 두었던 것이 주효(奏效)해서 이번 '시역고심사(試譯稿審査)'에 다소 도움이 되었다는 것을 나는 잘 안다.

그래서 지난날 강사(講師) 시절에도 학인들에게 지식적인 편식(偏食)을 하지 않는 학자가 되라고 주문했었고, 나 또한 그렇게 노력하면서 살아왔다. 그 결과 오늘의 심사위원들이 좀 보아주자고 할 수 있는 조건을 제공하는데 성공해서, 종단이 요구하는 역사적인 사업에 정규 임원으로 참여할 수도 있게 되었다. 이제부터는 종단에 무엇인가 보답해야 할 차례라고 다짐했다.

같은 해(1966년) 6월 25일 『불퇴전법륜경(不退轉法輪經)』 제1권을 탈고했다고 그날의 일기수첩(日記手帖)에 기록했으니, 얼마나 흐뭇했던가를 짐작케 한다. 『불퇴전법륜경』이란 다섯 권으로 구성된 경인데 그중의 첫 권을 겨우 끝내고 그토록 대견스러워했던 이유를 알 수가 없다. 더구나 내 비망기(備忘記)에는 이달 6월 27일 원고료 13만 원을 받았다고 했으니, 이는 홍 박사와 합작으로 쓴 [법화부], 즉 『살담분다리경(薩曇芬陀利經)』 등의 원고료 중 미리 받고

용주사 번역장에서 강원 1기생을 졸업시키다.

남은 부분을 정산한 것인 것 같다.

이때 13만 원의 가치를 파악할 수는 없으나 사부님께서 1973년도에 쓰신 〈봉선사 방적당 중건 상량기〉에 보면, 당시 금 1g은 1,600원이라고 부기(附記)하신 것을 기준하면, 황금 100g, 즉 25돈값에 해당한다. 노력해서 받은 돈이라는 데 의의가 컸을 것이다.

같은 해(1966년) 12월 1일 용주사 강원 졸업식을 봉행했는데, 사집과(四集科) 수료생(修了生) 4인이 합동으로 내게 방한화(防寒靴)를 기증했고, 대교과(大敎科) 졸업생 4인이 합동으로 내게 일부시계(日附時計) 즉 날짜가 뜨는 시계(그때는 최신 유행품이었음)를 선물로 주었다고 그날 일기에 기록해놓을 것을 보면, 당시 퍽이나 흐뭇했던 것으로 짐작된다.

이에 앞서 작년 1965년 9월 내가 용주사로 오자 몇몇 학인들이 와서 강원을 차려달라고 사중(寺中)에 요청하니, 주지이신 관응 스님은 강사 출신인지라 얼른 거절치 않으시고 내 의사를 물어 오셨다. 나도 거절할 명분이 없어서 좋다고 했더니, 바로 강원을 열어 10월 24일 나에게 강석(講席)에 오르라고 하시기에 강(講)을 시작했다.

그때 학인들의 성명(姓名)이나 면면(面面)은 생각나지 않으나, 상반생(上班生)들은 지난날 해인사나 통도사에서 잠시나마 내게 책을 폈다가 끝을 내지 못한 채 헤어졌던 이들로서, 나와의 인연을 아름답게 끝맺음하자는 생각을 하던 사람들이었다. 그래서 약 1년 남짓 보충수업을 해서 졸업이라는 절차를 밟은 것이다.

한편, 재가자들이 함께 공부를 하다가 보살계법회를 기하여 사부님께 법호(法號)를 받았는데, 그중에도 송성수(宋成洙) 씨는 죽사(竹史)요, 이진영(李鎭永) 씨는 동초(東樵)였다. 이 두 분은 오래도록 역경(譯經)에 종사했던 중진 역사(重鎭譯師)들이었다.

45

봉선사가 교구본사로 승격되다

1967년, 丁未, 12월 17일, 39세

너무 여러 해 동안 역장 주변(譯場周邊)을 쫓아다녔더니, 보기에 딱하다는 생각이 들었던지 새해 1월 28일 자로 나를 역경위원(譯經委員)으로 위촉한다는 청담(靑潭) 종정 스님의 위촉장이 하달되었다. 그것이 나에게는 한없이 자랑스럽고 명예스러워야 할 것이지만 내 실력이 아직은 부족하기 때문에 그다지 반갑거나 실감이 나지 않았다. 그러나 그것을 나 스스로가 흐뭇할 때까지 정진하고 다듬어 쑥스럽지 않은 경지까지 정진해 나아가야 하는 것도 역시 나의 몫이라는 것도 잊지 않았다.

어느덧 여름이 지나 10월로 들어섰다. 이 무렵에 이미 제출해 놓은 원고의 고료(稿料)가 나왔는데 액수는 기억되지 않으나 제법 많은 금액이었다. 그런데 느닷없이 쓰임새가 생겨 그 돈을 다 써 버렸으니, 역시 나는 돈을 지니기가 어려운 팔자인가보다 했다.

그 사연인즉 가을쯤인가, 연지동(蓮池洞) 어느 신도댁에서 공양청장이 있어 갔더니, 그 집 주인이 황금으로 된 오륜동자상(五輪童子像) 즉 어느 남자마라톤 선수가 두 팔을 번쩍 들고 골인 지점으로 들어오는 이미지를 담은 동자상인데, 내가 관심 있게 좀 들여다봤더니 주인 처사가 말하기를 "이것을 가지고 있으면 은행에 예금한 것보다 이윤이 더 좋고, 풍만감이 생겨 재수가 좋아지니 하나 맡으라"는 것이다. 때마침 원고료를 받은 것이 있어 하루아침에 백만장자가 된 기분이었는데, 그 소리를 얼핏 듣고 보니 객기가 솟아 얼마인가를 내고 덜컥 하나를 맡았다. 지금은 내 곁을 떠나 본래 있어야 할 자리로 갔으니 오는 것도 가는 것도 모두 소중한 인연이다.

같은 해(1967년) 10월 24일 막내 누이동생 임순(姙順)이 전농동 이종명(李鍾鳴)이라는 청년과 약혼식을 하는데 모처럼 내가 오라비로서 한몫한다고 일금 1만 원을 내놓았는데 조금도 아깝지 않고 도리어 마음이 흐뭇했었다. 그래서 사람들이 "도리를 다하면 기쁨이 온다"고 한 뜻을 알 것 같았다.

같은 해(1967년) 11월 3일~6일 사이에 용주사 사중에서 석암(昔巖) 스님을 청해 보살계를 설하셨는데 300여 명이 수계했다고 했으나 방명(芳名)은 알 수 없고, 수첩 한구석에 지인(知人)들의 명호(名號)를 적어놓은 게 있다. 이민식(李民植) 씨는 법호가 서인(瑞仁)이요, 송성수(宋成洙) 씨는 죽사(竹史)요, 채○○ 씨는 석강(石江)이요, 권영대(權寧大) 씨는 처용(處容)이요, 이○○ 씨는 태성(泰成)이라 했고, 행자가 3인이 있었는데 이들이 역경이 끝날 때까지 역경사들의 시중을 들어 주었다.(엮은이 주; ○○는 원래의 원고에도 그렇게 표기.)

그해(1967년) 12월 15일~17일, 제17회 중앙종회에서 봉선사를 '제25교구본사'로 승격시킬 것을 결의하였으니, 이는 다분히 종단에서 사부님의 원력과 봉선사의 사격(寺格)을 배려한 조치였으리라. 현행 교구본사제도(教區本寺制度)

교구종무소 이전 기념, 뒷줄; 각원–성파–월운–만허–운경. 앞줄 중앙이 운허 스님, 그 왼쪽이 시자 관일.

는 1962년 4월 11일 비구승(比丘僧) 종단(宗團)이 출범하면서 선포한 새 종헌(宗憲)에 근거한 조치였는데, 전국을 24개 교구로 나누어, 제주 관음사가 제24교구로 끝이었다.

그런데 교구획정(敎區劃定)이 이미 끝난 지 5년이 지난 오늘에 와서 새삼스럽게 지역적으로 '제2교구'와 '제3교구' 사이에 우리 봉선사를 '제25교구본사'로 설정한 이유는 무엇일까. 첫째 주변 상황이 발전하여 교구의 신설이 필요하게 되었고, 둘째 사부님에 대한 배려가 컸었고, 셋째 그간 봉선사 대중이 합심해서 봉선사 위상 높이기와 복원 불사에 힘쓴 까닭이었을 것이다.

물론, 최초의 교구분할(敎區分割) 때에도 봉선사를 교구본사에 넣어달라고 청원하지 않은 것은 아니나 일부 목소리 높은 종회의원들이 "절도 없고 운허 스님을 제외하고는 중 부스러기 몇 가지고 어떻게 교구본사가 되느냐"고 공개적으로 성토해서, 본사 노장님들이 퍽이나 서운해하신 적도 있었다. 그러나 전 대중이 열심히 정진하는 한편, 1961년부터 시작한 운하당 복원불사(雲霞堂復元佛事)도 거의 마무리되어가고, 사부님도 점점 노쇠(老衰, 엮은이 주; 1967년 운허 스님 76세)해지시니, 종단의 뜻 있는 여러 중진 스님들이 주동하여 이날 봉선사를 '제25교구본사'로 승격시켜 주셨다. 문도들은 그때의 종단 어르신네들이나 본사 어른 스님들의 은혜를 잊지 말고 정진해야 할 것이다. 따라서 근세 봉선사 역대 주지 방명(芳名)을 잘 보존한다.

엮은이 주; 운허(1957년~), 만허(1971년 3월~), 석옹(1974년 5월~), 운허(1975년 5월~), 월운(1976년 1월), 운경(1994년 10월), 밀운(1997년 10월~), 두산(2001년 10월~), 설산(2003. 10.~), 인묵(2007년 10월~), 한암(2011년 10월~), 일관(2015년 10월~), 서성(2019년 10월~).

46

첫 본말사회의 열리고 교무국장 맡다

1968년, 戊申 1월, 40세

지난해 12월 17일 중앙종회에서 봉선사가 '제25교구본사'로 추가 승격된 것은 본사 대중으로서는 대단한 보람이며 기쁨이었다. 그중에도 사부님께서 퍽이나 좋아하셔서, 서둘러 다음 해 1월 19일 의정부 3동에 있었던 '의정부고등공민학교'에다 '제25교구본말사주지회의'를 소집하셨다.

첫 본말사 주지 회의를 본사에서 열지 않고 '의정부고등공민학교'에서 개최하신 까닭은 첫째 상당수의 말사 주지들이 봉선사엘 와 보지 않아서 찾아오기가 힘들다는 사실과 당장 회의를 소집할 건물이 없다는 것이요, 둘째 '의정부고등공민학교'는 봉선사 출신 중헌(中軒) 김양수(金良洙) 씨가 개설하여 이 지역 불우청소년을 모아 초등보통교육을 실시하고 있는 곳이라는 것은 거의 다 잘 알고 있기 때문이었을 것이다.

그때 말사(末寺)로서는 견성암(見聖庵), 내원암(內院庵), 망월사(望月寺), 백화

의정부고등공민학교에서 열린 제1회 제25교구 본말사회의.

암(白華庵), 화도(禾道) 보광사(寶光寺), 백석(白石) 보광사(普光寺), 불암사(佛巖寺), 사나사(舍那寺), 상원사(上院寺), 석굴암(石窟庵), 석림사(石林寺), 석천암(石泉庵), 수종사(水鍾寺), 용암사(龍巖寺), 자재암(自在庵), 현등사(懸燈寺), 회룡사(回龍寺), 회암사(檜巖寺), 흥국사(興國寺), 흥룡사(興龍寺), 등의 고찰(古刹)과 약간의 사설(私設)로 이루어져 있어 현재와 비슷했었다.

　이때, 안건은 본사 사직(四職) 인선(人選)과 신년도 본말사(本末寺) 예산 편성이 었는데 사부님께서 능숙하게 회의를 주도하시고, 만허 사숙과 운경(雲鏡) 스님과 백석(白石) 보광사(普光寺) 주지 몽파당(夢灞堂) 서상인(徐相仁) 스님 등이 적의하게 발의하고, 토의하고, 결의하는 등 이른바 삼박자가 대체로 매끄럽게 잘 맞았었다.

이 회의에서 본말사예산안의 의결 결과는 기억되지 않으나, 인사 관련해서는 총무국장에 운경(雲鏡) 스님, 교무국장에 나, 재무국장에는 성파(性坡) 스님으로 무난히 결정되었으나, 자재암(自在庵) 주지 문성준(文聲準) 스님이 중앙 감찰부에 있을 때 데리고 있던 자모(慈某)라는 사람을 교구 감찰국장에 추천하는 바람에 토의에 난항을 겪다가 결국 받아들이게 됨으로써 일시 분위기가 침통하기도 했었다.

한편 현실적으로 논의 끝에 운경 스님이 총무국장과 재무국장을 겸임하고, 그 역할을 다시 현종진(玄鐘辰) 서무과장(庶務課長)에게 위임하여 그 업무를 처리했다. 당시 나는 사부님 모시고 용주사 역장(譯場)에 있었고 두 국장 스님은 본래 주지하는 절이 있어 본사에 상주할 형편이 못되었다. 그런 형편 속에서도 회의하고 상의하여 대체로 무난히 진행되었으나, 후일 파주(坡州) 용암사(龍巖寺) 주지 발령 문제로 손모(孫某)라는 스님과 장기 소송에 휘말리는 불행한 일도 있었다.

47

종전편찬위원 되고 역장은 불암사로 옮겨가다

1968년, 戊申, 7월, 40세

1968년 6월 9일, 막내 누이동생 임순(姙順)과 서울 전농동(典農洞)에 사는 이종명(李鐘鳴)과의 결혼식에 여러 형제 중 오라비로서 처음으로 도와주니, 감회가 깊었다. 출가인(出家人)의 신분으로서 합당치는 않을는지 모르겠으나 나는 원고료라도 받는 것이 있으니, 피난 중에 아무것도 없으신 부모님을 돕는 차원에서 좀 도와드린 일이니, 큰 죄까지는 되지 않으리라고 믿는다.

이렇듯 나는 정신없이 천방지축으로 돌아다니는데 종단은 새로 출발한 기분도 있고, 소임자들이 젊어서 의욕도 넘치고, 그래서 이것저것 새로운 정책을 쏟아내는 과정에서 종단의 백년대계를 내다보는 대사업인 종전(宗典)을 편찬해야 한다는 소리가 들렸다. 급기야 그 위원회, 즉 '종전편찬위원회'를 발족시키고, 7월 18일 자 총무원장 명의의 종전편찬위원 위촉장이 내게도 전달되었다

이거야 얼핏 보기에는 엄청나게 큰 감투여서 한없는 영광이라 해야겠지만, 그러기 위해 갖추어야 할 것은 우선 그 일을 해낼 수 있는 경력자가 있어야 하고 막대한 재원이 있어야 한다. 더구나 그런 사업을 하자면 고매한 인격자가 많이 있어야 하는데 이제 겨우 안정을 취해가는 상황이니, 그런 인재가 어찌 있을 수 있겠는가.

같은 해(1968년) 8월 30일에는 내가 번역한『사분율』60권이 〈한글대장경〉구판 제93책~제95책으로 연속 발행되니 감회가 깊었다. 그간 고생도 많이 했고 나름대로 잘 살아보자고 쉬지 않고 달려왔는데 내 손으로 만든 이 우리말 경전, 그중에도 율장(律藏)을 번역해서 책으로 나왔으니, 이것이 후일 무한인천(無限人天)의 안목이 되었으면 좋겠다고 염원했다.

한편, 용주사(龍珠寺)에는 그해 초여름, 관응(觀應) 스님의 임기가 만료됨과 동시에 그만두시고, 그의 문중인 석우(石愚)

불암사 바위 속에 모셔신 안진호 스님의 영골.

라는 노장님이 오셨는데 사회 경력은 많은 것 같으나 이른바 만삭(晚削)이어서 걱정이었다. 얼핏 보아도 '어찌하여 관응 스님이 저런 '망지불사(望之不似)'의 늦깎이에게 소임을 넘기셨을까?' 하는 생각이 들 정도였는데, 아니나 다를까? 부임(赴任)한 지 얼마 안 되어 "역장(譯場)을 유지할 수 없으니, 모두 해산해 달라"는 것이었다.

그래서 사부님께서도 여기저기 알아보시는데 마땅한 자리가 나서지 않았다. 종단적인 사업이라고는 하지만 모두가 자기에게 직접 이익이 안 되는 일에는 전혀 협조하지 않는 것이 세속인심과 조금도 다를 바가 없었다. 사부님께서 백방으로 알아보셨는데 모두 여의치 않자, 결국 불암사 만허 사숙께 이야기하셔서 관음전 맞은편에 지난날 엄 상궁(嚴尚宮)이 기도하여 영친왕을 얻고 지어 바쳤다는 동축당(東竺堂)을 임시 역장(譯場)으로 쓰기로 하고, 약간의 수리를 하셨다. (엮은이 주; 이 책의 172쪽 사진 참조. 동축당 현판 왼쪽 기둥에 〈제25교구본사 종무소〉 간판을 걸고, 오른쪽 기둥에 〈동국역경원 역장〉 간판을 걸었다.)

그리고 그해 11월 13일(음 10. 15.)에야 역장이 용주사(龍珠寺)로부터 불암사로 옮겼다. 이때 따라온 역사는 나와 동초(東樵) 이진영(李鎭永) 선생, 죽사(竹史) 송성수(宋成洙) 씨가 대표적이고, 나머지 몇 사람은 작업은 자택에서 하고 볼 일이 있으면 드나드는 이른바 객원역사(客員譯師)들이었다. 불암사로 나도 짐을 옮기기는 했으나 용주사에서의 경우와는 달랐다. 용주사에서는 번역하고 학인들 가르치는 것이 중심이었는데, 이곳에 와서는 사중에서도 일이 있으면 나를 부르고, 나도 일이 있는 것을 보면 자연 거기에 끄달리게 되었다. 역경에 전념할 시간을 빼앗기지 않을 수 없을 뿐만 아니라, 내왕 영접에까지 참여하게 되어 이른바 동분서주로 역장과 절 양쪽을 오가며 일을 보아야 할 형편이었다.

48

봉선사 들어와 살며, 큰법당 상량 올리다

1969년, 乙酉, 12월 25일, 41세

불암사에서 새해를 맞자 신도들에게 무엇인가 법공양을 내고 싶었다. 그래서 생각한 것이 『불조삼경(佛祖三經)』이었다. 『불조삼경』이란 누군가가 『사십이장경(四十二章經)』과 『분별업보약경(分別業報略經)』과 『수심결(修心訣)』을 묶어서 보급했던 별행본(別行本)의 이름인데, 우리 모두의 발심을 권하는 법문이기에 좋을 것 같아서 그해 4월 7일 석판(石版)으로 발행하여 반포했는데 호응은 좋았다. 지금은 실전(失傳)되어 내 서가에 없다.(엮은이 주; 신규탁 교수가 고서점에서 구하여 능엄학림 학장에게 드림)

이때, 본사 사정은 지난 1967년 연말 교구본사로 승격된 이래 보이지 않게 차츰차츰 사람들의 왕래가 잦아지더니, 요즘은 상당히 바빠졌다. 본말사 업무도 그렇거니와 6.25사변으로 전소된 사우(寺宇)를 복원해야 할 필요도 고조되었고 주변의 상황도 익어져 가기 때문이었다.

이 문제는 전 대중이 다 같이 걱정했지만, 유독 운경(雲鏡) 스님이 이 분
야에 관심이 많으셨다. 그래서 늘 나다니시려니, 사실상 집이 비는 날이 많
은지라 연초부터 날더러 건너오라고 하시더니 어느 시기를 지나니 독촉이
심해지셨다.

더구나 그 어른이 주동이 되어 큰법당 복원 불사가 가시적으로 윤곽이
잡혀가자 더욱 재촉이 심해져서 그해 5월 14일(음 3. 28.) 짐을 싸서 불암사에
서 봉선사로 옮겼다. 6월 16일(음 5. 2.)에는 정씨 문수행 등의 희사로 봉선사
큰법당 기공식을 봉행했다.

본사 복원에 남다른 관심을 가지셨던 운경 스님께서는 그 일환으로 서울
도봉구 수유동 산125번지에 있는 도성암(道成庵)이라는 사설(私設)엘 자주 출
입하셨다. 이 암자는 손모(孫某) 씨라는 재가(在家)가 세운 것인데 여기에 신
모(申某) 씨라는 당대에 유명한 불모(佛母)와 우리 운경 스님이 출입했고, 이

큰법당 재건 불사.

후락(李厚洛) 씨의 장모인 정씨(鄭氏) 문수행(文殊行)과 그 인척(姻戚)인 민씨(閔氏) 도심화(道心華)는 거기에 방을 얻어 장기 체류하는 중이었다.

처음에는 서로 신분이 다른지라 만날 기회가 없었지만, 운경 스님은 우선 봉선사 중창이 절실함을 손(孫)에게 자주 이야기했고, 손은 다시 정(鄭)과 민(閔) 두 노 보살에게 이야기해오다가 마침내, 그 연(緣)이 익어 불사가 이루어진 것으로 나는 알고 있다.

사부님께서 1969년 12월 25일 봉선사 〈큰법당중건상량기〉에는 "1969년 4월부터 큰법당 중건을 경영(經營)하는데 단가(檀家) 정 문수행(鄭文殊行) 신녀(信女)가 200만 원을 희사(喜捨)하고, 경수 거사(鏡水居士) 금인석(琴仁錫) 씨가 그 망실(亡室) 김정애(金貞愛)를 위하여 100만 원을, 월파 거사(月波居士; 이후락 씨)와 정씨(鄭氏) 보현행(普賢行) 양주(兩主)가 낸 300만 원, 중헌(中軒) 김세오(金世吾; 良洙)가 10만 원, 일반 신도들에게 모금한 것 등 도합 700여만 원을 재원으로 하여"라 하셨으니, 큰법당 재건 비용이 사실상 용산 댁에서 거의 다 나왔다고도 할 수 있을 것이다.

이러는 동안 세상은 그해 7월 21일(음 6. 8.) 미국 아폴로 우주선이 달에 착륙했다는 보도가 있었는데 매우 충격적이었다. 우리는 그저 "청천유월내기시(青天有月來幾時), 아금정배일문지(我今停杯一問之)" "달아, 너 언제부터 저기에 있었느냐. 나, 술잔을 멈추고 너에게 묻노라." 이 정도 풍월(風月)의 대상으로나 여겼었는데, 그들은 어느 겨를에 연구를 쌓아 "그것은 우리가 찾아가서 개발해야 할 대상인 무진장(無盡藏)의 보고(寶庫)인데 우리가 먼저 말뚝을 박았노라"고 외치는 듯했다. 반가워해야 할 일인 동시에 기억해 두어야 할 일이다.

49

큰법당 낙성되는 그해『대반야경』출간하다

1970년, 庚戌, 11월 18일(음 10.12.), 42세

1970년 8월 10일『대반야바라밀다경(大般若波羅密多經)』600권 중, 제1권부터 제200권까지 내가 번역한 것이 〈한글대장경〉 제21책~제27책으로 발행되었다. 이 경이 원래 600권인데 앞의 200권까지만 번역하고, 나머지 400권은 번역하지 못했다. 그러나 의도적으로 번역을 중단한 것이 아니라, 우선 일단계로 중요한 부분만을 번역하고 조금 덜 중요한 부분은 다음에 보완하려는 것이 그렇게 되었다. 내용을 검토해 보면 200권까지는『반야경』의 대의(大義)를 총괄적으로 설하시고, 201권부터 끝까지는 좀 덜 중요한 부분을 보완하는 형식으로 설하신 것이다.

그래서 요진삼장(姚秦三藏: 구마라습) 존자께서도 전(前) 200부만 번역하여『마하반야바라밀경』이라 제(題)하시고 나머지, 400부는 번역하지 않으셨는데, 후일 현장 삼장(玄奘三藏)이 오셔서 이 경의 여분을 어떻게 번역해야 할

큰법당 낙성하는 날. 한문이 아닌 한글로 큰법당이라 현판했다.

지를 고민하시는데, 위타천신(韋陀天神)이 나타나서 이르기를 "경에 심천(深淺)
이 있는 것은 사실이나 그 심천이 제각기 대기(對機)가 있으니, 어느 한 토막
이라도 빼면 안 된다, 즉 궐일불가(闕一不可)라"하더라는 것이다. 그래서 그
어른은 전경(全經)을 다 번역해서 『대반야바라밀다경(大般若波羅密多經)』이라
제하셨다는 것이다.

　그러나 나는 그런 거창한 입장은 아니었다. 제한된 경비로 일단 다양한
경을 가급이면 골고루 그리고 빨리 보급하는 게 당시 역경원의 현실임을 알
고 있었다. 내용이 중복되지 않는 것을 우선 보급한 뒤에 중복된 부분을
보완해도 될 것이라는 생각에서 감히 200권에서 멈췄을 뿐, 자의적인 취사
(取捨)는 아니었다. 그러나 어찌하랴. 현실적으로 역경이 중단되다시피 했으
니, 오호내하(嗚呼奈何)오, 훗날을 기약할 수밖에.

　그해(1970) 11월 18일(음 10. 12.) 봉선사 큰법당 낙성식을 봉행했다. 봉선사
큰법당 재건 불사는 화재(火災)의 위험이 적은 철근콘크리트로 한 것이 특

색이다. 물론 이에 앞서 서울 중앙청 정문을 시멘트 다포식(多包式)으로 지은 사례가 있는데 시공도 어렵지 않고, 경비도 더 드나, 미관이 좀 떨어지는 것은 사실인데 한 번 완성하면 가위 반영구적이라는 점과 화재의 위험성에서 벗어날 수 있다는 것이 그쪽을 선택하게 된 요인이었다.

그때 봉선사로서는 재건할 힘이 전혀 없었는데, 전항(前項)에서 언급한 바와 같이 용산(龍山) 댁을 비롯한 몇몇 시주님네의 협조로 이루어진 것이나 그들의 신심을 움직이게 한 것은 사부님의 덕화도 크게 작용했지만, 그 선행 작업에는 운경 사형님의 노고가 지대했었다.

이 작업의 진도로는 작년 6월에 기공하여 한식 건물(韓式建物) 외 5포, 내 7포 30평으로 설계하고, 철근 배설을 완료한 뒤인 그해 11월 22일 콘크리트를 타설하고, 같은 해 12월 5일에 상량식을 봉행하고, 그 이듬해인 1970년 11월 18일을 기해 낙성식을 봉행한 것이다.

이날, 사부님께서는 법어를 통해 이 불사에 애써 주신 여러분의 공덕을 찬양하시고, 이어 이 절을 개건(開建)하신 정희왕후(貞熹王后)와 임란(壬亂) 때 전소한 사찰을 재건(再建)하신 중창주(重創主) 계민(啓敏) 선사, 이번에 다시 개건(改建)해 주시는 삼창대공덕주(三創大功德主) 정씨(鄭氏) 문수행(文殊行) 등 세 분을 위해, 개건당(開建堂)을 지어 영원히 모시자고 제의하셨다.

그리고 말씀대로 법당 뒤에 개건당을 지어 세 분의 영정(影幀)이나 위패를 모시고, 아울러 정씨 문수행의 공덕을 기리는 〈정씨문수행공덕비문(鄭氏文殊行功德碑文)〉을 손수 닦으셔서[修] 산문(山門) 어귀에 있는 비원(碑園)에다 세우시니, 그 보은의 정이 어떠하신가를 미루어 알기에 족하다. 따라서 봉선사 큰법당 중건 과정은 〈봉선사중창기실비(奉先寺重創記實碑)〉에 자세히 소개되어 있다.

50

만허 스님 본사 주지 되시고 홍법강원 졸업생을 내다

1971년, 辛亥, 3월 11일, 43세

봉선사가 본사로 승격된 지도 어언 3년이 지났다. 그간 사부님께서 주지 명의(名儀)를 띄셔서 대중이 편안했었는데 새해 들어 자주 소임을 내놓으실 의향을 비치시더니, 2월 말에 이르러 마침내 사표를 내셨다.(엮은이 주; 당시 운허 80세.) 만허(滿虛) 사숙님을 비롯한 전 대중이 만류했으나 태산이 부동이셨다. 그때 나는 생각하기를 '저 어른께서 변변치 못한 우리들에게 끝까지 가르침을 주시고, 끝까지 버팀목이 되어 주시고, 끝까지 훈련을 시키시는구나' 했었다.

다시 말해 하루아침에 먼 길을 떠나는 애기 엄마가 남겨질 어린 것들에게 닥쳐올 일들이 걱정되어 이런저런 사례를 들어가며 미리 훈련을 시키고, 이것저것 타첩(打疊)하듯이, 저 어른께서도 우리에게 인사에는 매우 신중해야 한다는 것을 시범으로 보이시고, 아울러 우리들에게 홀로 서는 연습을 시키시려는 것이라는 생각이 들었다. 그래서 당신께서 기력이 아직 조금 남으셨을 때, 당신은 제2선으로 물러나시고 그 후임으로 만허(滿虛) 스님을 올려놓고 당신께서 직접 나서서 적절히 엄호하셔서 마침내 본사 주지 임명장이 나오게 하셨고, 앞으로 살아남는 법도 당신께서 살아계실 때 직접 부딪치면서 경험을 해보라는 배려이셨던 것으로 생각된다.

이렇게 해서 만허 스님이 3월 11일 자로 본사 주지에 임명되시고, 나에게도 또한 그와 동시에 불암사 주지 임명장이 나왔으나 이는 이른바 명자주지(名字住持)로서 이름만 띤다는 조건이기 때문에 직위는 달라졌으나, 몸은 각기 본래의 자리에 있었으니 이는 만허 스님의 청에 의한 것이다.

이런 과정에서 나는 속절없이 교무국장이라는 직함 하나를 들고 본사(本寺)를 지키고, 본말(本末) 운영의 책임을 져야 하는 처지가 되었다. 그러나 사세(寺勢)는 비록 초라하지만 정신 차려 상봉하솔(上奉下率)의 도에 누가 되지 않게 해야 한다는 무언의 사명을 항상 염두에 두고 있어야 했다. 그래서 스스로를 경책할 수 있는 경구(警句)가 있어야겠다는 생각에 감히 청량(淸凉)국사의 〈십사자려(十事自勵)〉를 모방한 〈육지자경(六持自警)〉을 만들었으니, 그 내용은 다음과 같다.

첫째는 봉지(奉持)니, 불조의 가르침을 잘 받들자.
둘째는 호지(護持)니, 삼보의 유물과 정재를 잘 지키자.
셋째는 수지(受持)니, 사문(沙門)의 계품을 잘 지니자.
넷째는 행지(行持)니, 수행자로서의 일과를 잘 행하자.
다섯째는 섭지(攝持)니, 유연 무연의 무리를 잘 거두자.
여섯째는 유지(維持)니, 삼보의 정재(淨財)를 잘 유지하자.

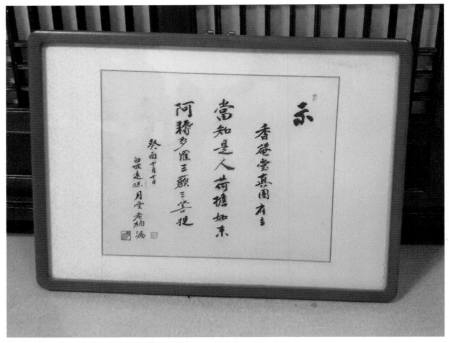

홍법강원 1회 졸업생 진원에게 훗날 향암으로 당호를 내린 게문.

　고인들이 말씀하시기를 "미불유초(靡不有初)나 선극유종(鮮克有終)"이라 했으니, 이는 누구나 시작은 하나 끝을 제대로 맺는 이는 드물다는 뜻으로서, 나 또한 그런 것이 분명하지만 일단 시작이라도 제대로 해 보자는 뜻에서 이렇게 해 본 것이다. (엮은이 주: 『시경』 「대아」에 나오는 고사.)

　같은 해(1971년) 5월(날짜 미상)에 봉선사강원(奉先寺講院)을 개설하여, 내가 직접 강석(講席)에 앉아 주경야독(晝耕夜讀)으로 경업(經業)을 시작하여, 1976년 10월에 이르러 제1회 졸업생을 내니, 대교(大敎) 졸업자는 진원(眞元)이고 사교(四敎) 졸업자는 진성(眞性), 대원(大圓), 인묵(仁默)이었다.

　생각해보니 어느 날, 젊은이들 몇 명이 찾아와서 말하기를 "스님께 경을 좀 배우고자 하는데 바쁘시겠지만 짬을 내어 좀 가르쳐 주십시오" 한다. 그 때 대답하기를 "우리 사정이 강원을 할 형편은 도저히 아니고, 전쟁판 비슷한데 그런 상황을 이해하고 사중 일을 좀 도우면서 틈틈이 공부하겠다는 조건이면 해볼 용의가 있다"고 했다. 그랬더니, 그들도 그렇게 하겠다고 해서 시작을 했는데, 때는 5월의 초여름이었던 것 같고, 인원도 생각이 나지 않는데 몇 해 동안 끌고 갔던 생각은 난다. 그런데 후일 종단 주변에서 발행된 『강원총람(講院總覽)』(1997년)에서 두 차례에 걸쳐 졸업생을 냈다고 했는데 비슷한 것 같다.

奉先寺講院院訓 十則

一、如實히알도록 배우라。疑惑이있거든 물으라。끝까지 思究하라。
二、배우는대로 實行하라。實行하기爲하야 배우라。學識을 商品化하려하지말라。
三、거즛말을 하지말라。거즛짓을 짓지말라。쓸데없는 衆言을 따르지말라。
四、勤儉하라。努力하라。내림으로 資生의料를求하라。世間의寶物이 되지말라。
五、分外의것을 求하지말라。아니될일을 구태여 하지말라。恒常 滿足하라。
六、廉義을 崇尙하라。高潔한人格의 所有者가되라。品格을爲하야는 온갖것을 다犧牲하라。
七、諸法의平等함을 信하라。菩薩의行願을 따르라。죽기까지 退墮하지말라。
八、어례까지 恭遜하라。남을 미워하지 말라。누구던지 내몸과같이 對하라。
九、내가아는대로 남을알게하라。내의하고싶은대로 남이하게하라。남을爲하야 살라。
十、苦勞衆生에게 樂을주라。다갈이 佛院의慈光에 潛케하라。汝樂에 安養을 建設하라。

홍법강원은 월초 노화상의 유촉에 따라 1936년 2월에 개원하여 운허 강백께서 강탑에 앉으셨는데, 일제의 식량 공출이 심해져 1943년 겨울에 문을 닫는다. 여기에 실린 〈봉선사 강원 원훈 10칙〉은 1938년 홍법강원에서 간행한 전국 강원 전문 잡지 〈弘法友〉(창간호)에 실렸다.

51

사부님께 성파 입실하고,
제1차 10주년 가사 불사 입재하다

1971년, 辛亥 5월, 43세

1971년 5월 23일(음 4월 그믐) 월초노화상기신제(月初老和尙忌辰祭)를 기하여 성파(性坡: 당시 35세)가 사부님께 입실(入室)하니, 법명은 도형(道馨)이요, 은사(恩師)는 직지사 관응(觀應) 스님이시다.

그는 내가 들은 바에 의하면 원래 도내(道內) 전곡(全谷) 근처에서 살았었는데, 10세 무렵에 6.25사변이 터지자 영문도 모른 채 동생을 데리고 도보로 남하하여 파주 보광사에 이른다. 당시 주지였던 몽파(夢灞) 서상인(徐相仁) 스님이 고아(孤兒)를 위한 고아원을 만들어 유지했었는데 거기에 수용되어 절 심부름을 하다가 나이가 차고 연(緣)이 되자, 중이 되라고 권하되 자기의 상좌를 만들지 않고 관응(觀應) 스님께 데리고 가서 득도(得度)케 했다.

그렇게 득도한 뒤에도 계속 보광사에 있으면서 〈천수주력(千手呪力)〉을 했다고 한다. 어느 날 산내 도솔암이 퇴락하여 도저히 고칠 수가 없어 철

거할 계획이라는 말을 듣자, 주지 스님께 사뢰기를 "제게 책임을 맡겨 주시면 도솔암을 살리겠습니다" 하니, 주지 상인 스님이 그의 청을 따라주었다. 사미의 신분으로 암주(庵主)가 되어 현재의 도솔암으로 복원하여 1968년 윤 7월 20일(양력 9. 20.) 거창하게 낙성식을 올린 사람인데, 그때 나도 가서 보았다.

　그러한 그가 이제 우리 스님에게 입실하기를 청하니, 스님께서는 월초 스님의 기신제를 기하여 사실(師室)에 현신(見身)시키고, 문도들 앞에 "이 사람

가사 불사 동참 기념 및 보살계 수계.

가사를 재봉으로 건축하는 모습. 왼쪽부터 봉녕사 조 보리행, 손 보각행, 안 정각심.

이 오늘 나의 문도가 되었음을 문중 여러분께 알립니다" 하심으로써, 우리 문중의 새 식구 하나가 되었다.

　같은 해(1971년), 9월 12일 '제1차 10주년 가사(袈裟) 불사'를 입재했다. 많은 게 결국은 경제적인 문제에 의해 상황이 달라지듯이, 사찰 운영에도 최소한의 경제적인 보장이 있어야겠는데 봉선사의 경우는 대책이 없었다. 백방으로 생각해도 이 난관을 피할 방도를 찾지 못했는데, 어느 날 안씨(安氏) 정각심(正覺心)이 와서 이런 상황을 보고 제의하기를 "정 그러시다면 가사 불사를 한번 해보시지요, 내가 다행히 재봉틀을 좀 만질 줄 압니다. 그러면 봉선사 선전도 되고, 살림에도 약간 보탬이 될 것 같아서 드리는 말씀입니다" 한다.

그의 이런 제의에 따라 시작하여 처음에는 가사 몇 바탕(엮은이 주: 가사를 세는 단위.)을 지었는지 기억되지는 않으나, 상당한 도움을 받았다. 그리고는 가사를 돕던 불자들이나 화주를 하던 분들이 이왕 시작한 김에 10년을 채우자고 한다. 이는 나로서는 이른바 '고소원이불감청(固所願而不敢請)', 즉 바라는 바이지만 차마 입을 열지 못하는 처지였는데, 그 제의에 얼른 그렇게 하자고 해서 첫 10년을 채웠고, 다시 10년을 하자는 제의에 따라 다시 10년을 채워, 도합 20년을 가사 불사로 살았는데 거의가 정각심(正覺心)의 노력과 도움으로 이루어진 일이다.

특히 이 불사에 성파(性坡) 아우가 열심히 도와주어 큰 도움이 되었다. 그는 제1차 10년 중 첫해부터 다녔는데, 3년째부터는 아예 자신의 생일인 음력 7월 20일을 입재일로 하자고 제의하였다. 이는 자신의 생일에 올 신도들을 모두 본사 '가사당(袈裟堂)'으로 데리고 오려는 불심이니, 이 어찌 오래오래 고마워할 일이 아니겠는가. 실로 우리 모두가 기억해야 할 본사 사랑이라고 믿는다.

이때, 편수(片手)는 1차, 2차 공히 법장(法藏) 스님과 용택(龍澤) 스님이 번갈아 보아주셨고, 양공(良工)은 1차, 2차 공히 정각심이 대표가 되어 본사 보살들은 물론 제방에서 온 양공들과 함께 애써 주었다.

성파 스님 추모비; 세월이 흘러 운허 스님도 제자도 고인이 되셨다. 위치: 파주 보광사 입구.

52

정중탑 낙성되고, 사부님 밀운 입실 후에 미국 가시다

1972년, 壬子 4월, 44세

정중탑 완공을 바라보
시던 운허 큰스님.

봉선사 정중탑(奉先寺庭中塔)을 봉선사 중창대
공덕주 월파 거사(月波居士)의 부인 정 보현행(鄭普
賢行)의 원력으로 1972년 4월 16일 큰법당 뜰에
봉안했다. 특히 이 도량에는 언제부터인가 탑(塔)
을 세우고, 부처님의 진신사리를 모시면 사운(寺
運)은 물론, 국운(國運)이 대통하리라는 참언(讖言)
이 아주 조심스럽게 깔려 있었다. 이제 탑을 모

시고 진신사리(眞身舍利)까지 모시게 되니 과연 오늘을 예견한 예언이었던가
하는 생각마저 드는 행사였다.

특히 이 사리의 유래는 일본(日本) 오사카(大坂)에서 골동품상을 하는 김
성식(金成植)이라는 교포가 태국에서 조성된 정통적인 고불상(古佛像)에서 발

견하여 제주 관음사(觀音寺)에 봉헌했던 것 중에서, 신수일(愼秀一)이라는 분을 통해 석암(昔巖) 스님이 나누어 받은 것이라고, 사부님께서도 이 사리의 전래가 여법하다는 뜻을 〈봉선사중창비문〉에서 증언하셨다.

　이 탑의 규모와 형식에 관하여는 당시 경복궁 뜰 안에 모셔진 국보 제99호 갈항사탑(葛項寺塔)을 정부의 허가를 받아 모(模)한 것으로서, 층수는 3층이요, 높이는 8미터 19센티(25척)요, 세운 날은 1972년 4월 16일이다. 한편, 정중탑의 간단한 소개를 위하여 세로 30센티, 가로 50센티의 대리석으로 봉선사 정중탑 연기문패(緣起文牌)를 만들어 탑 기단부(基壇部)에 기록해 두었다.

　같은 해(1972년) 2월 12일 나는 신행(信行)관련 서적 『무봉탑(無縫塔)』을 발행하였으나 실전(失傳)되었다. '무봉탑'이란 짜 맞춘 자국이 없는 탑이란 뜻으로서 『전등록(傳燈錄)』 제18권에 현사 사비(玄沙師備)가 설봉(雪峰) 스님을 모시고 산길을 가는데, 어느 지점을 지나다가 설봉이 이르기를 "여기에 무봉탑

봉선사 공덕주 정씨 문수행.

앞줄 왼쪽부터 운허-춘성, 뒷줄 왼쪽부터 밀운-춘성 스님 제자 수명.

을 하나 세웠으면 좋겠다" 하셨다. 이에 현사가 여쭙기를 "얼마쯤의 높이가 좋겠습니까?" 하니, 스승께서 아무런 대답 없이 위아래를 훑어보기만 하셨다는 화두(話頭)에서 유래한 명칭이다. 내 생각에는 정신 차려 만든 책인데, 4×6판 200쪽 정도의 석판본으로 주로 초심자를 위한 교리, 의례, 감응 등을 담은 것들로 기억되나 지금은 실전(失傳)되어 아쉽다.(엮은이 주; 신규탁 교수가 이 책을 고서점에서 찾아 2017년 스님께 돌려드렸음.)

같은 해 1972년 11월 05일(음 10. 9.) 밀운(密耘) 스님이 사부님께 입실(入室)했다. 밀운 스님의 법명은 부림(部林)이니, 그는 황해도 어느 부농(富農)의 외아들이었는데 남북이 분단되자 홀로 월남하여 이동(二東) 지역에 정착하여 살면서, 소백산(小白山) 대오(大悟) 장로에게 준제주(準提呪)를 전수 받았다. 그 연(緣)으로 '부림(部林)'이라는 법명(法名)을 받아 출가했다고 전한다.

군대 생활을 하면서도 근면 성실하여 부대에서 받은 급여를 하나도 쓰지 않고 모았다가 그 후일 이동에다 현 동화사(東和寺)를 짓고, 동국의 평화를 기원했다고 한다. 그 무렵에 종단에 교구제(敎區制)가 생겨 봉선사가 제25교구본사로 승격되고, 밀운이 동화사를 지어 종단에 등록하는 과정에서 나와 자주 만나게 되면서부터, 내가 은근히 권하기를 "우리 한 형제가 되자"고 한 것이 연이 되어, 스승님께 함께 가서 이 사실을 고하니 허락한다 하시고 밀운(密耘)이라는 당호를 내려 주셨다.

이리하여 그와 나는, 동문 형제가 되는 동시에 공히 석가세존 후 제78세 법손이며, 태고(太古) 후 제21세 법손이며, 서산(西山)의 15세 법손이요, 백파(白坡)의 제6세 법손이 되니, 세속으로 표현하면 명문의 후손인데 밀운 스님이 그 역할을 다해 줄 것으로 기대한다.

그는 종단 정치에도 안목이 있었는데 봉은사 주지에서 물러나 봉선사로 들어왔다. 그때 그의 처소를 '피우정(避雨亭)'이라 했으니, 이는 잠시 비나 피해 가는 정자란 뜻이 아니라, 주(周)의 문왕(文王)이 북릉(北陵)이란 곳에서 잠시 비를 피하고 나가서 천하통일의 대업을 이루었다는 기념비적인 명칭을 의취(意取)한 것이다. 혹자들은 소낙비 피하면 떠나라는 뜻으로 새기기도 한다지만 일일이 대꾸하지 않았다.

같은 해 12월 30일 사부님께서 덕산 거사(德山居士) 이한상(李漢相) 씨의 초청으로 미주 여행을 떠나시니, 사부님으로서는 실로 오랜만에 나가시는 외국 여행이시다. 이런저런 이유로 사실상 외유를 중지하셨었는데, 월파(月波) 거사의 권유로 어렵사리 마음을 내신 것이다. 그래서 이날 떠나셔서 동경 나리타(成田) 공항에서 대기할 때, 다른 사람들은 다 내려서 밖으로 구경을 나갔는데 그 어른께서는 혼자 기내에 남아서 기다리셨고, 삼보사(三寶寺)에

정중탑 불사.

도착하셔서도 1개월간 그 주변의 풍물만을 구경하실 뿐 거리 구경은 전혀 나가시지 않은 특이한 여행을 하신 것이다.

이때 미주 여행에서 보신 서양문물이 그 어른에게는 매우 신기하셨던 것 같다. 특히 5,000여 평이 넘어 보이는 가게(슈퍼마켓)에 물건이 산더미 같이 쌓여 있다는 사실과 그렇게 큰 가게에 지키는 사람이 없어도 손님들이 물건을 골라 들고는 자진해서 계산대로 가서 돈을 내는 일이 평소 희망하셨던 이상주의 세계와 너무나 부합하셔서, 그 소감을 국내 안씨(安氏) 정각심(正覺心) 불자에게 편지로 보내시고, 다시 『카멜 몬트레이 체류기』라는 수기(手記)를 남기셨던 것 같다.

이렇듯 여중(旅中)에서 양력설을 보내시고 1973년 1월 30일 귀국하시니, 이때는 음력 설달 그믐께인지라 설은 고국에서 맞으시려는 의도이셨을 것이다. 그렇다면 모처럼 가신 미주 여행에 왜 삼보사 한 곳에만 계시다가 오셨을까. 행여라도 불순단체의 납치 같은 것을 두려워하셨음일까, 아니면 다른 이유가 있으셨을까. 그렇지는 않을 것 같다.

당신께서도 젊은 시절 이미 중국 대륙을 돌아보셔서 큰 나라의 현대 문물이 어느 정도라는 것을 짐작하시는 터이니 별로 기이할 것이 못 되고, 그저 가벼운 마음으로 근처의 슈퍼와 그리고 그 근처 도랑에 민어(民魚) 떼가 노는 모습이나 보시면서 머리를 식히시고, 틈나는 대로 국내의 권속들에게 편지를 쓰셨을 것이다.

53

방적당 중건 기공하고 '어린이 여름 숲속 학교' 열다

1973년, 癸丑, 6월 1일, 45세

지난 년 초부터 사중의 공론이 "운하당과 큰법당도 복원되고 정중탑(庭中塔)까지 세워지니, 동서승당(東西僧堂)이 갖추어졌으면 좋겠다"는 아쉬움이 움트기 시작했다. 이른바 말 타면 경마 잡히고 싶다는 격이다. 그래서 나도 거들고 나섰더니, 운경(雲鏡) 스님께서 발 벗고 나서셔서 그 일을 위해 월파 거사(月波居士) 댁엘 자주 내왕하시면서 권화(勸化)하신 결과 방적당 중창 불사가 이루어져서, 그해 6월 1일을 기하여 49.9평으로 기공식을 하고 같은 해 9월 6일 상량식을 봉행했다.

사부님께서 손수 〈봉선사방적당상량기(奉先寺放跡堂上樑記)〉를 닦아[修] 주셔서 당일 내가 봉독하고, 상량 보에 수납게 하였는데 그 상량문의 부본(副本)은 후일 출판한 『운허선사어문집(耘虛禪師語文集)』(월운 편, 동국역경원, 1989)에 수록했다.

같은 해(1973) 7월 20일을 기하여 하계임간학교(夏季林間學校; 여름 숲속 학교)를 개설하였으니, 이는 평소 생각하기를 '우리가 무엇을 어떻게 해야 미래가 있을까?' 하다가 생각한 것이 이른바 전 연령층을 대상으로 한 개념의 포교활동이요, 그중에 먼저 손을 써야 할 것이 어린이를 대상으로 포교를 해야겠다는 생각에 이르렀다. 그 구체적인 방안이란 이른바 첫째 어린이에게는 꿈을, 둘째 어른에게는 희망을, 셋째 노인에게는 안심을 주자는 것이니, 이는 힘이 닿는 한 골고루 보살펴서 불법 안에서 편안히 살게 하자는 것이었다.

어린이 숲속 학교 장기자랑.

그러나 이는 현실적으로, 나 같은 사람이 혼자 외쳐서는 계란으로 성 때리기로 아무런 효과도 없으리라는 것을 나는 잘 안다. 그러나 안 될 것이라고 시작조차 안 하는 것은 더욱 괴로운 일이었다. 성공을 하면 더할 나위도 없겠지만, 설사 실패를 한다 해도 그것은 거룩한 경험이지 실패는 아니라고 생각했다.

만일 내게 힘이 있어 여러 종도(宗徒)들과 함께 할 수 있다면 더욱 좋겠지만 그렇지 못하니, 나 혼자라도 우선 해 보자. 더구나 여기는 세조의 '광릉(光陵)'과 '국립수목원'이라는 천혜의 자연림이 있어 아이들의 호감을 사기에는 다른 어디보다 유리하니, 여름방학을 이용한 '어린이 숲속 학교'를 만들어 소신의 일단을 펴 보자는 것이었다.

그리고 그 명칭을 '제1회 봉선사 하계임간학교(夏季林間學校)'로 하고, 자원봉사자 선생님을 공모했는데 그 이름들은 다 기억되지 않으나 일곱 분이었고, 학생은 모두 5인뿐이어서 실망이 컸었다. 개중에는 의정부 신곡동(新谷洞)에 사는 고(故) 유씨(柳氏) 지계월(持戒月) 불자님의 사위 김종언(金鐘彦) 씨와 그의 따님 한씨(韓氏) 귀의승(歸依乘) 불자 사이의 큰아들인 중학교 1학년 영태(英泰) 군과 그 동생 초등학교 5학년 웅태(雄泰) 군 형제가 동반 입학했다. 그 밖에 사람이 더 왔는데 그 일이 너무나 고맙고도 아쉬운 충격이어서 지금도 기억에 찡하다.

이렇듯 첫 회(回)에 참가인원은 비록 초라했지만, 아이들도 선생님들도 사중의 소임자들도 모두 열심히 해서 기쁜 마음으로 회향했다. 오가며 보시는 분들도 모두 "꼭 육성시켜야 할 행사"라며 공감을 보냈고, 참가자들이나 학부모들도 "내년에 또 오겠다"는 다짐을 남기며 헤어졌었다.

그때 나는 생각하기를 '부처님께서도 다섯 비구를 밑천으로 해서 교단을

일으키셨는데 우리의 어린이 여름 숲속 학교도 다섯 명으로 출발했으니 길
조(吉兆)다' 했는데, 과연 이듬해에는 정확한 숫자는 기억나지 않으나 초라하
지는 않을 정도는 되었던 것으로 기억된다. 나의 묵은 일기 1979년도 7월 27
일 조에 "79명이 '여름 숲속 학교'에 입학하여 74명이 졸업하다"라고 적혀있
으니, 차츰 커지는 추세였음이 분명하다.

　더욱 다행스러운 일은 그렇게 시작한 봉선사 '여름 숲속 학교'가 오늘까지
유지되고 있다는 사실, 또 우리의 '숲속 학교'가 남상이 되어 전국적으로 여
름 방학을 이용한 어린이프로그램이 개설되었다는 점, 이것은 국민 정서의
향상을 위해서나 불법홍포(佛法弘布)라는 차원에서도 바람직한 일인지라, 더
욱더욱 번창시켜야 할 것이다.

1980년대 숲속어린이수련대회. 이런 시절도 있었다니 청풍루 다 망가지겠네.

54

광동학원 이사 되고 첫 교법사로서 교학수업 시작하다

1974년, 甲寅, 2월, 46세

　　종립(宗立) 광동중·고등학교는 1945년 8월 15일 조국이 광복되자, 운허 사부님께서 발 빠르게 서두르셔서 봉선사 등 5개 사찰 재산을 넣어 설립하신 민족중흥의 염원을 구현하시려는 교육도량이다. 이변(理邊)으로는 『법화경』 정신에 입각한 '일광동조(一光東照)'와 '일우보윤(一雨普潤)'의 사상을 취하시고, 사변(事邊)으로는 '동국을 빛낼 사람들의 배움터'란 뜻이 담긴 기관이다.

　　그때 이사장은 당연히 사부님이시고, 광동학교 교장은 사부님의 법제자 혜원(慧苑) 김지복(金智福) 씨였다. 어느 날 김 교장이 들러서 말하기를 "스님도 이제부터는 학교에 관심도 가지시고 학교에 대한 공부도 좀 해 두어야 할 것 아닌가요? 그러니 법인 일도 거들고 아이들의 세계도 좀 이해할 겸, '교학(敎學) 수업'도 좀 해 주세요" 하는 것이었다.

　　그때 나는 생각하기를 '옳은 말씀이다. 그런데 나는 내가 챙겨야 할 문제도 남이 짚어줄 정도로 둔하니, 나는 세상사에는 빵점에도 빵점이로구나'하고 자탄(自歎)했다. 며칠 후인 2월 15일 광동학원 이사회에서 나를 이사로 천거하고 겸하여 상임이사로 추대해 주었다. 그러나 나는 아무것도 모르니, 걱정이었다. 그저 그 어른들의 생각에는 이 못난 것에게 학교 경영을 좀 가르치겠다는 생각이셨던 것 같은데, 사부님의 덕화(德化)와 만허·운경 두 스님의 보좌(補佐)와 여러 이사의 협조로 늘 평온하게 학교가 운영되었으니, 그분들은 모두 지역 교육사업을 위한 봉사 정신으로 일을 보살펴 주어 늘 회의는 화기애애했다.

설사 임기가 만료되어 재임을 추천해도 굳이 사양하다가 마지못해 승낙하는 점잖음을 보였지, 요즘처럼 무슨 이권 단체인 양 교사들 보는 앞에서 감투 하나를 놓고 힘겨루기를 하는 일은 상상조차 할 수 없었다. 우리는 진

뒷줄 오른쪽 세 번째가 김양수 교장. 뒷줄 맨오른쪽은 석천암 주지 도암 스님.

정 지역 교육의 선구자 집단으로서의 전통을 유지하려면 학교 일에 임하는 임원들이 옛 어른들의 유지를 이어받아야 할 후손들이라는 점을 명심해야 한다.

인(因)하여 그해(1974) 4월 6일부터 광동중·고등학교 학생들에게 '교학(敎學) 수업'을 시작했으니, 단연 종립학교(宗立學校) 교법사(敎法師) 제도의 초기였다. 그때 국내에는 우리 말고도 종립학교가 지금의 상황 비슷하게 있었는데, 그때까지는 교법사(校法師)라는 공식 제도는 없었고, 그때그때 상황에 따라 교장단(校長團)이 재량해서 산발적으로 교안(敎案)을 만들어 가르치는 형편이었다. 나는 『반야심경』 외우기, 기초교리 한두 가지, 인연 설화 한 토막 등 아이들이 부담 없이 들을 수 있는 수준에서, 그저 바르고 씩씩하게 자라 달라고만 주문했다.

당시 사부님 곁에서 학교를 맡아 경영하던 사람은 광동학교 교장 혜원(慧苑) 김지복(金智福), 그리고 광동학원의 지원을 받아 의정부광동고등학교를 세워 광동학원에 기부채납한 중헌(中軒) 김양수(金良洙) 씨, 그리고 서무과장을 맡은 이영근(李榮根) 씨였다.

혜원은 백양사 재적승으로서, 영호 노사(映湖老師)께서 서울 개운사 대원강원(大圓講院) 강석(講席)에 계실 때 학인으로 참여하여 수학하다가, 연이 되어 사부님께 입실(入室)하고, 후일 봉선사 강원 강석(講席)에도 앉았었다. 혜화전문을 나와 광동학교 교사를 여러 해 하고 마침내 고등학교를 맡아 운영하다가 정년으로 퇴임하여 2005년 10월 12일 86세로 입적했다.

중헌은 항일투사의 아들로서 봉선사에 입산하여 경(經)을 보다가 6.25사변이 일어나자 의용경찰에 투신해 근무했다. 나중에 일반직 경찰로 봉직하다가 퇴임한 뒤에는 의정부에서 전재고아(戰災孤兒)들을 모아놓고 구휼 활동과 교육 활동을 전개하였다. 경찰 때부터 야학당(夜學堂)을 운영했는데 그걸 공민학교(公民學校)로, 다시 그걸 고등공민학교(高等公民學校)로 육성해서 마침 내는 광동학원(光東學園)에 편입시켜 놓았다.

그런데 사부님 노년의 어느 날, 혜원에게는 「회고록」이라는 수기(手記)를, 중헌(中軒)에게는 「나의 과거」라는 수기(手記)를 주시더라는 것이다. 이 두 분 이 각기 생각하기를 '이것을 나에게만 주셨는가 보다'하고 있다가, 사부님 사후 49재 때, 두 분이 각기 편한 시간에 사부님의 전기(傳記)를 들고 와서 내놓았다. 나는 그 두 편을 다 『운허선사어문집(耘虛禪師語文集)』(월운 편, 동국역 경원, 1989) 머리와 말미에 나누어 수록했다. 두 분은 모두 6.25사변 이전부터 사부님과 인연이 있어서 그때부터 사부님을 음으로 양으로 도우셨다. 나는 늘 두 분을 '사형님'으로 불러드렸다.

광동고등학교 전경. 오른쪽 상단이 설립자 운허 스님 동상.

55

방적당 낙성하고, 봉선 문도 치욕의 날이 오다

1974년, 甲寅, 4월 8일, 46세

1974년 새봄을 맞아 바야흐로 방적당(放跡堂) 공사를 재개하려던 어느 날, 검은 승복 차림(당시 중앙 총무원 감찰부 복장)의 젊은이들 4~5명이 뒷산을 타고 내려와 나의 집무실이었던 지금의 주지실로 들이닥쳤다. 그들이 정면으로 들어오지 않고 이런 식으로 숨어드는 것은 대중들의 눈에 띄지 않고 소리 없이 나를 제압할 목적이거나, 아니면 내가 알고 무슨 대책을 세울 것이 두려워서 취한 행보임이 분명했다. 그들 중, 둘은 내 방으로 직접 들어오고 하나는 문밖에서 안팎을 연결하는 소임을 맡은 것 같았고, 몇 명 정도는 산에 있으면서 이쪽의 동태를 어디론가 전송(電送)하고 또 지령을 받아오는, 이른바 릴레이식 조직을 가진 막강한 손이 뒤에 도사리고 있다는 것을 알 수가 있었다.

그들은 수시로 문밖에 있는 이에게 무엇인가 쪽지를 써 주면 그놈은 얼른 뒷산으로 가지고 가서 산에 있는 놈에게 전달하고, 산에 있는 놈들은 그것을 다시 어디론가 보내는 통신망을 가지고 있는 것으로 보아서는 어딘 가와 연락이 되는 것 같았다. 후일 알게 되는데 그들은 중앙 총무원 감찰부 소임자임이 밝혀졌다.

그들은 말도 되지 않는 소리로 사람을 어지럽히더니, 마침내 경리 장부를 달래서 이것저것 뒤적이다가 계수가 안 맞는 것으로 몰아붙이고는 내게 시인(是認)을 요구하기에 끝내 동의하지 않았다. 그러자 이내 방적당 공사장으로 가서 죽은 나무 10여 개를 뒷산에서 베어다가 버팀목으로 쓴 것을 트집 잡아 검찰에 고발하겠다고 자인서(自認書)를 쓰라는 것이었다.

그제야 나도 자신이 생겨, 목청을 높여 대꾸하기를 "당신들 나가시오. 그

방적당 기공식. 삽을 쥐신 분이 정씨 문수행. 맨오른쪽이 월운 스님. 중앙 목탁을 잡은 분이 정수 스님, 그 옆이 인묵 스님, 그 옆이 운허 스님.

동안에는 당신들이 종단 기관에서 나왔다기에 무조건 승복했는데, 하루 종일 털다 안 되니 이제는 공사장에 나와 죽은 나무 한두 대 벤 것으로 검찰 고발 운운하니, 당신들은 검찰 끄트머리 같은데 그만 물러가시오. 내가 오늘의 이 사실을 검찰에 자진고발(自進告發)할 터이니, 당신들은 그때 나와서 대결합시다" 했더니 좀 수그러졌다.

그러나 그들은 끝내 우리에게 보관증 한 장을 써 주고 경리 장부를 압수해가면서 자기네 역할은 다 끝났다는 듯이, "아무 날 주지 스님 등청하라"는 말만 남기고 가버렸다. 그들이 간 뒤에 좀 살펴보니, 그간 봉선사 중이라고 떠들고 다니던 명리승(名利僧) 석옹(石翁) 김용대(金容大), 그리고 범어사 출신이며 총무원 중앙 감찰부장으로 있는 지모(智某)라는 스님과의 합작품이라는 것을 알았다.

석옹(石翁)이 봉선사 문중이 되는 과정을 만허 스님께 들은 바 있어 적어 둔다. 만허 스님이 젊은 시절 불암사 주지로 계시던 어느 날, 김동근(金東根)이라는 떠꺼머리총각과 그 어머니가 인천에서 새우젓을 받아 어머니는 이고 아들은 지고 팔러 왔더라는 것이다. 이때 만허 스님께서 그를 달래시기를 "세상사 그렇게 힘들게 살지 말고 어머니는 여기서 후원 일이나 거들며 지내시게 하고 자네는 중이 되라"고 했다는 것이다.

청년은 그 말에 따라 "중이 되겠다"고 했고, 만허 스님은 본사에 들어와서 이 사실을 알리고, 당신의 은사(恩師)이신 풍곡(楓谷) 스님의 위패 상좌로 중을 만들되 법명은 허(虛) 자(字) 돌림을 따서 명허(明虛)라 하기로 합의했다는 것이다. 이리하여 사형 사제로 삼아 중을 만든 다음, 만허 스님이 염불 '안채비'를 착실히 가르쳐 좌립(坐立)을 좀 알게 했단다. 그러는 사이 어머니가 돌아가시자 어머니 장사를 끝낸 뒤엔, 어디론가 훌쩍 떠났는데 동래 범어사로 가서 그 절을 '근거 삼아' 제방을 유력(遊歷)하셨단다. 그래서 명허 스님을 다들 '범어사 식구'로 알았고, 수좌로서 오직 그분만이 '소리'를 지을 줄 아는 귀하신 몸이 되셨단다.

한편, 석옹 스님의 속가 성명은 김용대(金容大)인데, 역시 청년 시절 한때 방황하다가 범어사로 찾아가 우연히 명허 스님을 만나 사정을 이야기하다가 의기가 투합하여 그에게 중이 되고, 그 뒤 여러 곳으로 떠돌다가 어딘가에서는 퇴속하여 소방대장까지 하다가, 재력도 생기고 명예욕도 왕성해질 나이에 정화 바람이 일자, 때마침 범어사 출신인 지모(智某) 스님이 중앙 종단의 요직에 있음을 알고 접근하여 이른바 모종의 '로비'를 한 결과임을 알게 되었다.

그러나 어찌하랴. 힘이 약하니 대항이 되지 않는다. 더구나 만허 스님은 그들의 속셈도 아시고 당신에게 그들과 맞서 싸우실 힘도 없다는 것을 잘 아신다. 그래서 조용히 사표를 내시고, 사부님께 와 우리들에게 "석(石) 아무개의 장난이 분명하나 그 또한 명색은 우리 문도이니 한 번 기회를 주자"고 제의하신다.

그러는 동안 방적당 공사가 완료되자 사월 초파일(양 4. 29.) 부처님오신날을 맞아 봉축 행사에 곁들여 방적당 낙성을 겸하여 치르고 나니, 만허 사숙께서 본사 주지를 사임하신다. 굴욕감을 참으면서 그 후임으로 석옹을 추대하니, 그해 5월 28일 봉선사 제5대 주지 임명장을 들고 나타났다. 봉선 문도로서는 영원히 씻을 수 없는 치욕의 날이었다.

56

방적당 뒷방에서 『선문염송』 번역하고, 전기 가설하다

1974년, 甲寅, 6월, 46세

1974년 4월 8일(양 4. 29.)을 기해 방적당을 낙성하니, 도량이 훨씬 짜임새가 있고 사세(寺勢)가 환연일신(煥然一新)했다. 분위기가 이쯤 되니 전기를 끌어 들여야 한다는 중론이 일기 시작했다. 다행히 방적당 공사 비용이 700만 원이 될 것이라 하여 용산 댁에서 얻어왔는데 약 180만 원이 남았다. 그것으로 전기 인입불사(引入佛事)를 하려고, 현 과장님(현종진 씨)과 용두동에 있는 한국전기사업소엘 가서 상의했다. 동네 어귀의 15병참 부대에서 끌어들이면 150만 원이면 되고, 광능내에서 끌어오면 180만 원이 소요된다는 것이었다. 그러나 얼른 결정할 수가 없는 상황이었다.

그 이유는 15병참 부대는 군사 시설이기 때문에 하시라도 부대가 이동할 때에는 일방적으로 전기 시설까지 철수하게 되는데, 그런 상황이 왔을 때 이의제기하지 않겠다는 각서를 붙여야 한다는 것이었다. 그러나 그 방법이

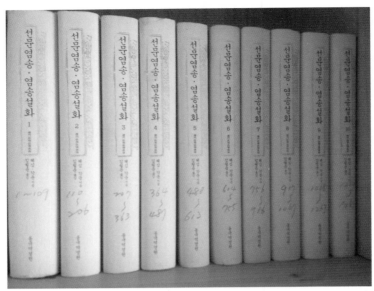

훗날 새로 출판한 『선문염송』 10책.

돈도 절약되고 공사 기간도 단축되어 좋기는 하지만, 만일 한참 전기를 쓰는 도중에 부대가 이동한다고 나오면 후인들이 얼마나 당황해할까 하는 생각에, 광능내에서 끌어들이는 방법인 후자를 채택했다.

그래서 바로 공사를 발주하여 그해 9월 16일(음 8. 1.) 전기가 아래 마당 가느티나무 앞, 변압기까지만 들어와서 거기에다 전등 하나를 달랑 달아 주고 갔다. 사부님께서는 퍽이나 좋아하시면서 9시가 넘도록 의자에 앉아 전등 구경하시느라 침소에 드시지 않으시기에, 내가 나가서 "밤이 너무 늦었습니다. 그만 침소에 드시지요" 하자 자리를 뜨시던 일은 지금까지도 눈에 선연하고, 마음이 찡하다.

특히 그 어른께서는 밤낮으로 원고를 많이 쓰셨는데 밤에는 촛불만으로는 광도가 떨어져서 오래 지탱하실 수가 없었다. 그래서 자가 발전기(일명 딸

딸이)를 사다 놓고 그것으로 밤을 지내셨는데, 그것도 기계인지라 고장이 자주 나서 어떤 때는 기술자가 의정부에서 와야 할 형편이었으니, 정규 전기가 들어온다는 것은 그 어른에게는 큰 기쁨이셨을 것이다.

이에 앞서, 우리는 열심히 전기 인입불사를 추진하는 도중인 5월 28일 '브로커' 승(僧) 석옹(石翁)이 장난을 쳐서 본사 주지 임명장을 받아 들고, 밖에서 무엇을 준비했는지 6월 10일에야 보석(普錫)이라는 젊은이 하나를 데리고 봉선사로 와서 주지 직무 인계인수를 했다. 당시 내 소임인 교무국장도 사임하라고 해서 사표를 냈다. 그런데 내가 쓰던 방도 비우고 떠나라고 해서 "나는 봉선사 중인데 어디로 가느냐. 갈 수 없다"고 버티니 그도 잠잠해졌다. 속절없이 방적당 큰 방 뒤에 새로 붙여 지은 '뒷박 방' 하나가 비어있기에 그리로 옮겨가니, 인생사가 참으로 허무했다.

그런대로 내 마음을 달래며, 선풍기 하나를 놓고 『선문염송(禪門拈頌)』 30권을 번역하기 시작했다. 소임을 다 놓으니 바깥일에 끄달리는 일이 없어 정신이 집중되고, 고금선현(古今先賢)들의 세계에 유영(遊泳)하니 이른바 '불풍류처자풍류(不風流處自風流)'라고 의외로 마음이 편했다. 그래서 한 겨울을 잘 지냈다. 그 이듬해 5월 석옹이 제 발로 떠날 무렵 나는 『선문염송』 30권을 깨끗이 끝냈으니, 전화위복으로 큰 보람이 아닐 수 없었다.

그러나 석옹의 끄나풀인 보석이라는 젊은이는 끈질기게 나를 따라다니며 "어서 여기를 떠나라"고 조른다. 더는 이상 도저히 참을 수가 없었다. 그래서 석옹의 본거지인 서울 수유리에 있는 금강사(金剛寺)로 찾아가 석옹에게 따졌다.

"보석이 날 더러 자꾸 나가라고 하는데 나는 갈 데가 없습니다. 나를 나가라고 하는 것이 스님의 지시가 있었던 것으로 아는데, 스님은 지금 나를

연세대 문과대 강당에서 열린 『선문염송』 세미나.
앞에 쌓인 책이 『선문염송·염송설화』.

왜 나가라고 하시는가 요. 나 또한 봉선사 중 으로서 살 권리가 있을 뿐 아니라, 내가 나가 다니노라면 사람들이 내가 나다녀야 하는 이 유를 물을 터인데 무엇 이라고 대답할까요? 스 님의 뒷배를 봐준 이가 누구라는 건 천하가 다 아는 일인데."

이 말과 함께 그가 꼼짝 못 할 논리를 들 이대고 훌쩍 나와 귀산 (歸山)했다. 그에게 한 말의 자세한 내용은 내 비망록에 적어두었다. 그리고는 그날 저녁 운 경 스님께 이 사실을 자세히 말씀드렸다. 스님께서 말씀하시기를 "애쓰셨소. 그러나 어쩌자고 맨손으로 맹수에게 달려드셨소. 큰일 날 뻔했구려. 나도 생각한 바가 있으니, 아우님은 조금만 더 참으시오" 하신다. 그리고는 별다른 충돌 없이 한 해를 보내고 이듬해 정월에 들려오는 풍문에 "누군가가 관내 말사와 전국 유수한 사찰을 돌면서 석옹이 봉선사 주지 임명을 받은 것이 부당하다는 내용의 진정서에 도장을 받으려 다닌다"는 소문이 들려왔다.

나는 그 말을 듣는 순간, 그 일의 전말을 짐작할 수 있었다. 누가 무엇을 어떻게 추진했을 것이라는 경위와 그 낙처도 짐작할 수 있었다. 이는 분명 나보다 한 걸음 빠른 동작으로서 내가 그날 석옹을 만나러 갔던 생각과 같은 맥락에서 이루어졌을 것이라는 게 분명했다.

그래서 정치를 더럽다 하기도 하고, 그러면서도 많은 사람이 정치에 매달리고 있지 않은가? 그 추하면서도 하지 않을 수 없는 소용돌이에 나 같은 풋내기가 끼어들 것이 걱정되었던 두 노장님이 선수를 치신 것이 분명했다. 이것이 이른바 "의희사곡재감청(依稀似曲纔堪聽)이러니, 풍취우입별조중(風吹又入別調中)", 즉 고요한 밤 풍경소리 들을 만하더니, 바람결 스쳐 가니 또 딴 곡조로 바뀐다! 라고 한 경지였다. (엮은이 주: 『대혜보각선사어록』에 나오는 말인데, 월운 스님께서는 어순(語順)을 약간 바꾸셨다.)

한편, 나는 지식인들이 원돈(圓頓) 수행에 쉽사리 접근할 수 있도록 틈틈이 번역하고 해설한 원고를 정리해서 동국역경원으로 보냈다. 1974년 7월 20일 간행된 『원각경주해(圓覺經註解)』를 보면, 지금도 그때 그 일이 생각난다.

57

사부님 다시 본사 되찾으시고, 나는『중론』을 번역하다

1975년, 乙卯 5월, 47세

이 무렵에 운경 스님이 석옹당(石翁堂)의 모든 처사에 크게 반발하여 만허 스님과 각방으로 노력한 끝에 무엇인가 묘책을 찾으셨는데, 그 여파인지 아니면 자연 현상인지 관내의 일부 스님들이 각 말사(末寺)로 그를 지탄하는 연판장을 받으러 다닌다는 소문이 점점 구체적으로 들려왔다.

그 내용인즉 석옹이 그간 속인으로 살아왔던 행적과 머리를 깎은 뒤에 저지른 온갖 비리와 나아가서는 이번에 석옹의 뒷배를 봐준 범어사 지모(智某) 큰스님의 연루설까지도 언급되어 있어, 봉선사의 문제일 뿐 아니라 종단에까지도 치명타를 입힐 가능성이 크다는 것이었다.

그래서 석옹이 노발대발할 뿐 아니라 그의 뒷배를 봐준 범어사의 지모(智某) 스님 캠프에서도 진화에 나서, 결국 석옹은 취임한 지 340일 만에 자진 사퇴했다. 부득이 사부님께서 다시 주지 이름을 띄시게 되었는데, 사태가

봉선사 대웅전 현판. 경수 거사 운봉 금인석 씨의 글씨.

이쯤 되고 보니 나로서는 죄스럽기 한이 없었다.

같은 해⟨1975⟩ 12월 25일에 『중론⟨中論⟩』 등 13종의 논⟨論⟩을 번역하여 신판 〈한글대장경〉 제68책⟨구판 제126책⟩으로 발행하니, 이는 중관부⟨中觀部⟩ 계통의 논서⟨論書⟩로서 교학적⟨敎學的⟩인 위치에서나 문장의 난삽도를 생각해서 내가 맡는 것이 좋겠다고 모두들 말하기에 맡았는데, 명불허전⟨名不虛傳⟩으로 매우 난해한 문장이었다.

이들은 모두가 중관학파⟨中觀學派⟩의 소의경전⟨所依經典⟩이다. 특히 『중론⟨中論⟩』, 『백론⟨百論⟩』, 『십이문론⟨十二門論⟩』은 이른바 '삼론⟨三論⟩'이라 하여, 삼론종⟨三論宗⟩의 소의경전⟨所依經典⟩이기도 하니, 삼론종의 창시자는 당⟨唐⟩의 길장⟨吉藏⟩이지만 고구려의 승랑⟨僧郎⟩이 힘들여 만든 종파이기도 한데, 이런 전고⟨典故⟩ 있는 경전들을 다룬다는 보람과 그 외애심⟨畏愛心⟩이 무겁게 마음을 짓눌렀으나 이렇듯 견디어낸 것이 '육단력⟨肉團力⟩'인지, '무지력⟨無智力⟩'인지, 나도 잘 모르겠다.

58

봉선사 주지 되고 각원을 입실시키다

1976년, 丙辰 1월, 48세

이 무렵에 사부님의 출입이 좀 잦아지시고 점잖은 어른들의 내왕이 전보다 빈번하시더니, 하루는 시자가 와서 나를 부르신다고 한다. 그래서 지금 다경실(茶經室) 동쪽의 이른바 동별당 첫째 방의 조실(祖室)로 갔다. 사부님을 비롯해 석주(昔珠) 스님, 만허(滿虛) 스님, 운경(雲鏡) 스님이 동석해 계셨던 것으로 기억되는데, 내가 시좌(侍坐) 하자마자 말씀하시기를 "이번에 월운이 주지 소임을 좀 맡아야 되겠다" 하신다.

나 개인으로서는 한 번 해볼만 하고도 광영스러운 일이지만 나의 나약한 처지를 모르는 바 아니기 때문에 "저는 못합니다" 하였다. 그러자 만허 스님이 거드신다. "이 사람아. 지금 상황이 그럴 수밖에 없지 않은가? 눈 딱 감고 '그러겠습니다' 하시게" 하신다.

그러나 나는 도저히 감당할 것 같지 않아 "저 대신 아무개를 부르심이 어떨는지요" 했더니, 사부님께서 버럭 역정을 내시며 외치시기를 "그는 역장(譯場)을 지켜 역경(譯經)을 끝내야 할 막중한 책임을 진 사람인데 이까짓 빈 절이나 지키러 오라는 게 말이나 되느냐?"며 평안도 사투리로 노발대발 꾸중을 하시니, 나는 말문도 막히고 어안이 벙벙했다.

이렇게 얼마를 끌며 윽박지르시니, 나는 더 이상 대꾸도 제대로 못한 채 주춤하고 있는 사이에, 주지 품신 업무는 진행되어 그해 1월 28일 자로 봉선사 주지 임명장이 나왔다. 그러나 어쩌겠는가? 우리의 처지가 명색 교구 본사이니 사회로 말하면 대종가(大宗家)와 같은 위치이다. 인격으로나 재력으로나 지적으로나 관하 단체를 통제할 수 있어야 할 터인데, 위로 두 분은 이미 한 번 거쳐 나오셨고 운경 스님은 '신원상황(身元狀況)'이 아직은 팽팽하니, 역시 별다른 도리가 없었다. (엮은이 주: 1994년 운경 스님께서 본사 주지 임명을 받으니, 본문의 '신원상황'은 그간 긴 세월 정치적 외압임이 밝혀진 셈이다.)

그래서 성파(性坡)를 총무로, 각원(覺苑)을 재무로, 화담(和潭)을 교무로, 의정

앞줄 오른 쪽이 각원 스님, 그 옆이 운경 스님, 그 뒤가 성파 스님.

(義正)과 동초(東超)를 서기로 위촉하고 일단 출발은 했다. 그러나 소임자마다 개성과 수행의 지향점이 다른 줄을 아는 터라 한동안 애먹을 작정을 했다.

그렇게 시작하여 내 공부와 업무처

리를 동시에 진행하면서 마땅히 짐 벗을 자리를 살폈으나 마땅한 자리를 만나지 못해, 다시 한 만기, 또 한 만기를 거쳐 다섯 만기에 이르렀다. 그러던 중 1990년대 초반에 소위 '개혁종단'이 출범했고, 개혁 세력에 운경 스님이 추대되시어 새로운 이미지를 창출하니, 외부적인 문제에 별로 구애됨이 없이 내가 짐을 그리로 넘길 수 있는 길이 열렸다. 그해가 1994년이었다.

그런데, 각원(覺苑)을 내게 입실(入室)시키라는 공사(公事; 공론)가 나왔다. 그 내용은 고래로 본사 삼직(三職)은 아직 입실하지 않은 범승(凡僧)은 안 되는 법인데 보엽(寶葉; 각원)이는 아직 사미의 신분이니 건당(建幢)을 먼저 시켜야 한다는 것이었다. 이는 마치 옛날 풍속에 결혼하지 않으면 환갑이 되어도 총각이라는 말과 같은 것인데, 우리의 삶이 전통을 존중하는 경향이 약간 강하기 때문에 있을 수 있는 일이라 생각되어 사부님께 여쭈었다. '각원(覺苑)'이라 하라고 하셔서 그해 5월 28일(음 5. 3.) 내 앞으로 입실시켰다.

같은 해(1976) 4월 17일에는 사중 산에 나무가 빈자리가 많아 잣나무 묘목을 사다가 의정(義正) 등 젊은이들과 빈구석을 다니며 보식(補植)을 했다. 또 그해, 내가 번역한 『대승기신론(大乘起信論)』이 〈한글대장경〉(신판 제226책)으로 발행되었다. 또 그해 9월 20일 봉선사에 처음으로 전화를 인입(引入)하여 개통하니 형식은 자석식(磁石式)이요, 번호는 '진접 108번'이었다.

역시 같은 해(1976) 10월 봉선사강원(奉先寺講院) '제1회' 졸업식을 봉행하니, 이는 71년도에 입학한 학인들이다. 『강원총람』(1997년)에도 같다.

대교과(大敎科); 진원(眞元).

사교과(四敎科); 진성(眞性), 대원(大圓), 인묵(仁黙).

59

『선문염송·설화』 출판되고 본사 업무에 전념하다

1977년, 丁巳, 3월, 49세

지난 1973년 석옹당에게 쫓겨나 방적당 뒤 '뒷박 방'에서 『선문염송(禪門拈頌)』 30권과 『선문염송설화(禪門拈頌說話)』 30권, 도합 60권을 번역했었는데, 이 두 가지를 한 책에 회편(會編)한 『선문염송·설화』가 〈한글대장경〉 구판 160권~163권으로 출판되니 감회가 무량했다.

종단이 깨끗해지자는 구호로 시작된 종단 정화는 이루어졌으나 우리는 그 첫 단계로서, 청백한 선사들의 청백한 가풍(家風)이 정화의 대상자 취급을 당하면서, 고행의 한 방법으로 생각하고 눈물로 써낸 것이어서 더욱 감회가 깊었다. 석옹(石翁)의 침입은 분명 종단적인 모순이었다.

그런 굴욕을 씹으며 썼던 것이 이제 정식으로 출판되어 나오니 감회는 더욱 깊었다. 그러나 본사 주지 소임을 맡았으니 역경사(譯經師)로서의 종무행정은 어떻게 해야 할 것인가? 역경사는 뭔가 좀 달라야 하지 않겠는가? 그

석전 노사 『염송정초』 가리방본을 받으시고 살피시는 모습.

걸 고심했다. 종무 행정이란 단순히 승단 내부의 업무적인 분야만을 기획한다든가 이루어진 업무를 잘 기록해서 후일의 고증에 자(資) 하자는 것일 뿐 아니라, 그 모든 업무가 불교의 교리(敎理)와 사관(史觀)에 부합되도록 업무의 방향을 제시해야 한다고 생각했었다.

그렇다면 나는 어떤 방향으로 본사와 본사 대중들은 물론, 말사 주지들과 나아가서는 그 소속 인원들을 어떻게 이끌어야 하는가? 다시 말해 단 두 사람이라도 생각을 같이하고, 행동을 같이 할 수 있는 이른바 공동체의 이정표가 필요하다는 생각이 들었다. 평소에 생각했던 '삼화(三化) 행도(行道)' 이론을 구체화하여 그를 현장에서 실행할 수 있는 교재 집필에 착수했다. 그것이 훗날 『삼화행도집』(1980년)과 『삼화표월지』(1983년)라는 두 책으로 출판되었다. (엮은이 주; 이 책 235쪽에 표지 사진.)

그러면 포교 현장에서 무엇을 가르쳐야 할까? 내 생각에는 교리, 역사, 의식, 실천 등 네 가지를 대상에 따라 1:2:3:4의 비율로 일러 주면 되겠다는 생각이었다. 다시 말해, 전체 교육량을 100%로 했을 때, 교리를 10%, 역사를 20%, 의식을 30%, 실천을 40%로 하면 좋겠다고 생각했다.

서울 개운사 대원암 대원강원.

이렇게 분판(分判)하는 이유는 교리는 기초적인 방향만 알아도 되기 때문이요, 역사는 지난날과 오늘의 관계를 알고 오늘의 상황을 파악해야 하기 때문이요, 의식은 불보살님 앞에 예경(禮敬)을 올리는 것을 포함하여 사회에 봉사하는 것 모두가 의식이기 때문이요, 실천은 중생계에 헌신하는 것 외에 자기 내면(內面)의 세계를 부단히 훈련시켜야 되기 때문이었다.

그러기 위해서는 마땅한 교리 방면 교재가 있어야 했다. 1976년 본사 주지 맡을 때부터 그때그때 만들어 쓰다가 나중에 책으로 묶은 게 1977년 5월 25일 보련각에서 출판한 『금강경강화(金剛經講話)』이다. 한편 본사와 말사 업무처리를 위해 같은 해 11월 『봉선사본말사약지(奉先寺本末寺略誌)』를 공판 타자로 쳐서 4×6배판으로 발행해서 25교구 본말사 주지들에게 열람하게 했다. 1927년 일제강점기 월초 노사(月初老師)께서 주선하신 『봉선본말사지(奉先本末寺誌)』가 있지만, 그때와는 상황이 많이 달라졌기 때문이다.

60

경기도 스님네들과 새마을 교육받고,
『화엄경초역』 출판하다

1978년, 戊午, 3월, 50세

세상이 조금 거꾸로 가는 기분이었다. 모양새로 봐서는 우리가 그들을 불러다 놓고 교육을 시켜야 할 터인데, 그 무렵의 정권은 이른바 '5.16'을 통해 출범한 군사정부로서 국민의 느슨한 정서가 마음에 들지 않았던 모양이다. 그래서 그런지 이른바 새마을 교육, 또는 새마을 사업이라는 이름으로 대대적인 캠페인을 벌여, 취락 구조도 개선하고, 의식 향상 운동도 전개하여 그 '로고 송'이 전국을 진동했다. 그 여파가 우리 교단, 아니 종교 단체에까지도 뻗어 들어와 '종교 지도자 새마을 교육'이라는 이름으로 소집되었다.

그해 3월 21일을 기하여 관내 60세 이하의 불교 승니(僧尼)들과 불교계의 저명한 신도, 기독교의 목사, 신부까지 초 종파적으로 수원에 있는 경기도 새마을교육원에 초빙되어 1주일간 제복으로 갈아입고 새마을 교육을 받았다. 그중에도 불교 각 종파의 비구 비구니가 도합 270명으로서 수강생이 꾸려졌고, 나는 모임의 '학생반장'으로 선출되어 교육 당국과 수강생들의 관계를 연결하는 역할을 했다.

그때 나는 불교계 대표로서 집행기관과 접촉할 기회가 많았는데, 다른 종교 단체에서는 이렇게 많이 오지 않았음을 알 수 있었다. 그 사연인즉 경기도 당국에서 공문은 똑같이 나갔는데, 그들은 그 공문을 놓고 중앙 종단에서 검토하기를, 이 공문의 취지를 받아들일 것인가 말 것인가를 먼저 검토한 다음, 받아들인다면 종도들을 모두 가라고 할 것인가 아니면 일부 희망하는 사람만 임의대로 가라고 할 것인가? 아니면 선별해서 보낼 것인가? 이런 토의한 끝에 이번에는 가고 싶은 사람만 임의로 가라는 결정이 나서 각자 왔다는 것이다.

그 말을 들으니, 우리 종단은 위정자들의 말에 무조건 순응하는 경향이 짙은데 반해, 그들은 주로 남의 나라에 상륙해서 살아남은 단체이기 때문에 교단 관리 역시 주체적으로 이익이 있는가 없는가를 가려서 판단을 내리고, 일단 중앙 종단에서 명령을 내리면 종도들이 무조건 따른다는 특징이 있다는 것이 우리와 많이 달랐다.

그때 아침마다 집단으로 구보를 하고, 여러 강사의 강의를 듣고, 각기 의견을 제시하고 토론하는 등 유익한 일이 없지는 않았다. 한편, 나로서는 의외의 소득이 있었으니, 기독교인들의 놀라운 '전도욕(傳道欲)'이었다. 전도욕이란 원래 없던 낱말로 내가 임의로 만들어 본 건데, 한마디로 말해 기독교인들이 거의 광적으로 전도(傳道)하려고 달려드는 욕망을 이르는 말이다. 우리는 열 번 죽었다 깨어나도 못 할 짓을 그들은 하고 있었다.

그중에도 내게 붙은 목사와 어느 불교 중앙신도회 간부에게 붙은 목사가 유달리 집요했었다. 그때 그들의 작태에서 본 것은 첫째, 염치불고하고 달려든다. 둘째, 상대방을 무조건 비참한 존재로 설정해 놓고 자기의 말을 따라야만 살아남을 수 있다고 달랜다. 셋째, 시도 때도 없이 드나들며 같은 소리와 모우션을 반복한다. 넷째, 자기네 말을 듣지 않으면 큰 화를 당한다고 엄포를 놓는다.

연수가 끝날 무렵의 어느 날 점심 후, 평일과 같이 비탈진 정원 양지바른 잔디밭에서 쉬는데 그자가 또 나타나서 누가 보건 말건 또 시작한다. 나는 너무 같지 않기도 하지만 그들이 미친놈처럼 저리되기까지 얼마나 고생했을까 하는 생각이 들어, 좀 놀려 주고 싶은 생각이 났다.

새마을 교육 학생들, 맨 앞줄 완장 차신 분이 월운 스님.

그래서 그와 내가 그 자리에서 마주 향해 앉아서 눈을 감고 있으면, 당신의 손을 살며시 잡는 것으로 당신의 뜻을 따르는 의식으로 하겠다고 했다. 그랬더니 그자는 얼른 나를 향해 비탈진 자리에 거북스럽게 평좌(平坐)를 하고는 두 손을 앞에 모으고, 눈을 감고, '새 신자'를 맞을 준비를 한다. 그러자 내가 외치기를 "이 거룩한 목사 양반아, 맛 좀 봐라" 하면서 아래쪽으로 힘차게 굴려버리니, 몸에 이미 힘이 들어있는지라 대굴대굴 굴러 내려가다가 저 아래서 멈추었다. 그때 있던 대중들이 모두 한바탕 박수를 치며 웃음으로써 연수를 잘 마쳤었다.

이런 이야기는 우리 본분에 맞지 않거늘 왜 화제에다 넣는가 하는 이도 있겠지만, "수처작주(隨處作主)"라고, 어디서나 품격을 잃지 않고 사문상(沙門相)을 유지하기가 쉽지 않았다는 것이 그 당시의 심정이었다.

또 이 무렵에 불교를 좀 더 널리 펴보자고 동국역경원에서 이른바 문고판 대장경을 만들었는데, 책임자가 말하기를 "스님은 『화엄경』의 중요한 부분을 간략하게 추려서 한 책 분량으로 만들어 주시오"한다. 그러나 그 일이 '풀밭에서 수은 줍기'와 같은 일이어서, 굳이 사양했는데도 용납되지 않아 부득이 각 품의 중요한 대목만을 나열하여 『화엄경초역(華嚴經抄譯)』이라는 이름으로 제출했더니, 〈현대불교신서〉 제12권라는 이름의 문고판으로 나왔다.

現代佛教新書 12

華嚴經 抄譯

月　雲　編譯·解說

『화엄경초역』, 동국역경원, 1978.

61

중앙승가대학 수업 맡고,
부처님오신날을 기해 청풍루 기공하다

1979년, 己未, 3월, 51세

승가대학이란 1978년 경부터 성문(性門) 등 청년 승려들이 조종현(趙宗泫) 스님을 의정부 쌍룡사(雙龍寺)에 모시고 삼장학원(三藏學園)을 시작한 것으로 부터 출발하였는데, 그것이 어떤 사유로 서울 성북구 돈암동에 있는 비구 니 도량인 보현사(普賢寺)로 옮겨가서 승가학원(僧伽學院)이란 이름으로 바뀌 었다. 강사가 부족하다고 나에게 출강을 해달라는 청이 와서 나아가 『능엄 경』을 강의했다.

첫 출강은 1979년 3월이었는데 창고 하나를 강당으로 쓰고 있었으나 모 두가 강의를 열심히 들었다. 그 후, 석주(昔珠) 노사 등 뜻있는 분들의 협조 로, 안암동 소재 개운사(開運寺)로 옮겨, 차츰 종단의 교육기관으로 인정됨 과 동시에 국가의 각종학교와 정규학교 등으로 발전하는 과정을 거쳐, 김 포 현 학사 자리로 옮겨갔다.

이는 거기에 이미 있었던 서울시 공무원교육원 건물을 인수하여 현재의 모습으로 고치고, 이어 현재 학사의 건축, 승가대학교로의 승격이 이루어졌는데, 내가 실질적으로 승가대학에 재직한 것은 1975년 3월부터 1994년 2월 28일까지 약 15년이지만, 정규대학으로 인정되기 이전의 것은 경력으로 인정치 않음으로, 나의 법적 근무경력은 정규학교로 인가된 1990년 3월 1일부터 내가 그만둔 시기인 1994년 2월 28일까지 약 4년 남짓하다.

당시 나는 승가대학에서 '실천불교' 과목도 담당했는데 젊은 승려들에게 불교 의례(儀禮)의 구조와 의문(儀文)의 교학적 근거 등을 알게 하려는 뜻에서였다. 마침, 내 상좌 인묵당(仁默堂)이 승가대에 출강하게 되었기에 그때 쓰던 강의 노트를 물려주었다. 범패도 잘하고 의문(儀文) 속내도 잘 아는 그만한 어장(魚丈)은 없는 것으로 안다.

승가대 강의 노트; 훗날 제자 인묵 스님에게 물려주시다.

한편, 1979년 5월 3일(음 4. 8.) 부처님오신날 봉축 법요를 기하여 봉선사 청풍루(淸風樓) 복원 기공식을 선포했다. 그 동기는 도량을 장엄하고 좀 넓고 편케 살자는 것이었으니, 당시(唐詩) 「장안고의(長安故意)」에도 "불관황거장(不觀皇居壯)이면 안지천자존(安知天子尊)"이라 했다. 즉 궁궐[皇都]의 웅장함을 보지 않고서야 어찌 천자의 존엄함을 알 수 있으랴 한 것이 떠올라, 부처님을 좀 더 장엄스럽게 모시고 싶어서였다.

좀 더 자세히 말하면, 지난 1967년도에 운하당(雲霞堂) 하나 달랑 있는 상태에서 교구본사로 책정되었고, 그 후 사부님과 만허 운경 두 스님께서 큰 법당과 방적당을 복원하셨으나, 6.25사변 이전 봉선사의 규모에는 미치지 못했다. 체면이 아니라는 생각이 들었다. 더구나 사회의 발전하는 추세로 보건대 내실과 외세의 균형을 맞추지 않고는 살아남을 수 없다는 것이 현실적인 문제인데, 우리도 옛날 구조에 관계 없이 이 넓은 터에다 다용도(多用途) 대형 건물을 하나쯤은 지으면 좋겠다는 생각이 들었다.

더구나 앞으로는 교구 단위로 교단이 운영될 터이고, 그렇다면 모든 행정의 입안, 채택, 시행, 검토, 평가 등 다양한 모임이 잦을 터인데, 거기에 맞추어 다용도로 쓸 대형 공간 하나는 반드시 있어야겠다는 생각에 최소한 그것 하나는 해결해야겠다는 생각이 들었다.

정화된 종단에 새 포교사들이 나서서 아이들을 끌어모아 교육을 시키는데, 여기에 이만한 공간 하나쯤은 마련해 두어야 그들을 언제라도 데리고 와서 이른바 산사(山寺)의 풍취를 접하게 해 줄 수 있지 않을까? 그렇게라도 교단에 봉사할 수 있다면 우리 모두의 영광이며, 창건주 정희 왕후마마의 청복(淸福)에도 도움이 될 것이며, 우리 모두의 광영일 것이다. 이런 생각이 굳어지자, 단계적으로 시멘트 콘크리트로 힘닿는 대로 2층 누마루 청풍루

청풍루 2층 공사.

(淸風樓)를 복원해보겠다고 어른들께 보고를 드려 어느 정도 양해는 받았다.

그러나 대안은 막연했다. 그렇다고 마냥 기다릴 수만도 없었다. 이런 생각에 이날 모인 기회에 무조건 기공을 선포한 것이다. 건물의 규모는 평면 135평, 아래위 두 층 합하여 연건평 270평의 누각을 주 3포로 짓되 철근과 시멘트로 짓기로 했다. 그렇게 하면 건물도 튼튼하고, 만일 공사 도중에 자금이 없어 일시 중단하더라도 피해가 적을 것이라는 생각에서였다.

더구나 그 무렵에 정부에서는 광화문을 시멘트로 지어 완성하고, 단청해서 공개했는데 가서 살펴보았다. 좀 날렵한 멋이 적을 뿐, 시각적인 차원에서 흠 될만한 것은 없어 보였기 때문에 우리도 이 방식을 채택한 것이다. 다시 말해 사찰(寺刹)에 시멘트 구조물을 설치하는 첫 사례가 되는 셈이어서 더 신경을 쓰지 않을 수 없었다.

그러나 시멘트 구조를 택하는 가장 중요한 이유는 자금 사정이 확실치 않은 상태에서 언제 공사가 중단될지 모르는 상황에서는 이 방법이 가장 안전하리라고 생각되었기 때문이었다. 그래서 의정부 태평로에 있는 삼화건재 이만수(李萬秀) 사장 내외분이 우리 절에 다니기에 찾아가 이야기를 했더니, 흔쾌히 외상으로 물건을 대 주어서 일을 해낼 수 있었다.

그때만 해도 옛날인지라 건축허가도 없이, 죽은 나의 상좌인 환주(幻住)가 중심이 되어 어느 고건축 설계사무소에 가서 설계도 하나를 그려다 놓고 공사를 시작했다. 언제 공사가 중단될지 모르는 상황인지라 목수 등 인력 수급에는 반드시 이 조항을 사전에 알려, "공사 도중, 때로는 자금이 달려 일시 중단할 수도 있을 터이니, 미리 양해하라"고 일러두기도 했었다.

그래서 목수를 비롯한 각종 인력을 모두 이 근처 사람들로 채웠으니, 행여라도 자금이 고갈되어 일을 지속할 수 없을 때, 그 상황을 이해시키기가 쉬울 것이기 때문이었다. 그중에도 가장 꼼꼼하다고 이름난 광능내 거주 박수동(朴壽童) 씨를 중심으로 하여 목수, 철근, 미장공, 토목공 등 분야별로 인력을 짜 놓았다가 4월 8일 부처님오신날 법요 끝에 잠시 자리를 옮겨 시삽(試鋪)하는 것으로 기공식에 갈음했다. 이어서 그달 28일 기초 콘크리트를 타설했으니 일이 순조롭게 진행된 셈이었다. 그 상황을 〈봉선사청풍루복원기〉에 담아 지금의 청풍루 북편에 달아두었다.

한편, 같은 해(1979) 5월 19일(음 4. 24.) 화담(和潭)과 인묵(仁默)이 내게 입실했다. 또 그해 8월 1일 내가 번역한 『경덕전등록』(30권)이 〈한글대장경〉 구판 제181~182책(신판 제79~제81책)으로 발행되었다.

62

『삼화행도집』 내고, 제1차 10년 가사 불사 회향하다

1980년, 庚申, 8월, 52세

그리고 포교 과정에서 의식교재(儀式敎材)로 쓰던 원고를 모아 서기 1980년 『삼화행도집(三化行道集)』이라는 이름으로 만든 것을 기원정사 성파(性坡) 아우님이 발행해 주었고, 교리교재(敎理敎材)로 쓰던 원고를 모아 서기 1980년 3월 10일 서울 경서원에서 『삼화표월지(三化標月指)』, 일명 『불교로 가는 길』이라는 이름으로 발행하였다.

내가 평소 생각했던 포교 방법은 이른바 '삼화 행도 강령'이었다는 것은 위에서 언급한 바 있거니와, 그것을 구체화하는 데는 우선 나부터 그 이론을 정리해 놓을 필요가 있었다. 그것을 골자만 말하면 다음과 같은 것이었다. 이른바 '삼화 행도'란 첫째, 전 불자 신행 정예화(化), 둘째 전 불자 신행 가족화(化), 셋째, 전 불자 신행 사회화(化)이다. 첫째, 불자들은 나부터 불교를 바르게 알자. 둘째, 불자들은 가족과 더불어 불교를 공부하자. 셋째, 불자들은 모두가 인과의 법칙이 존중되는 건전한 사회를 만들자는 것이다.

그러기 위해서는 상당한 준비가 필요했다. 특히 교리, 역사, 의식, 실천 등 네 항목 중 의식 분야에 있어서는 원형에 치중하면 현대인들의 접근을 막는 꼴이 되고, 현대화에 치중하면 전통의 구수한 맛을 잃게 되어 어려웠다.

그래서 궁색하지만 고심 끝에 창안한 것이, 이른바 고백하는 자와 고백을 받아 주시는 분과의 소통이 곧 의식(儀式)이라는 생각에 이르렀다. 고백하는 자가 고백을 받아 주시는 분의 뜻에 순응하여 그의 품에 철저히 안기려 할 때, 고백을 받아 주시는 분께서는 고백하는 자의 고백을 결코 외면하시는 일이 없을 것이라고 깊이 믿자는 것이었다.

이러한 전제하에, 전래 의식(傳來儀式) 문안을 번역하기도 하고, 필요하다고 생각되는 부분은 복안(腹案)대로 가사를 만들어 넣기도 하고, 때로는 이미 있어 온 좋은 문안(文案)은 의용(依用)하기도 하여, 유치(由致)와 청사(請詞)와 권공(勸供)과 회향(廻向)에 이르기까지 고저완급(高低緩急)의 음절(音節)에 맞추어, 좌립(坐立)을 진행시키니, 숙습(熟習)이 난상(爛商)이라고 들을만 했었다.

이렇듯 생소한 의식집을 기원정사 성파 아우님이 흔쾌히 출판해준 것이다. 그러나 기원정사는 사찰(寺刹)일 뿐, 도서출판업체가 아니기 때문에 보급에 차질이 생길 우려가 있어, 다시 도서출판 보련각과 판권 계약을 맺어 운영했었다.

같은 해(1980) 9월 18일(음 8. 10.) '제1차 10주년 가사 불사'를 회향했다. 이는 지난 1971년 10월에 안씨(安氏) 정각심의 권유로 시작한 '제1차 10주년 가사 불사'가 어느덧 끝났다. 첩첩산중이라서 찾아오는 이도 없고, 달리 사찰을 유지할 방법도 없을 때, 이 가사 불사가 우리의 유일한 살길이었으며 사람 구경을 할 수 있는 수단이었다

일반 사찰에서는 대체로 "가사 불사는 일만 많고, 시간이 오래 걸리고, 분주스럽기만하다"는 이유로 꺼리는데, 우리는 정반대로 사람 구경이 아쉽고 조금이라도 도움이라도 되어야 할 형편이었다. 다행히 정각심이 이 분야에 능하고 잘 알기 때문에, 해 보자고 해서 힘은 들어도 사람 구경도 하고 경제에도 크게 도움이 되었으니, 몸 고단한 것 정도는 이른바 '장차심신봉진찰(將此深信奉塵刹, 엮은이 주; 능엄주 게청문.)'이라 문제가 아니었다.

종일 적막하던 집에 사람들의 소리가 나고 소량이나마 수입이 생기니, 우리 같은 절에서는 적절한 불사였다. 이런 취지에서 10년 전에 시작한 게 어언 오늘에 이르렀다. 그간 여러분들의 노고에 의한 것이지만 주로 정각심이 직접 일을 함과 동시에 일머리를 잘 틀어주어 무난히 여기까지 왔다는 걸 잘 알면서도, 아무런 표시도 못 한 것이 미안하다.

가사는 정화 직후에 통용되기 시작했던 이른바 포목 바탕의 괴색가사(壞色袈裟)였고, 편수(片手)는 대승(大勝) 스님, 법장(法藏) 스님, 용택(龍澤) 스님, 무상(無相) 스님 등이 번갈아 가면서 봐주었고, 양공(良工)은 안씨(安氏) 정각심

『삼화행도집』(1980), 『삼화표월지』(1983), 『삼화일용집』(1987).

을 비롯하여 제방의 비구니 스님들과 손씨(孫氏) 보각행 등 고참 보살들이 번갈아 가며 거들었다. (엮은이 주: 손 보각행 사진은 이 책 192쪽.)

조성한 가사 바탕 수는 연도에 따라 증감했던 것으로 기억되는데, 처음 적게 했던 해에는 150바탕 정도요, 많이 했던 해는 250바탕 정도였던 것으로 기억되고, 가사의 조수(條數)로는 대가사(大袈裟)와 9조(條) 이상이 약 15바탕, 만의(縵衣) 약간 바탕, 그리고 나머지는 5조로 숫자를 채워서 도합 ○○○ 바탕 불사라고 불렀었다. (엮은이 주: ○○○ 표시는 월운 스님의 원고 대로임)

이렇게 시작한 가사 불사가 도량도 그렇고, 사부님께서 계시고, 정각심이 열심히 뒷배를 봐주어 일이 순조롭게 잘 진행되어 10년을 채웠다. 처음에는 성파(性坡)가 그냥 돕다가 3년째부터는 아예 자기의 생일날인 음력 7월 20일을 가사 불사 입재일(入齋日)로 잡자고 해서, 자기 생일에 올 신도들을 모두 가사당(袈裟堂)으로 데리고 와서 동참(同參)시키는 등 적극적으로 도와주었고, 가끔 장충동에서 냉면도 시켜다 공양을 올리는 등 미안하리만치 신경을 써 주었다. 그러므로 전후 두 차례의 '10주년 가사 불사' 입재일이 거의가 음력 7월 20일, 즉 그의 생일로 된 것이 우연만은 아니다.

63

사부님 89세로 열반에 드시다

1980년, 庚申, 11월 17일(음 10. 10.), 52세

 1980년 11월 17일(음 10. 10.) 0시 10분, 사부(師傅)님께서 89세를 일기(一期)로 입적하셨다. 사부님 반열반(般涅槃) 상황을 그해 12월 〈불교신문〉에 기고했고, 그글은 1989년 내가 펴낸『운허선사어문집』 407쪽에「장엄한 낙조(落照)」라는 제목으로 그대로 수록했다. 그때의 장엄스러움이 지금의 마음속에도 장엄스럽게 남아있다.

 사부님께서 평소에는 대체로 건강하셔서 몸져누우시는 일이 별로 없으셨는데 두어 달쯤 전부터 입맛이 없으시다고 공양을 물리치시는 일이 잦으시더니, 얼마 전부터 몸져누우셨다. 그리고는 이어 말문을 닫으시더니, 요즘은 아예 깊은 선적(禪寂)에 드셨다. 그때, 이 소식을 듣고 온 권속 중의 누군가가 옆 사람과 귓속말로 속삭이기를 "아무개 아무개 댁 어르신네도 이렇게 기진맥진하셨을 때 쇠꼬리를 고아서 그 국물을 입에다 조금 흘려 넣어

운허 스님 영결식.

드리니 소생하셨다는데, 우리도 그렇게 한번 해 보자"라고 했다.

그때 우리 모두 생각하기를 "그것도 한 번쯤은 생각해봄직한 일이라"는 정도로 치부하고 있었는데, 주무시는 줄로만 알았던 어른께서 영문 모를 역정을 버럭 내시며, 우리들을 향해 무어라고 나무라시는데 무슨 말씀인지 도저히 알아들을 수가 없었다. 그저 들리는 대로 음절만 옮기면 "기기— 벙거! 허, 퍼, 벙거……"인데, 무슨 뜻인지 알 수가 없었다.

그때 곁에 있던 정각심 불자가 평소 스님을 많이 모셨기 때문인지 판독하기를 "그게 어디 먹는 거냐. 죽어가는 자에게 억지로 퍼넣는 것이지……"라는 뜻이라고 하니, 정색을 하시고 우리를 응시하시는데 퍽이나 서운해하시는 모습이셨다.

이때 모두는 매우 놀랐다. 임종 직전에 저런 정력(定力)이 어디서 나오시는 것일까! 이른바 납월삼십일(臘月三十日 엮은이 주; 생의 마지막 날.), 즉 마지막

가시는 길에 그 평생 공부의 허실(虛實)을 안다고 했는데, 저 어른의 저런 힘은 어디서 연유하신 것일까! 그 어른의 생애를 잠시 정리해 보면 대략 다음과 같다.

1891년 평안도 정주(定州)에서 탄생하셔서 한문 공부와 결혼하여 유자녀(有子女)하시고, 1912년 21세에 만주로 들어가셔서 독립운동에 참여하시고, 1921년 30세 되시는 해 1월에 중요한 임무를 띠시고 국내에 잠입하셨다가 신분이 노출되어 강원도 회양군(淮陽郡)에 있는 봉일사(鳳逸寺)로 피신하셨다가 암주(庵主) 경송(慶松)노화상을 만나 그해 음 5월 5일 사미계(沙彌戒)를 받으시고, 그해 제석일(除夕日)을 기하여 본사(本寺)인 봉선사로 들어오셔서 옹사(翁師)이신 월초(月初) 노화상께 배알(拜謁)하시고, 그 후 오후불식(午後不食)하시면서 한 때 본사 종무소 서기(書記)를 역임하시고, 다시 유점사(楡岾寺)의 사바하(娑婆訶) 노사, 범어사의 진진응(陳眞應) 강백을 역참(歷參)하시고, 1928

조선불교학인대회, 오른쪽 맨뒤 동그라미 부분이 운허 스님.

년 봄 서울 각황사에서 〈조선불교학인대회〉 의장으로 선출되어 「전국 불교도의 각성(覺醒)을 촉(促)함」이라는 성명(聲明)을 발표하시고, 1928년 봄부터는 월초 노사의 주선으로 이루어진 서울 안암동 개운사(開運寺) 강원에서 영호 노사(映湖老師)에게 수학(修學)하여 그 강탑(講榻)을 받으셨다.

1929년 38세 되시는 해 다시 중국으로 들어가셔서 빤라페이[半拉陪] 지역에 동포들이 세운 보성학교(普成學校) 교장으로 동포들의 자녀 교육 및 국민부(國民府)의 업무와 조선혁명당(朝鮮革命黨) 등 기관의 책임을 맡으셔 독립운동에 투(投) 하시고, 1932년 만주운동(滿洲運動; 조선혁명당과 국민부의 연합체) 관계로 왜경의 습격을 받자 봉선사로 피신하시고, 1936년 월초 노사의 유지에 따라 봉선사에 홍법강원(弘法講院)을 재건하여 강탑(講榻)에 앉으시고, 1945년 조국이 광복되자 재만혁명동지(在滿革命同志)를 규합하여 조선혁명당을 재건하시며 11월에는 조선불교경기교무원장(朝鮮佛敎京畿敎務院長)에 취(就)하시고, 1946년에 정당에서 손을 떼시고 광동(光東)중학교를 설립해 교장에 취임하셨다. 1950년 6.25사변으로 봉선사가 전소(全燒)하자 범어사와 통도사 등에서 학인(學人)들을 제접(提接)하셨으니, 나는 그 무렵부터 사부님을 뫼시는 홍복(洪福)을 누렸다.

사부님께서는 어느 곳에서나 무슨 일을 하시거나 항상 가리사(家裏事)에 전념하셨다. 1980년의 이날 89세를 일기로 좌적(坐寂)하시는데 그 생애 중 불법을 만나신 후로는 훈류(葷類; 육류와 오신채)를 입에 대시지 않으셨고, 한때는 과오(過午)에는 곡기를 멀리하심으로써 '동방율사(東方律師)'라 불리신 적도 있었다고 한다.

뿐만 아니라 내가 모시는 동안, 밤이나 새벽에 부득이 찾아뵈어야 할 일이 생겨 다경실(茶經室)에 들어 잠시 선탑(禪榻)을 찾을 적마다 늘 등(燈)은 지우신 채 단정히 앉으셔서, 염주(念珠)를 돌리시며 정려(精慮)에 드신다는 것 정도는 짐작했었는데, 이토록 정념(定念)이 장하실 줄은 참으로 몰랐었다.

더구나 그날은 저녁 예불을 마치고 뵈러 들어가니, 시자가 말하기를 "오랜만에 변을 많이 보셨다"라고 하기에 얼핏 머리에 떠오른 것이, 옛 노인들의 말에 "중병을 앓는 이가 배 안의 변(어머니 배에 있을 때 가지고 있던 똥)을 보면 돌아가신다"라고 한 것이 떠올라서, 방안에다 카세트를 밤새 틀어놓으라고 했는데, 과연 그날 밤에 임종하셔서 임종 실황을 생생하게 보존할 수 있게 되었다.

환후의 근황이 전해져서 평소의

뒤에 보이는 초가가 옛날의 다경실.
운허 스님 왼쪽 조 보리행, 오른쪽 손 보각행.

식구 선우(善友), 각원(覺苑), 화담(和潭), 안씨(安氏) 정각심(正覺心)은 말할 것도 없거니와 묘하게도 맏 상좌님이신 부산의 성월당(性月堂), 그리고 지난날 잠시 미국에 가셨을 때 머리를 깎아주신 서운(西耘) 스님이 때마침 왔다가 합류했고, 재가자(在家者)로서는 현 보리심(玄 菩提心), 봉영사(奉永寺) 신도회 총무 조 보리행(趙 菩提行), 산내(山內)의 현 과장(玄課長; 현종진 씨) 등이었다.

모두 걱정이 되어 시좌(侍坐)하고 있노라니 어느덧 자정(子正)이 지났는데,

앉으신 채로 입적하셔서 관이 네모남. 앉아서 육신의 옷을 벗었다는 뜻으로, '좌탈(坐脫)'이라 함.

사부님께서 누우신 채 손으로 땅을 건드려 정각심을 부르신다. 그때 정각심이 깜짝 놀라 "왜 부르세요. 뭐 달라고요?" 하니, 고개를 저으시고 "일으켜 달라고요?" 하니, 고개를 끄덕이신다. 그래서 일으켜 앉혀드리니, 이제는 자꾸 턱을 들어 장삼(長衫) 걸이가 있는 쪽을 가리키신다. 그래서 정각심이 다시 여쭙기를 "왜 거기를 가리키실까? 장삼을 입혀 달라고?" 하니, 그제야 고개를 끄덕끄덕하신다. 그래서 장삼을 내려 입혀드리니, 또 가사를 입혀달라고 하신다. 그래서 가사와 장삼을 다 입혀드리고 넘어지지 않으시게 방석으로 좌우를 고여드리니, 눈을 지그시 감으시고 정(定)에 드신다.

그때 좌중(座中)이 모두 감격하고 섭섭해서 누가 선창했는지도 모르게 "석가모니불" 정근을 모셨다. 얼마나 되었을까. 정근인지 절규(絕叫)인지가 뒤섞

여 한참 열을 올리는
데 어느 보살의 새된
"아이고!" 소리가 터
지기에, 정근을 멈추
고 용안(容顔)을 뵈오
니, 이미 좌탈(坐脫)
하셨는데 용태(容態)
가 너무나 태연하셔
서 오히려 우리에게
"오고 감이 원래 이
렇거늘 웬 호들갑들
이냐"고 나무라시는
것만 같다.

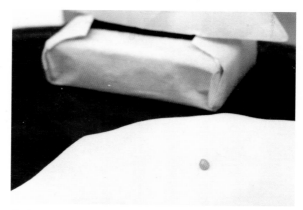
운허 스님의 사리.

어이가 없어 분위
기를 좀 돌리려고 옆
사람들에게 "정확하

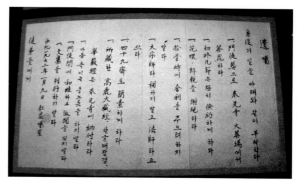
문도들에게 남기신 유촉서.

게 운명하신 시각이 언제냐"라고 물었더니, 좌중의 어떤 사미(沙彌, 엮은이 주;
지금의 가산당 선우)가 얼른 대답하기를 "10분에요. 10분에 똑 떨어졌어요" 해
서 좌중이 한바탕 웃음으로써 침통한 분위기를 바꾸는 '해프닝'도 있었다. 그
래서 나는 이 순간을 「장엄한 낙조」로 기억하고, 이 상황을 1980년 12월 21
일 〈불교신문〉에 기고하기도 했다.

64

『조당집』 내고 사부님 추모비 세워드리다

1981년, 辛酉, 11월 6일(음 10. 10.), 53세

 1981년 1월 15일 내가 번역한 『조당집(祖堂集)』 20권이 〈한글대장경〉 구판 제183~184책(신판 제70책~제72책)으로 발행되었으니, 『조당집』은 『경덕전등록(景德傳燈錄)』과 함께 불조(佛祖)가 상승(相承)하여 법등(法燈)을 전하시던 전법기연록(傳法機緣錄)인데 『전등록』에 비해 사실적(事實的)인 이야기가 더 많은 것이 그 특징이다.

 따라서 이들 전법기연록은 『선림보전(禪林寶典)』→『조당집(祖堂集)』→『전등록(傳燈錄)』→『전법정종기(傳法正宗記)』 등의 순으로 이어졌는데, 그중에도 조당집은 천주(泉州) 초경사(招慶寺) 정(靜)과 균(均) 두 선사에 의해 952년에 저술되었고, 같은 초경사 성등(省燈)이 서문까지 썼는데 그것이 어찌하여 고려로 들어와 고종(高宗) 32년(1245)에야 〈고려대장경〉 보유(補遺)로 발행되었는지, 그 과정은 알 수 없으나 『전등록』이 1004년에 저술된 것에 비하면 훨씬 앞

서 저술된 전적이 어찌하여 훨씬 뒤인 이 시기에 고려에서 판각(板刻)되었을까 함이다.

어쨌든『전등록』과 쌍벽을 이루면서 남종선(南宗禪)의 근간을 이루고 있는 선전(禪詮)들을 번역해서 많은 학자가 손쉽게 볼 수 있게 되었다는 것이 그간 힘들었던 여독을 말끔히 씻어주는 듯했다. 그러나 짧은 실력으로 어려운 전적에 겁 없이 달려들어 번역한다고 한 것이 분명 오류투성이를 만들었을 터인데, 나의 오역으로 내가 받아야 할 죄과가 성립된다면 겸손한 마음으로 받을 생각이다.

같은 해(1981) 2월 21일(음력 설날) 인천에 사시는 가창현(賈昌鉉) 씨에게 다녀왔다. 가창현 씨는 일반 문도들에게는 좀 생소한 이름이지만 우리로서는 고마워해야 할 은인(恩人)이니, 그 연유는 대략 다음과 같다.

6.25사변 중, 현직 양주경찰서장으로서 사부님과 현 과장(玄鐘辰 氏)을 위급한 상황에서 구해 주신 분이다. 그래서 사부님께서도 그가 연하자이지만 글이나 말씀으로 늘 "은인(恩人)"이라 부르셨고, 때로는 간단한 선물을 들고 종종 찾아가시기도 하셨고, 또 새로 책을 내시면 반드시 먼저 보내드리시

조당집, 해인사에 소장된 고려대장경 보유판.

는데 전면 내표지(內表紙)에다 "은인(恩人)에게"라고 쓰셨다.

그분이 우리 어른의 은인이 된 사정은 다음과 같다.

월초 노사(月初老師)의 유지에 따라 노사의 손상좌이신 사부님께서 1936년 봉선사 홍법강원(弘法講院)을 개설하시고, 강석(講席)에 앉으신다. 그때 임성진(林性眞)이라는 학인(學人)이 있어 매우 성실하게 공부를 했고, 졸업 후에도 봉선사엘 자주 내왕하다가 어느 날 안성(安城) 청룡사(靑龍寺) 주지를 맡아 부임(赴任)한다.

그러던 어느 날, 안성 경찰서장으로 있던 가창현 씨가 청룡사엘 왔다가 임 주지(林住持)를 만나 의기가 상통하기에 이르자 어느 날 자기네 가정사를 이야기하면서 부모같이 모시고 집안 살림을 보살펴 줄 아는 노인네를 한 분

운허 스님 부도.

소개해 달라는 청을 받는다.

그러자 임 주지는 지난날 학인 시절에 봉선사에 오래 있었는지라 이쪽 상황을 잘 알기 때문에 즉각 봉선사로 와서 서암(西庵) 터에 살던 현종진(玄鍾辰) 씨 일명 현 과장(玄課長; 광동중학교 서무과장을 지냈기 때문) 댁에 가서 이야기를 하니, 그 댁 할머니가 선뜻 나서시며 "내가 가겠소" 하셔서 얼마 동안을 그 집에 가서서 가사(家事)를 돌봐주시다가 오셨다.

그러다 보니, 현씨 댁 할머니는 물론 그 따님 현종임 씨도 일이 많을 때에는 종종 가서 거들어주는 등, 양가의 교분이 친근해졌다. 그러노라니, 간접적으로 봉선사(奉先寺) 이야기를 하게 되고, 운허(耘虛) 스님이라는 고매한 분이 계시다는 것도 종종 이야깃거리가 되어, 가창현 씨의 머리에 입력된 상태에서 그가 안성을 떠남과 동시에, 일단 우리와는 거래가 중단되었으나 임성진 스님은 옛날 학인 시절의 의를 저버리지 않고 유대를 이어왔다.

그랬는데, 1950년 6.25사변이 터져 온 천지가 피난을 가노라 난리인데 사부(師傅)님께서는 피난을 못 가셨다. 그 사연인즉, 사부님 만주 독립운동을 돕던 동지(同志) 백씨(白氏) 한남(漢南) 거사님이 압록강을 건너고 다시 월남하여 장현에 사셨는데, 그해 15일 이름 모를 병환으로 고열(高熱)에 시달리신다. 사부님께서 그날의 심정을 일기에 다음과 같이 짧게 남기셨다. "좌와수인(坐臥須人; 환자)하는 사람을 버려두고 떠날 수도 없고, 데리고 나갈 수도 없어, 눌러앉아 인민군(人民軍)의 진주(進駐)를 맞는다."

그 후, 유엔군의 참전으로 전세가 호전되어, 같은 해 9월 28일 다시 수도 서울이 수복되고, 같은 해 10월 23일 국군이 이 지역에도 진주하여 치안을 정리하는 과정에, 사부님께서는 피난을 가시지 않았다는 이유로, 부역 혐의를 받아 구금되시어 진접면(榛接面) 소유(所有) 창고 등으로 전전 이송되시면서 각종 치욕적인 조사와 고충을 받으셨다.

　내가 들은 바로는, 이때 수사관들도 사부님께 일단 '인정심문'을 마치고는 이른바 자술서(自述書)를 쓰시게 했는데 그 제목은 「내가 공산주의자가 될 수 없는 이유」였고, 그 논리는 당당하게 전개하셔서 당시의 사상계(思想界)를 크게 감동시키셨다고 한다. 그로 인해, 그해 12월 1일에야 석방되시어 돌아오시니, 독립군 시절부터의 동지 한남 거사님은 병환이 더 위중해져서 끝내 그해 12월 10일(음 11. 2.) 영결종천(永訣終天)하신다.

　그 후 전세가 약간 불리해지자 12월 21일 이른바 신원특이자(身元特異者)로 다시 검속되시어 진접면(榛接面) 소재 창고에 다시 수감이 되셨는데 우리 측에서는 손을 쓸 길이 없어 걱정이었다. 이때 마침 양주경찰서장이 가창현(賈昌玄) 씨였다.

　그러나 우리 측에서는 그를 만날 길이 없었는데, 다행히 안성 청룡사 주지 임성진 스님만이 그를 잘 아는 터라, 그에게 달려가서 이 사실을 알렸다. 그러자 주지 스님이 바로 경찰서로 달려가서 서장을 만나 호소했다.

　"지금 귀 구치소에 수감되어 있는 운허 스님은 나의 스승인 동시에 민족주의자로서 항일투사는 될지언정 공산주의자는 절대 될 수 없는 분이신데, 지금 당신네가 구치소에 수감하신 것은 분명 잘못이니, 당장 석방시켜 주시오"하고 역설해서, 마침내 그의 마음을 돌려, 그날 밤 이 지역 국회의원 이진수(李鎭洙) 씨와 상의하여 다음 날 즉 12월 26일 아침, 사부님과 함께 연루되어 수감되었던 17명이 모두 진접지서(榛接支署)를 거쳐 석방되었다.

　그리고는 그 이튿날인 12월 27일 피난길에 오르셔서 다음 해 1월 1일 안성 청룡사에 도착하셔서 짐을 푸시고 1952년 5월 2일까지 머무셨다. 그간 음력 2월 25일 아침, 주지가 아무런 예고도 없이 쌀밥에 미역국을 올리고 거기에 약주 한잔을 따라 올리며 사뢰기를 "오늘은 특별하신 날이기에 무엇을 좀 장만해보려고 했으나 뜻대로 되지 않았습니다. 용서하시고 만수무강하십시오"했다.

처참한 난민의 행색으로, 생신 같은 것은 까맣게 잊고 계셨는데 옛날의 제자, 임성진 주지가 소찬이나마 차려놓고 "오늘이 선생님 생신이신데 아무것도 없어서, 있는 대로 차렸으니, 많이 드십시오"하는 소리에 비로소 그날이 당신의 회갑일(回甲日)임을 깨달으시고, 당시 심정을 「회갑일자부(回甲日自賦)」라는 이름으로 사율(四律) 두 수(首)를 남기시니, 내가 아는 그 어른의 유일한 율문(律文)이시다. 사부님께서는 평생 지내오신 일을 일지(日誌) 형식으로 적어두신 주요 메모를 「자초연보(自抄年譜)」라는 이름으로 남기셨다.

1981년 11월 6일(음 10. 10.) 사부님 입적 1주기 소상(小祥)을 기하여 추모비를 봉선사비원(奉先寺碑苑)에 세웠는데, 당시 동국역경원장이셨던 영암(映巖) 스님께서 비문을 지으시고, 사부님께 내왕하시던 당대의 서예 대가 경수 거사(鏡水居士) 금인석(琴仁錫) 씨가 글씨를 썼다. 금인석 씨는 한·중·일 세 나라 서예대가들의 모임인 국제서예인협회의 명예회원으로 추대될 정도로 사계(斯界)에 명성이 높은 분이었다. 「회갑일자부」 원본은 사부님 필체 그대로 『운허선사어문집』(440쪽)에 실었고, 그중 한 수는 추모비에도 이렇게 새겨 있다. 한문은 사부님의 원문이고 한글은 내가 번역한 것이다.

居諸依舊未曾移　六十一齡何足奇
海粟奇身蘇子嘆　彭殤齊壽右軍疑
天將白曙春將半　志欲圖南鬢欲絲
莫道萍蹤形弔影　尙餘益壯後年期

흐르는 세월 무심히 보냈으니

환갑을 맞은들 장할 것 없어라

바다에 뜬 좁쌀 신세 소동파가 개탄했고

단명도 장수도 없단 말 왕우군이 의심했네

동녘엔 먼동이 트려는데 봄은 이미 깊었으니

가슴에 큰 뜻 품었건만 귀밑머리 희어졌네

떠돌이 나그네 길 외롭다 슬퍼말자

아직은 건강하니 여생을 가꾸리라.

경수 거사 금인석 선생이 쓴
운허 스님 추모비.

이렇게 추모비를 세우기에 앞서 8.15 광복절을 기해 일 년 전 다비하여 수습한 영골(靈骨)을 석종(石鐘; 부도)에 장지(藏之; 넣어 모심)했다. 광복을 위해 반평생을 노력하셨고, 또 사부님께서 일으키신 세 곳의 광동학교 학생들이 참석할 수 있게 하기 위함이었다.

경수 거사 금인석 선생이 운허 스님께 헌정한 병풍. 『능엄경』 제6권 중에서.

홍법강원 제2회 졸업생 내고, 상하수도 시설하다

1982년, 壬戌, 54세

지난 1971년도에 재개원한 봉선사 홍법강원이 지난 1976년도에 제1기생을 내고, 금년 1982년 3월을 기해 제2기 졸업생을 내니, 그 졸업자는 동초(東超), 진전(陳田), 의능(義能), 준수(俊秀) 등이었다.

같은 해(1982) 7월 18일(음 5. 28.)부터 봉선사 상하수도공사를 시작했다. 여기서 말하는 상수도공사란 요즘의 사회 통념으로 보아서는 공사라 할 것도 없는 뒷골목공사로서 칠성각 앞의 물을 운하당(雲霞堂) 안마당의 수각으로 끌어들이고, 거기서 생기는 하수(下水)는 다시 뽑아서 큰 우물 밑으로 빼는 공사였다. 그래도 그때의 상황으로는 포크레인이라는 장비가 동원된 큰 공사였다.

따라서 이 공사에 의미를 부여하는 소이는 모든 것이 수동식으로 조금씩 쓰던 것을 물화(物化)의 추이에 따라 현대식 장비가 들어오고, 수도(水道)

앞줄 왼쪽부터 화담-지관-운경-만허-월운-인환-각원. 뒷줄이 사교과 졸업생. 동초-준수-의능-진전. 존칭 생략.

와 주방설비 등 현대식 장비를 쓰기 시작했다는 뜻이다.

작업의 범위는 현재 칠성각 앞 우물은 노전(盧殿) 다기(茶器)를 고이는 데만 쓰고, 부엌에서는 아래 큰 우물에서 길어다 쓰던 것인데, 이 공사로 노전 우물을 파이프로 운하당 안마당으로 끌어들이고, 거기에 저수조와 수각(水閣)을 설치하여, 밤새 물을 받아두었다가 종일 쓰기에 편토록 하자는 것이니 후원 식구들이 많이 좋아했던 사업이었다.

그래서 어떤 분은 관심이 커서 간식도 해다 주는 등 호응이 컸었는데, 한쪽으로는 수백 년을 내려오던 생활 구조를 이런 현대식 편의시설로 바꾼다는 것이 너무나 경망스러운 것 같았으나, 세상과 사회는 이미 깊숙이 편의주의에 휩쓸려 정서 같은 것은 철 지난 감상에 불과한 상황이었다. 식당에서 나오는 오폐수와 도량 안의 우수(雨水)를 지하로 분리 유도하여 경외(境外)로 빼는 일이었는데, 요즘같이 장비가 좋지 못한 때라 힘이 많이 들었다. 다시 말해 옛날식 생활에서 현대식으로 바뀌어 가는 상황인데, 봉선사로서는 큰 변혁의 시작이었다.

같은 해(1982) 9월 12일(음 7. 25.) '제2차 10주년 가사 불사' 입재를 했다. 불과 2년 전에 '제1차 10주년 가사 불사'를 회향했는데, 이제 다시 '제2차 10주년 가사 불사'를 설판(設辦)하는 이유는 무엇인가?

첫째 봉선사는 사격(寺格)과 지덕(地德)이 고상한 절로 이미 널리 알려졌으나 서울과 100리 길이나 떨어져 있어 다중(多衆)이 대량 내왕하기에는 불가능하고, 화주(化主)를 통해 모연(募緣)을 해다가 일회성 대법회를 열기에 알맞은 곳이니, 특별 기도나 가사 불사 같은 것을 열면 제격인 도량이었다.

이 무렵에 안씨(安氏) 정각심(正覺心)이 나타났으니, 정각심은 봉선사 근대사(近代史)에 큰 도움을 준 사람이다. 그녀의 성은 안(安) 씨요, 출생지는 강화인데 젊어서부터 백련사(白蓮寺) 성탄 장노니(性坦 長老尼)의 훈도를 받아 신행이 올곧고, 시불(侍佛) 시승(侍僧)의 법도를 잘 아는 중중강기(衆中綱紀)로 추앙받는 분이었다.

그러한 그가 사부님 생존 시부터 드나들면서 사부님 시봉을 했는데 사부님께서도 이미 열반에 드셨고, 산중이 적막하던 어느 날 찾아와서 말하기를 "사중이 이렇게 어려운데 가사 불사를 한번 시작해 보시는 게 어떨까요. 제가 다행히 그 일을 배워서 좀 짐작합니다" 한다.

그때의 가사란, 정화(淨化) 직후인지라 앞에서도 말했지만 괴색직물(壞色織物)을 일괄 재단하여 재봉틀로 드르르 박아내는, 이른바 '비구승식 가사'를 대량 생산하는 체계를 말한다. 일정 기간 도량이 분주하기만 해서 그다지 인기가 높지 않은 불사였다. 그러나 우리의 경우는 1년 365일에 찾아오는 이가 100명도 안 되고 수입이라곤 한 푼도 없는 형편이니, 그렇게라도 우선 사람 구경을 좀 했으면 좋겠다는 생각에 구미가 당겼다.

더구나 우리는 명색이 교구본사서 청풍루를 새로 지어 작업 공간도 충분하고, 주변의 경관도 좋아 사람들을 불러들이기에 유리한 조건이 많았다. 더구나 정각심이 그간 교단 내외에 쌓아둔 인맥을 총동원하여, 실질적으로는 정각심의 힘으로 이 불사가 유지되어 사실상 수익을 내어 살아가기에 큰 도움을 받았었다.

운악산 봉선문도의 문조(門祖)이신 월초 대화상. 홍법강원 설립 운영을 유촉하시는 등 교육사업과 독립운동 제자를 지원하신 우리나라 개화기 최고의 고승. 이 책 제41항 참조.

66

불경서당과 불교전문통신강원을 개설하다

1983년, 癸亥, 3월, 55세

이에 앞서 서울 어느 대학에 재학 중인 이인혜(李仁惠)라는 여학생과 신규탁(辛奎卓)이라는 남학생이 수시로 드나들며 이것저것 묻더니, 차츰 그 또래가 늘었다. 그러다 보니, 『맹자』에서 "독악락불약여중악락(獨樂樂不若與衆樂樂)"이라고 했듯이, 즉 혼자서 즐기는 것이 여럿이 즐기는 것만 못하다고, 이렇게 개별적으로 몇몇씩 때도 없이 산발적으로 와서 묻는 것보다는 몇 명이 모여 날을 정해놓고 찾아오면 경전 하나를 정해서 일러 줄 터이니, 그렇게 해 보라고 했다.

그로 인해, 그해 3월의 어느 날 신규탁(辛奎卓), 강상요(姜尙堯), 이주행(李周行), 이인혜(李仁惠) 등 몇 사람이 와서 경을 새겨달라기에 심심풀이로 『보조국사어록(普照國師語錄)』부터 시작해서 일종의 소견사업(消遣事業) 정도로 여겼었는데 그것이 차츰차츰 이득이 생겼는지 인원이 늘고, 학습 내용도 바뀌면서 '불경서당(佛經書堂)'이라는 명칭이 생겼다.

거기서 다시 햇수를 거듭하는 동안에 내용도 바뀌고 인원도 늘어 마침내 『화엄경 청량소초(淸凉疏鈔)』『현담(玄談)』을 보다가 중간에 생각하기를 "중들도 안 배우는 것을 이 속인들이 씨름해서 무슨 이득이 있을까?"하고 생각한 적도 있었다. 남 앞에 서서 불교를 말할 기회가 있거든, 올바르게 전달했으면 하는 기대로 위안을 삼았다. 그즈음에 그들에게 제의하기를 "우리에게 이 거룩한 대경(大經)의 경소(經疏)를 볼 수 있게 해 주신 청량 국사(淸凉國師)의 묘탑(廟塔)에 가서 차례를 한 번 지내고 와서, 더 하든지 그만두든지 하자"고 했더니 모두 좋다고 한다. 그래서 나를 포함한 13명이 2000년 6월 25~7월 1일까지 중국 오대산(五臺山) 청량 국사(淸凉國師) 유허(遺虛)인 대화엄사(大華嚴寺), 규봉(圭峰) 스님의 유허(遺墟)인 종남산(終南山) 정혜사(定慧寺), 그리고 구마라집 삼장(鳩摩羅什三藏)의 기념당(紀念堂) 등을 참배하고, 청량 국사탑(淸凉國師塔)에는 공동으로 제문(祭文)을 지어 제사 드리고 왔다.

당시의 사진첩이 있는데, 참석 대중은 13명이다. 귀국하여 서당은 문을 닫으니 전후 17년간에 다룬 교과(敎科)는 17종이요, 내왕(來往) 수강 인원은 모두 48명이다. 거의가 사회 현장에서 교학의 영역을 벗어나지 않고 무엇인가 한몫씩 감당하고 있는 것 같아 은근히 흐뭇하다.

같은 해(1983) 4월 1일, 불교전문통신강원(佛敎專門通信講院)을 개설했다. 어떠한 방법으로든지 불특정 다수에게 그들이 소화시킬 수 있는 범위 내의 불교를 알려야 할 터인데, 그러자면 방송국을 차리면 좋겠으나 내게 그럴 힘은 없고, 내 능력에 맞는 것은 카세트에다 내가 아는 대로 취입(吹入)해서 값싸게 나누어 주는 방법이 있을 것 같아서 시작한 것이다.

그러자니, 뒤통수에서 누군가가 빈정대기를 "자기가 많이 아노라는 생각

봉선사 불교전문통신강원 개원.

을 과만(過慢)이라 하는데, 자네야말로 과만증 환자임이 분명하니, 먼저 자
네 병이나 고치시게" 한다. 그래서 내세운 것이 부처님께서도 무문자설(無問
自說), 즉 묻는 이가 없어도 찾아다니시며 자진해서 법을 설하셨고, 『법화경』
에서는 "몰라도 들은 대로 옮기기만 하면 공덕이 된다"라고 하신 대목을 인
용하여 자위하면서 밀고 나갔다.

　그리고는 강원 하급반 정도의 과목 일부와 오늘의 신행에 도움이 될만한
명사(名士)들의 설법이나 때로는 평소 내가 생각했던 신앙생활 등을 교리(敎
理), 역사(歷史), 의식(儀式), 실천(實踐) 등 네 항목으로 정리하여 기본 메뉴로
정하고, 그 내용을 상, 중, 하, 세 등급으로 나누어, 원고지를 만들어 조용
한 한밤중, 빈방에서 "여러분 안녕하십니까?"라는 인사말을 콜 사인으로
해서, 녹음해서 최소한의 실비만 내면 성실히 보내주었다.

　이렇게 해서 1983년 4월 1일을 기해 개원식을 열고 그 첫발을 내디디니,

『능엄경』의 '薰聞聞性'을 의취해서 월운 스님께서 작명.

어떤 이는 고개를 끄덕끄덕하는 분도 있었지만, 어떤 분들은 '아자희(兒子戲)'
와 같다고 폄하하시는 분들도 없지 않았다. 모두 맞는 말씀이라 흘려들으면
서 강의 자료도 준비하고, 전화로 묻는 질문에도 응하고, 교과별(敎科別)로
집체교육도 시키는 등 지루하지 않게 이끌다가, 2009년 9월 11일 다른 일이
바빠 더이상 지속할 수 없어 문을 닫았다. 그 운영의 개요는 다음과 같다.
당시 인묵(仁黙) 상인(上人)이 녹음과 의식교육을 도와서 퍽 수월했다.

1) 존속 기간 : 1983년 4월 1일~2009년 9월 11일.

2) 개설 과목 : 총 22개.

3) 22개 과목에 소요된 테이프 집수 : 60분×649집.

4) 수업 인원 수 : 총 297명.

67

『치문하마기』 내고,
'제2차 10년 가사 불사' 입재하다

1983년, 癸亥, 55세

지난날, 통도사 시절의 어느 날 사하촌(寺下村) 신평(新坪)엘 내려갔더니, 엿
장수 고물함(故物函)에『치문하마기(緇門蝦蟆記)』라는 고서(古書) 하나가 보였다.
그래서 엿장수 양반에게 "그 책을 내게 달라"고 했더니, 엿장수도 내 뜻을
이해하고 몇 닢 안 받고 주기에 가지고 와서 살펴보니, 내용이 많지는 않지
만『치문(緇門)』을 간결하게 정리해서 초심자(初心者)에게는 더없이 요긴한 '사
기(私記)', 즉 참고서였다.

그런가 하면 뒷장에『緇門蝦蟆記』라고 쓰여 있어, 이것이 말로만 듣던 연
담(蓮潭) 강백의『치문하마기』라는 책인가보다 하면서도, 끝내 종을 잡지 못
하고 있다가 이 무렵에 통신강원(通信講院)을 하려니 마땅한 참고서가 있어
야겠기에 다시 끄집어내어 살펴보니, 대중적인 참고서가 되기에는 좀 어렵
지만, 문미(文味)를 얻으려는 이에게는 퍽이나 필요할 것 같아서 내가 직접

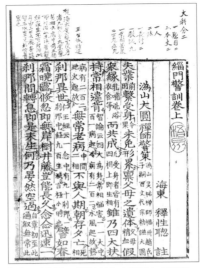

『치문하마기』.

『치문경훈주』. 백암성총 강백이 상중하
3권으로 주석.

고쳐 써서 이렇게 『치문하마기』라는 제명(題名)을 붙여, 그해 4월 1일 복사본
으로 발표했다.

안진호 스님이 추려 토 달아 편집한 『정선 현토 치문』은 80쪽 조금 못 되
는 정도의 단행본(單行本)이지만, 순조 때 성총(性聰) 강백께서 편찬한 『치문
경훈(緇門警訓)』은 상중하 세 권인데, 그걸 대본으로 편마다를 주제로 내걸
고 해당하는 사기(私記)를 내서 초심자들에게는 아주 친절하고도 핍진한 참
고이다. 학인들에게 좋은 서비스가 될 뿐 아니라 우리의 희귀본을 유통시
킨다는 긍지와 좋은 책을 나누어 본다는 인정의 선물이란 생각이 들어 반
포를 결심했다.

이렇게 필사본으로 베껴놓고 원본은 행여라도 잘못될까 염려되어 동국
대 도서관에다 기증했다. 변변치는 않으나 영원히 보존되기를 바라는 마음
에서였다. 뿐만아니라 통신강원 수강생들이 이를 통해 하루속히 한문에 자

유로워져서 남의 글을 읽고 평가하고, 그리고 자신들도 한문으로 발표할 수 있게 된다면 얼마나 좋겠는가.

그러나 이 좋은 것을 나도 어쩌다 잃어 속절없었는데, 작년 8월 12일 탈공(脫空) 신규탁(辛奎卓) 박사

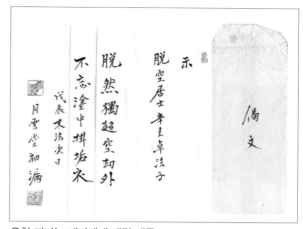

유학 떠나는 제자에게 내린 게문.

가 가지고 있던 것을 주어서 그것을 대본(臺本)으로 보존하고, 이렇게 적어둔다. 그는 제2회 봉선사 홍법강원에서 준수, 동초, 진전 등에게 내가 사교(四敎)를 강할 때 청강도 했었다. 동경대학으로 유학 갈 무렵 게문(偈文)을 내렸고 박사학위 수여식에도 갔었다.

같은 해(1984) 8월 16일(음 7. 20.) '제2차 10주년 가사 불사' 첫해를 입재했다. 지난 1980년 9월에 '제1차 10주년 가사 불사'를 마친지 만 4년 만이다. 따라서 종전의 예에 따라 가사 불사 입재일을 애당초 성파(性坡)의 생일인 음력 7월 20일, 즉 8월 16일로 했다. 그리고 내 수첩에는 연도에 따라 다음의 메모가 있는데 그 당시의 편모를 엿볼 수 있을 것 같아 다음에 붙여 둔다.

제1회 입재에 약 300명 동참하고 회향에 약 600명 동참했다. 제2회 입재에는 약 300명 동참하고, 제2회 회향에 대가사 70바탕, 반 가사 40바탕, 5조 가사 100바탕을 조성했다. 제3회와 제4회의 기록은 실전(失傳)했고, 제5회 회향에는 약 1,000만원 수익이 되었고, 제6회에는 내가 미주 여행을 떠났다가 회향하는 날 귀국해서 내용을 미처 파악하지 못했다.

68

청풍루 낙성법회를 봉행하다

1985년, 乙丑, 4월 14일(음 2. 25.), 57세

청풍루(淸風樓)를 지어야 할 필요성이라든가 그 규모, 준비상황 등은 위 제항 〈봉선사청풍루복원기〉를 말한 곳에서 대체로 언급했거니와 옆에서 보는 이들은 단 한 사람도 이해해 주지를 않았다. 이해해 주지 않을 뿐 아니라 오히려 나의 심기를 뒤집어놓는 소리도 서슴지 않았다. 그 숱한 비아냥거림을 유형별로 나누어 보면 대략 다음과 같다.

1) 봉선사에 중이라고는 운허(耘虛) 스님 한 분뿐이어서 그 어른을 봐서 본사(本寺)로 책정해 드렸으니, 그 어른이 돌아가시면 본사는 자연히 취소될 터인데 저런 건물을 지어서 무엇 하겠는가?
2) 건립 불사라는 것이 재력과 인력을 요하는데, 봉선사는 재정도 없고 인물도 없는데 푼수를 모르고 저러니 딱하다.

3) 굳이 지으려면 자
기네 푼수에 맞게
조그맣게 지을 것
이지, 무슨 대찰(大
刹)이라고 경회루처
럼 지으려고 덤비
니 푼수가 없어도
너무 없다는 둥이
었다.

청풍루 낙성식; 가운데 큰 북 옆 스님이 한암 정수 스님.

　이들 비아냥거림의 주된 흐름은, 봉선사 사격(寺格)으로나 인맥으로 보아
이런 대형 건물이 맞지 않으니 분수에 맞게 조그마한 당사(堂舍)나 하나 지
어 쓰는 게 더 현명할 거이라는 것이었다. 그러나 이는 남들만이 하는 소리
가 아니었다. 나 자신도 '내가 지금 바로 가고 있는가?' 하는 자문(自問)을 많
이 했고, 일부 우리 문중의 '달구아사(達口阿師)'들도 이 불사의 성취를 걱정
하는 분들도 있었다. 그러나 잘 되기를 바라는 일부 대중의 원력인지 회향
법회 당일에는 약 3,000명이 운집했었다.
　〈봉선사청풍루복원기(奉先寺淸風樓復元記)〉라는 고기(古記)에 의하건대 봉선
사 청풍루는 서기 1715년, 조선 숙종 41년에 세웠고, 서기 1845년 성암 화
주(誠庵化主)가 중창하였고, 1914년 월초(月初) 노화상이 보수하였다고 했다.
그때의 위치는 현재 누각의 동쪽 부분, 현 종무소 지점이었는데 약 30평 정
도의 목조 누각이었다고 한다. 그러나 1951년 3월 6일, 6.25사변의 전화로 전
사원(寺院) 전체가 소실될 때 함께 타버렸다.

휴전 후 불초(不肖)의 스승이신 운허 화상을 비롯한 운경 사형 등 모든 대중의 피나는 노력으로 약 20년 동안에 큰법당, 운하당, 방적당 등 모든 건물을 거의 복구하였다. 그러나 청풍루만은 복원되지 못한 채 1976년 불초에게 주지의 소임이 맡겨졌다.

이에 앞서 10년 결제(結制) 가사 불사를 봉행했었는데 1979년도에 끝나자 약간의 자금이 있어 1980년 4월 8일에 그 기공식을 가졌다. 규모는 270평의 철근 콘크리트로 짓기로 하고, 6년을 기간으로 잡았었는데 4년 11개월만인 오늘 그 낙성식을 갖는다. 이에 소요된 경비는 2억여 원이었고, 동원된 인원이나 사용된 물자 또한 방대하다. 이 공사비를 충당키 위하여 〈조약돌 모으는 정성〉이란 봉투를 만들어 적금식으로 전체 신도가 총동원되었었음은 감명 깊은 일이다. 특히 이름을 남기지 않고 보시해 주신 분들이 더 많음에 감사하거니와 가능한 한 시주해 주신 분들의 방명을 추심하여 말미에 적어 그 공덕을 오래오래 기리고자 한다.

"바라건대 이 인연으로 우리 청풍루가 항상 맑은 바람을 일으키는 도량의 구실을 다하게 되어지이다. 불기 2529년(서기 1985년) 을축(乙丑) 5월 25일(음 3. 25.) 봉선사 주지 월운 사문 근지."

이렇게 끝나는 기문은 내가 썼지만, 문장이 좀 탈략된 것 같아서 다음과 같이 보완한다. 첫째 1980년 4월 8일에 그 기공식을 가졌다 함은, 전년도에 이미 기공하여 1층 슬래브는 쳐져 있었는데, 1980년에 본 공사를 시작했다는 뜻이다. 둘째 270평은 1층 135평, 2층을 합산하면 270평의 건물이라 해야 할 것이다. 서기 1985년 을축 4월 14일(음 2. 25.)

69

광동학원에 기증했던 토지 회수 불사를 시작하다

1986년, 丙寅, 4월, 58세

토지 회수(土地回收) 불사란 지난날 광동학교 설립 당시에 실습지로 기증했던 사전평(寺前坪)을 지금은 학교 당국이 임과(林科)를 문과(文科)로 개편해 실습지가 필요 없게 되었으니, 사중 명의로 되찾아오자는 사업이다. 일명 '사전평환수불사(寺前坪還收佛事)'라고도 한다.

광동학교란 사부님께서 조국이 광복되자, 발 빠르시게 주창(主唱)하셔서 봉선본말사 5개사찰의 재산을 투입하여 교육 사업을 전개하신 고등 보통 교육기관이다. 1945년 을유 8월 15일 조국이 광복되자 한 달도 되기 전인 같은 해 9월 10일 봉선본말사 승려대회를 개최하시고, "해방된 조국에 인재를 길러내 보답하자"라는 의견을 제시하셔서, 모두의 동의를 얻으신다.

전해 들은 바에 의하면 그때 사부님께서는 5개 사찰 주지와 본사 대중을 모아놓고 설득하시기를 "앞으로는 경자유전(耕者有田)의 법칙에 따라 추수를 받아먹는 제도는 없어진다. 그러니 사중(寺中)의 토지를 전부 학교에 넣고, 그 대신 절 식구가 모두 학교에 취직하여 그 월급으로 살아가야 한다. 그래야 승려가 무위도식(無爲徒食)한다는 오명(汚名)을 벗을 수 있다"고 하셨다는 것이다.

그때의 상황으로는 이 말씀에 대한 공감 여부보다는 그 어른의 권위에 눌려 모두 공감은 했으나, 전 재산을 내놓지는 못했는데 오직 봉선사만이 전 토지를 다 내놓았다. 이때 이 서류가 경기도에 접수되자 그때의 경기지사였던 분이 타이르기를 "최소한의 사찰 유지재산은 남겨야 기부행위승인을 해 주겠다"고 했다. 그래서 절터와 골 안의 토지목록은 빼고 제출하여 재든(엮은이 주; 이리할까 궁리해왔던. 이 책의 교정에 참여한 분들이 모두 의문을 표하기에 스님의 평소 말씀 습관을 엮은이가 이해한 대로 해석.) 승인이 났고, 반려된 재산목록에는 별 관심이 없었다.

그 후에 이 지역 출신인 풍영섭(馮榮燮)이라는 분이 서무과장을 맡았는데 그 무렵에 6.25사변이 터진다. 모두가 정신없이 피난을 갔는데 그분은 이번에 반려된 토지 기증서류를 모두 짊어지고 떠나 전전하다가, 1973년 미수복지구(未收復地區) 토지특례법(土地特例法)이 발표되자, 재빨리 돌아와서 학교 재산을 다 추심할 뿐 아니라, 지난날 반려되었던 사전평(寺前坪) 네 필지 모두를 지난날의 문서로 소명(昭明)하여 학교 명의로 등기를 필했으니, 그 지번(地番)과 지적(地積)은 다음과 같다.

부평리 249번지 전 4,885평

부평리 251번지 전 5,131평

부평리 252번지 전 2,576평　　　토지합계　12,592평

부평리 산99-11번지 임야 3,961평　　임야　3,961평

　　　　　　　　　　　　　　　　합계　16,553평

먼저, 부평리 249번지 전 4,885평이란 지금의 은사시나무 숲과 그 뒤 주차장 일대요, 다음 부평리 251번지 전 5,131평이란 봉향각 밑에서 연못까지요, 다음 부평리 252번지 전 2,576평은 이른바 승과평(僧科坪)이요, 다음 부평리 산99–11번지 임야 3,961평이란 서암 뒤의 평편한 산복(山腹)이니, 어느 한 필지도 봉선사의 어금니 아닌 것이 없다.

따라서 이는 우리가 흔히 말하는 "봉선사 등 5개 사찰에서 기증한 토지 45만여 평과 임야 약 1,491여 정보를 냈다"는 수치(數値) 속에는 들지 않는다. 이는 사찰 유지에 절대 필요한 기본재산이라는 이유로 반려되었기 때문이다.

그 후 전세가 좀 안정되자 사부님께서 돌아오셔서 역내(域內)의 토지가 모두 학교로 이전된 사실을 아시고, 매우 놀라셨다는 말을 전해 들었다. 당연

되찾은 땅; 이 자리가 조선 시대 승과 시험장, 승과평.

히 절 소유로 회복해야 할 것을 당신께서도 모르시게 광동학원으로 이전해 갔으니 배신당한 것이 분명하나, 학교를 발전시키려면 임과(林科)로 개편해야 한다고 평소 사부님께서도 주장하셨고, 풍씨 또한 그 때문에 특별조치법이라는 좋은 기회를 놓칠 수 없어 전란 중에 연락도 드리지 못하고 이렇게 처리해서 죄송하다고 하니, 그 일은 어물어물 넘어갔다.

그러나 피난 나갈 때, 해당 문서를 모두 가지고 나가면서 중간에 반드시 이런 특별조치가 있을 것을 예측했다는 것은 참으로 대단한 두뇌가 아닐 수 없다. 어찌 되었건 1952년 7월에 산림학교(山林學敎)로 개편하여 실습지로 잘 쓰다가, 1978년 12월 장현(長峴)의 현 위치로 옮기면서 문과(文科)로 개편하니 실습지의 용도는 끝난다.

그러나 일은 이제부터 시작된다. 학교를 장현으로 옮기는 작업이 매우 어렵기에 독실한 불교신자인 황경석(黃慶石) 씨를 이사장으로 초빙하여 구교사(舊校舍) 부지와 학교림(學校林) 일부를 팔아 학교를 이전케 했는데, 늘 사전평(寺前坪)이 문제였다.

당시의 상황은 구체적으로 일기에 적어두었지만, 이사장 측과 일부 동문 측이 각기 다른 입장에서, 봉선사 측에 모종의 압력을 넣었다. 그것이 사전평(寺前坪)을 얼른 되찾아야 하겠다는 다짐하게 된 첫째 요인이다. 둘째는 내가 학원 일에 참여하면서 알게 된 사실인데, 학생들에게 받는 수업료만으로는 교직원들의 5개월 월급밖에 안 되고, 나머지는 모두 국가에서 보조하고 있다. 이대로 나가다가는 사립학교에 대한 관(官)의 권한이 점점 강해져서, 사전평(寺前坪)을 되돌려 오는데 큰 지장이 될 게 분명하다는 생각이 들었기 때문이다. 서둘러 토지 환수 불사를 해야 한다고 생각하게 되었다.

또 1978년 음 3월 17일, 본사 대공덕주 청신녀 신묘생(서기 1891년생) 정씨(鄭

氏) 문수행(文殊行) 불자가 88세를 일기로 입적하자, 전년도에 그 댁에서 매입한 구(舊) 학교림에다 장사를 지냈는데, 그 후 그 따님인 보현행(普賢行)이 올 때마다 사부님께서는 늘 그녀를 데리고, 이른바 최씨네 집 앞뒤의 논을 도시면서 말씀하시기를 "이 논을 사서 문수행의 제위답(祭位畓)으로 넣어 달라"고 하시는 것을 종종 뵈었다. 그때마다 내 마음속에는 "저 어른께서 사전평을 조금만치라도 되돌려놓고 싶어서 저토록 하시니 불초(不肖)가 이 불사를 꼭 이루어 드리겠습니다"라고 다짐했다.

그 뒤 어느 날 사부님께 들러 "제가 힘닿는 대로 사전평 되찾기 불사를 열겠습니다" 했으나 막상 시작을 못한 상태인 1980년 가을(음 10. 10.)에 사부님께서 입적하셨고, 그로부터 다시 6년이 흐른 오늘, 그 어른의 시적(示寂) 후, 제7회 탄신일 추모제에 분향하고 사뢰기를 "스님께서 시작하신 교육사업의 크신 뜻을 더욱 빛내고, 이미 기증되었던 사전평도 상호 간에 상처 없이 원만히 해결하겠습니다. 가피하여 주옵소서" 하여 사전평 환수 불사의 시작을 고했다.

그때 나의 환수 방안은 재투자의 개념이었으니, 재투자란, 다시 투자한다는 뜻으로서 이미 우리가 막대한 재산을 넣어서 세운 학교가 더욱 발전하기 위해 이사를 가는데 우리가 준 토지를 무상으로 내놔라는 식으로 접근할 것이 아니라, 국가가 공인하는 감정가격의 배를 내고 사들이겠다는 것이었다. 이에 대해 측근들 중에는 "무상으로 준 것이니, 무상으로 찾아와야 된다"라고도 하고, 혹자는 말하기를 "돈을 안 주어도 될 터인데 월운이가 돈을 먹으려는 수단으로 벌이는 사기극이니, 당국에 고발해서 제지시켜야 한다고 하는 이도 있다"라는 말이 돌았었다.

그러나 나는 거기에 개의치 않고, 이날을 기하여 현전대중(現前大衆)에게 사전평 환수불사를 선포했다. 그리고 당국에 감정을 의뢰한 결과 1억 5천만 원이 나왔고, 이를 곱하면 3억 원이니, 그때 금 1돈(3.75g)의 값은 4만 6천원이었는데 오늘날 금 1돈은 216,000원임을 감안하면, 요즈음의 돈으로는 12억여 원이 되니 큰 부담이 아닐 수 없었다. 그러나 많은 불자님이 묵묵히 동참해 주셨고, 대중들도 대체로 성심껏 도와주어 처음부터 끝까지 진행이 순조로웠다.

이때, 모금하는 방법은 중형 봉투에다 〈봉선사 토지불사 1인 1평 바치기〉라 쓰고 나를 비롯한 모든 화주(化主)가 그 봉투를 가지고 다니면서 인권(引勸)하되 그 봉투에다 돈을 넣고, 금액과 주소 성명을 적어오면 경리가 접수하고 영수증을 보내주는 식으로 했다. 그해 3월 24일 최초 입금자가 나타나기 시작함으로부터 1990년 4월 11일 이 사건이 끝나기까지 동참한 인원은 총 969명이요, 모금된 금액은 당시 돈 1억 8천 5백만여 원이었다.

한편, 이런 상황을 지켜보던 본사의 젊은 대중들과 타사(他寺)에서 와서

되찾은 땅; 그 자리에 피어난 연꽃.

함께 살던 납자들이 이 불사에 공감하고 뜻을 모아 전시회를 준비했으니, 생각나는 대로 적어보면 철안(鐵眼), 인묵(仁黙), 동안(東眼), 의정(義正), 준원(準願), 진성(眞性), 정수(正修), 문현(文鉉), 법명(法明), 종학(宗學), 준수(俊秀), 충현(忠鉉), 환주(幻住), 그리고 재가자(在家者)로서 의정부 상초(尙草: 金鐘五) 등이다. 그들이 혹은 자금을 모으고, 혹은 작품을 수집하고, 혹은 작품을 소개하여 1987년 6월 1일(음 5. 5.) 강남 봉은사(奉恩寺) 경내에서 전시회를 열었다.

당시는 밀운당(密耘堂)이 봉은사 주지 소임을 맡고 있어 큰 도움을 받았다. 전시회 자리를 내어 주고, 작품을 소개해 팔아 주는 등 여러 가지로 편의를 받았는데, 전시 3일 만인 6월 3일째가 되던 날 영암노(映巖老)께서 입적하시니, 약간의 영향은 없지 않았을 것이나, 그런대로 성적이 좋아 6월 15일 회향하고 결산을 하니 순수익이 1억 5천만 원이었다. 전에 모금한 것과 합하면 3억 3천여만 원이어서 토지환수기금으로는 충분한 액수였다.

그로부터 학교 당국과 절충하고 상의해서 이사장 측도 동문회 측도 더 이상 이상한 생각은 하지 않게 되었고, 같은 해 8월 24일 이사회를 소집하여 "이 토지는 봉선사로 돌려준다. 단 감독관청의 동의를 얻는 일은 봉선사 측이 책임져야 한다"라고 결의했으니, 이는 이미 교육용 재산으로 편입된 것을 무상으로 내주라고 하지는 않을 터이니, 그 경비는 봉선사가 책임지라는 뜻이다.

그래서 법률적인 판단을 받기 위해 그해(1987년) 초가을의 어느 날, 서울 남대문로에 있는 동아합동법률사무소를 통해 서울지방법원 중구지원에 소(訴)를 넣고, 몇 차례 재판(裁判)을 진행하는데 1990년 초의 어느 날 담당 변호사가 말하기를 "상황은 분명 좋은 편이나 이 사안(事案)은 패소해도 무방한 것이 아니라, 절대로 승소해야 하는 처지이기 때문에 판결을 기다릴 것이 아니라 합의로 끝내는 것이 안전하니, 그 방법을 모색해 보세요" 한다.

그 말이 일리가 있는 것 같아서 서둘러 그 방향으로 매듭을 지었는데, 그 부분의 사안들은 내 비망록에 적어두었다. 아래에 우리 문도들이 알아두어야 할 부분만 추려 정리한다.

> 첫째, 봉선사 경내에 위치한 현 광동학교 소유 토지임야 일체를 봉선
> 　　　사로 되돌린다.
> 둘째, 이 토지 임야의 지가는 법정 감정에 따라 3억 원으로 한다.
> 셋째, 이 토지가격의 지불 방법은 계약당일 1억 5천만 원을 지불하고,
> 　　　나머지 1억 5천만 원은 1991년부터 1995년까지 5년간 매년 3천
> 　　　만 원씩 분납하는 조건으로 공증한다.

그 후 토지는 모두 되돌려 오고 모금 불사는 지속해서 추가 불입금도 무난히 끝냈다. 만일 중간에 우리가 약속한 금액을 납부하지 못했거나, 다른 이변이 생겼다면 사태는 어려워질 수도 있었는데 다행히 잘 끝났다. 나는 이런 일이 고생스러웠지만, 꼭 해야 할 일을 했기에 힘들다는 생각을 이겨낼 수 있었다.

나는 이 불사를 봉선사적(奉先寺的)인 '반상합도(反常合道)'라 하노니, 지난날 어르신네들이 학교에다 주셨던 땅을 찾아오고, 평소에 금지하셨던 법당 불전(佛前)의 인등(引燈)을 푼 것이 모두 반상(反常)이지만, 만일 상도(常道)를 지키기 위해 팔짱을 끼고 목전의 일을 방관했더라면 사태는 어떻게 되었을까. 그러나 여러분의 노력으로 봉선사의 위상에 큰 흠이 없었다는 것이 반상합도가 아니겠는가.

70

사부님 기신제를 기하여 『운허선사어문집』을 내다

1989년, 己巳, 10월, 61세

　나도 어느덧 60고개에 올라서고 있었다. 그간 교세 진작(敎勢振作)을 위해 혹은 청하는 이가 있어서, 혹은 자진해서 포교한답시고 '동어서화(東語西話)' 하고 다녔지만 남는 것은 아무것도 없었다. 오히려 무수한 사람들을 헷갈리게 만든 것 같아서 입맛이 씁쓸했다. 그래서 생각한 것이 불교를 공부하려는 이들로 하여금 삶의 현장에서 어려움을 만났을 때, 먼저 불법에 부사의한 힘이 있음을 믿고, 그 앞에 자신의 모든 상황을 있는 그대로 고백하고, 한 걸음 더 나아가 눈앞에 전개된 상황을 부처님의 가르침에 근거하여 풀어 나아가겠으니, 길을 열어 주십시오 하는 것으로부터 시작하자는 것이었다.

　그렇게 해서, 한 사람이 그렇듯이 여러 사람이 다 같이 보조를 맞출 수만 있다면 이것이 불교적인 사회개혁이고, 중생성불(衆生成佛)의 완성이리라고 생각되어, 『삼화행도집(三化行道集)』이라는 이름으로 교리(敎理), 역사(歷史), 의식(儀式), 실천(實踐) 등 네 요소를 담은 지송집(持誦集)으로 만들었으니, 이른바 삼화행도(三化行道)란 다음과 같다.

1) 전 불자 발심 불자화(佛子化); 모든 불자는 불자답게 발심하자.
2) 전 불자 신행 정예화(精銳化); 모든 불자는 신행을 정예롭게 하자.
3) 전 불자 생활 자기화(自己化); 모든 불자는 생활을 자기 책임하에 엮어나가자.

여기서 '불자(佛子)'라 함은 『법화경』에서 말씀하시기를 "부처님의 입에서

『운허선사어문집』, 동국역경원, 1989.

나왔고 부처님의 법에서 나왔기 때문에 불자라 한다" 하셨으니, 곧 부처님의 분신이란 뜻이다. 다시 말해 부처님과 중생의 차이는, 부처님은 이미 깨달으신 어른이요, 우리는 아직 깨닫지 못하고 있는 상태이지만 중생들의 마음속에 숨어있는 불성(佛性)을, 『화엄경』 「여래출현품(如來出現品)」에서는 다음과 같이 소개하신다.

장하고 기이하도다. 이들

은 어찌하여 여래의 지혜와 덕상을 골고루 갖추고 있으면서도 알지도 못하고 깨닫지도 못하는가. 내가 이제 가르쳐서 그들로 하여금 망상 집착을 영원히 여의어 자기 몸속에 있는 광대한 지혜가 여래의 그것과 똑같음을 알게 하리라.

奇哉奇哉라 此諸衆生이 云何具有如來智慧德相이언만

愚癡迷惑하여 不知不覺고 我當 敎以聖道하여

令其永離妄想執着하고 自於身中에

得見如來 廣大智慧가 與佛無異케 하리라.

이것이 불교의 기본적인 행화문(行化門)으로서, 첫째 우리의 근본은 본래 맑았었는데, 둘째 까닭 없이 무명(無明)이 끼어들어 중생이 되었으니, 셋째 옳은 방편으로 가르쳐 주어, 넷째 본래의 밝은 자리를 알게 하리라 등 네 단계의 법문이 된다.

그러므로 불교의 모든 경론은 물론 모든 의식까지도 모두가 참회를 통해 묵은 죄업을 소멸하고 발원을 통해 새 길을 향해 떠나는 전미개오(轉迷開悟)의 운동이며, 혁범성성(革凡成聖)의 대작불사라고 생각했었다.

『삼화행도집(三化行道集)』은 이러한 정서를 담은 의식집(儀式集)이니, 지난 1980년에 성파(性坡) 아우님의 기원정사에서 초판을 발행했고, 『삼화표월지(三化標月指)』는 삼화행자들이 알아야 할 이론집으로 1983년 경서원(經書苑)에서 발행했고, 『삼화일용집(三化日用集)』은 『삼화행도집』과 『삼화표월지』를 하나로 간추린 휴대용 교본이니, 서기 1986년 3월 도서출판 불천(佛泉)에서 냈으니 일종의 상용교본이었다.

이렇듯 '태산명동(泰山鳴動)'으로 수선을 떨었으나 가시적인 효과는 별로 얻지 못했다. 아직은 시절인연이 이르기 때문인지, 아니면 불시기인(不是其人), 즉 내가 그 재비가 아니기 때문인지 모르겠다. 어쨌든 내가 할 수 있는 노력을 다했을 뿐, 기여(其餘)는 "불원천불우인(不怨天不尤人) (엮은이 주; 하늘을 원망하지 않고 남을 탓하지 않는다.)"으로 자중(自重)했다.

그해 내가 냈던 책을 적어둔다. 1989년 10월 31일 사부님의 어록집인『운허선사어문집(耘虛禪師語文集)』을 동국역경원을 통해 발행했고, 1992년 재판했다. 1990년 07월 10일, 내가 번역한『해심밀경(解深密經)』외 4경을 동국역경원에서 〈한글대장경〉 제57책으로 발행했다. 1990년 12월 28일, 나의 수상집으로 내가 여기저기 쓴 기고문을 상좌 보엽 등이『운당여화(雲堂餘話)』(하락도서)라는 이름으로 출판해 주었다. 내 60 회갑 기념이라 했다. 이 책은 다시『운당여화; 달처럼 구름처럼』(대원정사, 1991년 5월 15일)으로 재판되었다. 1991년 6월 1일 나의 전통 의식 강의자료인『일용의식수문기(日用儀式隨聞記)』를 중앙 승가대학에서 발행했다.

『운당여화』.

『일용의식수문기』.

71

연꽃유치원 기공하고 학술 논문
「이장설 비망」을 발표하다

1991년, 壬申, 6월, 63세

　평소 어린이와 어른과 노인 등 전 연령층을 포교의 대상으로 삼아야겠다고 별러왔었는데, 우선 어린이 부분, 특히 유치원을 지어야겠다는 염원으로 늘 조석예불 끝에 발원을 했었다. 그런데 그해 정확히 기억되지는 않으나, 4월 8일을 전후해 서울 노원구 방학동에 사는 문창섭(文昌燮)이라는 이 부부가 찾아와서 상의드릴 일이 있으니 잠시 시간을 내라는 것이었다.

　그 사연을 들어보니, 그는 젊어서 한때 이른바 '노는 사람'이었는데 어쩌다 정치권(政治圈)에 말려들었다가 사세가 불리해져서 추적을 당하는 처지가 되었다는 것이다. 그런 상황의 어느 날 부득이한 일이 있어 변장을 하고 종로 거리로 나가 일을 보는데 어느새 형사들이 둘러싸더라는 것이다. 순간, 위급을 느껴 튀려 했으나 갈 곳이 없어 근처의 어느 가게엘 들어가니, 평생 보지도 못한 곳인 불구상(佛具商)이더라는 것이다.

그는 자신도 모르게 손님들 틈에 끼어 이것저것 만지막거리면서 불구(佛具)를 고르는 시늉을 하노라니, 형사들이 문을 열고 둘러보고는 아무 일 없다는 듯이 나가더라는 것이다. 그는 순간 생각하기를 '오늘 잡혔더라면 한평생 감옥에서 썩어야 하는데 이렇게 살아난 것은 부처님 덕이다. 그러니 이 일을 계기로 이 분야에서 손을 털고, 부처님께 은혜 갚는 일을 해야겠다'고 했다는 것이다.

그러고는 출입을 끊고 집에다 불단(佛壇)을 차리고, 탑(塔)도 세우고, 등촉(燈燭)도 갖추어 절도 하는 한편, 불경들을 사다가 독송하면서 자작대사(自作大師)로 한동안 잘 살았는데, 이제 죽을 날도 멀지 않으니 일을 정리해야겠다는 생각이 들어 찾아왔다는 것이다.

그러고는 5천만 원짜리 수표 석 장을 내놓으면서 말하기를 "스님께서 이 돈으로 원하시는 사업에 써 주시기 바라며, 아울러 소분의 바람이 있다면 제가 모시고 있던 불상(佛像) 1위(位)와 정중탑(庭中塔) 1좌(座)가 계시는데, 스

연꽃유치원 개원법회.

님네 경내 어디에다 좀 모시게 해 주시면 좋겠다"는 것이었다.

그때 나는 이른바 '삼화행도(三化行道)'라는 어설픈 이론을 설정해 놓고 '망상'을 피우던 때였다. 그 실천 방안의 하나로 "어린이에게 꿈을, 어른에게 희망을, 노인에게 안심을 주자"는 것이었는데, 그중에도 어린이에게 꿈을 키워주는 사업이 우선이라는 생각에 사로잡혀 있었다. 문 거사에게 그런 나의 그동안 포교 방향을 말씀드리고 이 기회에 이 돈으로 유치원을 세우겠다고 했더니, 문 거사도 흔쾌히 기뻐해서 유치원이 이루어졌다. 그리고 불상과 정중탑도 옮겨 모시기로 일괄 타결되었다.

그런데 이 문 거사의 곁에는 이용섭(李容燮)이라는 중년(中年) 거사가 있어, 늘 그의 행보(行步)를 지도해 주고 나아가서는 신후지사(身後之事)까지도 대충 이야기가 되어, 그가 봉선사로 찾아오게까지 되었다는 설이 있는데 확인하지는 않았다.

어쨌든 일이 순조롭게 진행되어 곧 설계(設計)를 하고, 건축허가를 받아, 그해 6월 26일 이 자리에서 기공(起工)을 하니, 3층 연건평 1,195 평방미터(361평)을 시공 완료하고, 그 이듬해인 1992년 2월 29일 유치원 설립인가를 취득하고, 1993년 3월 2일 개원하여, "티 없게 튼튼하게"를 원훈(院訓)으로 삼았다. 2012년 2월 현재 총 19회 연인원 1,314명을 졸업시키니 참으로 감격스러운 일이다.

내가 쓴 글도 적어둔다. 1992년 5월 학술논문 「이장설비망(二障說備忘)」을 『중앙승가대학논총』 제1집에 발표하다. 같은 해(1992) 9월 학술논문 「보환(普幻)의 능엄경 (楞嚴經) 이해」를 『가산지관(伽山智冠) 회갑논총』에 발표하다. 같은 해(1992) 학술논문 「일연(一然)의 수행관(修行觀)」을 중앙승가대학교 학술세미나 〈일연과 삼국유사〉라는 모임에서 발표하다.

72

동국역경원장에 임명되고 본사 주지 사임하다

1993년, 癸酉, 11월 18일, 65세

동국역경원(東國譯經院)이란, 경전을 번역하는 기구이다. 1963년부터 시작된 불교 정화 분규가 마무리되어갈 때, 사부(師傅)님 등 종단의 어른들이 주동하셔서 발의하시기를 "합천 해인사 소장 고려대장경(高麗大藏經)을 우리말로 번역하자" 하시고 만든 종단적 기구이다. 『운허선사어문집』 벽두에 게재된 그 어른의 「자초연보(自抄年譜)」에 그 정황 기록이 있다.

1) 서기 1964년 갑진(73세) 2월 12일. 총무원장 이청담(李靑潭), 동대 총장 김법린(金法麟), 총무원 간부들과 총무원장실에서 논의하기를 ①동대(東大)에 역경원(譯經院)을 둔다. ②종단 사업으로 대장경을 역간(譯刊)한다. ③ 역경원장(譯經院長)과 역경위원장(譯經委員長)의 책임은 내가 맡는다.

2) 같은 해 3월 25일. 역경원장 및 역경위원장 임명을 받고, 4월 10일 동대 구내에 있는 대학선원(大學禪院)의 일우(一隅)를 빌려 개원(開院)하니, 석호 선사(石虎禪師; 서옹)와 동정식(同鼎食)을 하다.

이렇게 발족한 역경원이 그간 국고보조도 조금 받고 책도 팔고 했으나 진척이 지지부진했다. 애초에는 〈고려대장경〉만을 번역하겠다고 출발했지만, 항상 경비가 부족해서 돈 되는 간행물에 신경을 더 쓰다 보니 대장경 번역의 진도가 나갈 수 없었다. 더구나 약간 주는 국고보조에는 반드시 일정 부분을 수혜자가 부담하는 이른바 '부담금'이 있기 때문에 경제가 늘 넉넉지 못했다.

이런 사정이 종단 내외에 훤히 알려졌었는데, 지난해 대통령 선거 때 김영삼(金泳三) 후보가 불교계를 방문하여 불교 라디오 방송국에서 대담할 때 역경사업을 도와주기로 공약을 했었다. 그 결과가 좋아서 김영삼 씨가 당선

동국역경원장 명패. 월운 스님의 세속 성명이 김성구(金成九)이시다.

되던 1993년도 정초에 취임하여, 공약사항을 검토해 보니, 역경원은 이름만 있고 원장도 없이 직원 하나가 앉아서 책이나 파는 정도여서 지원을 할 수가 없는 형편으로 판단했다는 것이다. 그래서 동국대 재단으로 연락하니, 그때 이사장이 직지사(直指寺) 오녹원(吳綠園) 스님이었는데, 그해 1월 18일 부랴부랴 나를 불러 역경원장으로 임명하고, "잘해보라"는 당부를 한다.

이렇게 얼떨결에 소임을 맡고는 먼저 한 것이 〈고려대장경〉에서 이미 번역된 부분과 아직 번역되지 않은 부분의 분류였다. 번역된 것이 5분의 1 정도였다. 그때 난 이런 방침을 세웠다. 첫째 〈고려대장경〉을 집중적으로 우선 번역하자. 둘째 역경후원회를 만들어 홍보와 모금을 병행하자.

같은 해(1994년) 10월 19일에 본사 주지 소임을 사퇴하니, 지난 1976년도에 취임한 이래 18년 만이었다. 이때 종단 일각에는 서의현(徐義玄) 총무원장을 불신(不信)하는 운동이 거세게 일어났으나, 나는 그의 임명장을 받은 터이고, 그와 각별한 원한이 있는 것도 아니므로 의연히 관망하고 있었는데 예상외로 그가 물러나고, 그를 내쫓은 세력인 이른바 개혁집단의 줄을 타고 온 어떤 중이 "조용히 물러서는 게 좋겠다"라고 하는 상황이고, 후임도 확실하게 문중에서 나올 전망이 보이기에 조용히 사임하니, 감회가 무량했다.

그해(1993) 7월 1일, 나의『금강경강화(金剛經講話)』를 동국역경원에서 발행한 〈현대불교신서〉 제83호로 발행했다. 또 그해(1993년) 12월 15일 자로 내가 번역하고 강화한 『대승기신론강화(大乘起信論講話)』를 도서출판 불천(佛泉)에서 발행했다.

73

역경후원회 만들고 봉선사 능엄학림 개설하다

1995년, 乙亥, 7월, 67세

1995년 7월 21일(음 6. 24.) 관음재일을 기하여 봉은사 법당에서 석주(昔珠) 노사의 증명으로 '동국역경원후원회(東國譯經院後援會)'(일명 역경후원회)를 발족시켰다. 모임에서 내가 나서서 관례대로 "역경사업을 원만하게 완수하려면 동국역경원후원회가 있어야 되겠는데, 여기에 계신 여러분 모두가 선두로 찬동하셔서 역사적인 큰 사업의 중추가 되어 주시기 바랍니다" 하자, 대중일동의 박수 화답으로 뜻을 합하고 '모연문'에 모두 서명케 했다.

그렇게 한 다음, "회(會)가 있으면 회장(會長)이 있어야 하는데, 우리 동국역경원후원회는 이 자리에 함께하신 석주 노선사(昔珠老禪師)님을 회장님으로 추대코자 하는데 여러분의 의향은 어떠하시냐"라고 물어, 일동 좋다고 환영의 박수로써 동국역경원후원회장 추대가 끝나 모임이 여법하게 발족(發足)되었다.

역경후원회.

겸하여 당일 참석한 취산(翠山) 이건호(李建鎬) 씨를 비롯한 몇몇 남녀 인사
들에게 각기 부회장, 총무 등 적의한 직함을 위촉하고, 그날 참석했던 두산(
斗山; 日面) 법사에게는 사무총장을 위촉했는데 두산도 지대한 관심을 보였다.

같은 해(1995) 10월 25일, 고려 때 무기(無寄) 스님의 『석가여래행적송(釋迦如
來行蹟頌)』을 현토(懸吐)하여 우리가 설립한 도서출판 불천(佛泉)의 이름으로
발행하였으니, 이는 부처님의 생애를 사안별로 묶어 게송(偈頌)에 담아 설시
(說示)하고 그것을 다시 장항(長行)으로 풀이한 것이니, 이는 고래로 초입문자
에게 과(課)하는 기본 교재였다.

같은 해(1995) 12월 12일, 『보살지지경(菩薩持地經)』 등을 〈한글대장경〉 제194
책으로 발행하니, 보살의 수행 지위와 점차를 서술하신 내용이다. 또 내가
이미 1980년도에 발행했던 『삼화행도집(三化行道集)』은 당시 경험 부족으로 편
집이 미흡하고 무엇보다도 오탈자가 많아서 이해 9월 20일 자로 보련각을

월운 스님을 모시고 둘러서 있는 봉선사 능엄학림 학인들.

통해 개정판(改訂版)을 발행했다. 이럴 경우, 구본(舊本)과 신본(新本)을 구분하기 위해 제호(題號: 책 이름)를 바꾸어야겠으나 이미 보급된 것이 많지 않기 때문에 제호는 그대로 두기로 했다.

같은 해(1996) 2월 27일 〈봉선사 능엄학림(奉先寺楞嚴學林)〉을 개원하니, 제1기생으로 학봉준수(鶴峰峻秀), 여산무관(如山無觀), 화광장산(和光長山), 무연(無然) 등의 비구와 현암원민(玄庵圓敏), 둔암묘수(遁庵妙首) 등 비구니가 '화엄회'를 차리고, 전래(傳來)의 『화엄경』 청량소(淸凉疏)를 놓고, 화엄경과도(華嚴經科圖)를 정리하면서 공부하여 1998년 11월 20일을 기해 『화엄경소초과도집(華嚴經疏鈔科圖集)』을 4×6배판, 463쪽의 규모로 편집을 마치자, 종단의 교육원(敎育院)에서 이 일을 현창하는 뜻에서 출판해주었다.

'과도(科圖)'는 내가 젊은 시절 학인(學人) 때부터 정리해 두었던 것을 토대로 1996년 2월 27일 입학하여 1998년 2월 11일 졸업한 위에서 말한 봉선사

역경후원회 삼장회; 맨 가운데 좌정하신 어른이 석주 큰스님. 석주 스님과 월운 스님 사이의 뒤편이 안씨 정각심 보살.

능엄학림 제1기생들이 의용(依用)하면서 교정(校正)하고 교합(校合)하는 등 공동작업으로 수정했다.

같은 해(1996년) 학술논문 「화엄경입법계품비망(華嚴經入法界品備忘)」을 동국대학교 『석림논총』 제30집에 발표했으니, 이는 『화엄경』 「입법계품(入法界品)」의 '55위(位) 수행설(修行說)'을 소개한 내용인데 이를 약간 정리해서 발표한 것이다.

같은 해(2001년) 8월 27일, 동국역경원에서 내가 『부모은중경』을 강화(講話)한 『부처님이 들려주는 효 이야기』를 발행했다. 효 사상(孝思想)이 희박해진 이때 부처님께서 이 경을 통해 부모의 막중한 은혜를 열 가지로 설명하시고, 그 은혜를 갚는 방법으로서, 부모와 자식이 모두 삼보(三寶)에 귀의하라고 가르치셨으니, 실로 우리들 말세 중생이 받아 지녀야 할 보전(寶典)이기에 출판했다.

74

〈한글대장경〉총목록

2001년, 辛巳, 9월 1일, 73세

위 제항에서 언급한 바와 같이, 1964년 4월 10일, 사부님의 주선과 종단 내외의 성원으로 동국대학교 구내에 동국역경원(東國譯經院)을 개설하여 해인사(海印寺) 소장 팔만대장경을 우리말로 번역하기로 발의하신 지 37년만인, 2001년 9월 1일 그 완간 고불법회를 봉행하게 되니 감회가 깊었다. 고려대장경 총 5,144종 경론(經論)을 다음과 같이 318책으로 완간하기는 했으나, 단 여러 경론을 유취별(類聚別)로 상세히 분류하지 못한 아쉬움은 없지 않다. 아래에 이미 번역해 낸 〈한글대장경〉318책의 목록을 소개한다.

〈한글대장경〉총목록

제001책 장아함경(長阿含經) 22권.

제002책 중아함경(中阿含經)[1] 제1~제20권, 20권.

제026책 대반야바라밀다경(大般若波羅密多經)[6] 제133~제165권, 33권.

제027책 대반야바라밀다경(大般若波羅密多經)[7] 제166~제200권, 35권.

제028책 대반야바라밀다경(大般若波羅密多經)[8] 제201~제235권, 35권.

제029책 대반야바라밀다경(大般若波羅密多經)[9] 제236~제270권, 35권.

제030책 대반야바라밀다경(大般若波羅密多經)[10] 제271~제300권, 30권.

제031책 대반야바라밀다경(大般若波羅密多經)[11] 제301~제330권, 30권.

제032책 대반야바라밀다경(大般若波羅密多經)[12] 제331~제360권, 30권.

제033책 대반야바라밀다경(大般若波羅密多經)[13] 제361~제390권, 30권.

제034책 대반야바라밀다경(大般若波羅密多經)[14] 제391~제420권, 30권.

제035책 대반야바라밀다경(大般若波羅密多經)[15] 제421~제450권, 30권.

제036책 대반야바라밀다경(大般若波羅密多經)[16] 제451~제480권, 30권.

제037책 대반야바라밀다경(大般若波羅密多經)[17] 제481~제510권, 30권.

제038책 대반야바라밀다경(大般若波羅密多經)[18] 제511~제540권, 30권.

제039책 대반야바라밀다경(大般若波羅密多經)[19] 제541~제570권, 30권.

제040책 대반야바라밀다경(大般若波羅密多經)[20] 제571~제600권, 30권.

제041책 법화경(法華經) 외 3부 18권.

제042책 화엄경(華嚴經)[1] 60화엄 제1권~제24권, 24권.

제043책 화엄경(華嚴經)[2] 60화엄 제25권~제52권, 28권.

제044책 화엄경(華嚴經)[3] 60화엄 제53권~제60권, 8권.

제045책 화엄경(華嚴經)[1] 80화엄 제1권~제24권, 24권.

제046책 화엄경(華嚴經)[2] 80화엄 제25권~제54권, 30권.

제047책 화엄경(華嚴經)[3] 80화엄 제55권~제80권, 26권.

제048책 화엄경(華嚴經)[4] 40화엄 40권 전체.

제049책 대반열반경(大般涅槃經)[1] 제1권~제26권, 26권.

제050책 대반열반경(大般涅槃經)[2] 제27권~제36권, 10권.

제051책 대방등집경(大方等集經)[1] 제1권~제28권, 28권.

제052책 대방등집경(大方等集經)[2] 제29권~제60권, 22권.

제053책 대애경(大哀經) 등 5부 42권.

제054책 아차말경(阿差末經) 외 6부 41권.

제055책 대집회정법경(大集會正法經) 외 8부 23권.

제056책 현겁경(賢劫經) 외 4부 24권.

제057책 유마경(維摩經) 외 4부 19권.

제058책 입능가경(入楞伽經) 외 3부 15권.

제059책 정법념처경(正法念處經)[1] 제1~제29권, 29권.

제060책 정법념처경(正法念處經)[2] 제30~제59권, 30권.

제061책 정법념처경(正法念處經)[3] 제60~제70권, 11권.

제062책 사분율(四分律)[1] 제1권~제20권, 20권.

제063책 사분율(四分律)[2] 제21권~제41권, 21권.

제064책 사분율(四分律)[3] 제42권~제60권, 19권.

제065책 선견율비바사(善見律毘婆沙) 1부 18권.

제066책 구사론(俱舍論)[1] 제1권~제12권, 12권.

제067책 구사론(俱舍論)[2] 외 10부 22권.

제068책 중론(中論), 백론(百論) 외 4부 17권.

제069책 현양성교론(顯揚聖教論) 외 2부 21권.

제070책 대승기신론별기(大乘起信論別記) 외 9부 11권.

제071책 부휴당집(浮休堂集) 외 3부 7권.

제072책 선문염송집(禪門拈頌集)[1] 제1~제7권, 7권.

제073책 선문염송집(禪門拈頌集)[2] 제8~제12권, 5권.

제074책 선문염송집(禪門拈頌集)[3] 제13~제18권, 6권.

제075책 선문염송집(禪門拈頌集)[4] 제19~제24권, 6권.

제076책 선문염송집(禪門拈頌集)[5] 제25~제30권, 6권.

제077책 조당집(祖堂集)[1] 제1~제10권, 10권.

제078책 조당집(祖堂集)[2] 제11~제20권, 10권.

제079책 경덕전등록(景德傳燈錄)[1] 제1~제10권, 10권.

제080책 경덕전등록(景德傳燈錄)[2] 제12~제21권, 10권.

제081책 경덕전등록(景德傳燈錄)[3] 제22~제30권, 9권.

제082책 무용당집(無用堂集) 외 3부 8권.

제083책 백곡집(白谷集) 외 2부 4권.

제084책 법원주림(法苑珠林)[1] 제1~제19권, 19권.

제085책 법원주림(法苑珠林)[2] 제20~제37권, 18권.

제086책 법원주림(法苑珠林)[3] 제38~제59권, 22권.

제087책 법원주림(法苑珠林)[4] 제60~제80권, 21권.

제088책 법원주림(法苑珠林)[5] 제81~제100권, 20권.

제089책 경률이상(經律異相)[1] 제1~제24권, 24권.

제090책 경률이상(經律異相)[2] 제25~제50권, 26권.

제091책 본생경(本生經)[1] 서문~1편.

제092책 본생경(本生經)[2] 2~5편.

제093책 본생경(本生經)[3] 6~14편.

제094책 본생경(本生經)[4] 15~21편.

제095책 본생경(本生經)[5] 22편.

제096책 대보적경(大寶積經)[1] 제1~제24권, 24권.

제097책 대보적경(大寶積經)[2] 제25~제48권, 24권.

제098책 대보적경(大寶積經)[3] 제49~제72권, 24권.

제099책 대보적경(大寶積經)[4] 제73~제96권, 24권.

제100책 대보적경(大寶積經)[5] 제97~제120권, 24권.

제101책 대지도론(大智度論)[1] 제1~제20권, 20권.

제202책 대지도론(大智度論)[2] 제21~제40권, 20권.

제103책 대지도론(大智度論)[3] 제41~제60권, 20권.

제104책 대지도론(大智度論)[4] 제61~제80권, 20권.

제105책 대지도론(大智度論)[5] 제81~제100권, 20권.

제106책 종경록(宗鏡錄)[1] 제1~제25권, 25권.

제107책 종경록(宗鏡錄)[2] 제26~제49권, 24권.

제108책 종경록(宗鏡錄)[3] 제50~제75권, 26권.

제109책 종경록(宗鏡錄)[4] 제76~제100권, 25권.

제110책 유가사지론(瑜伽師地論)[1] 제1~제24권, 24권

제111책 유가사지론(瑜伽師地論)[2] 제25~제49권, 25권.

제112책 유가사지론(瑜伽師地論)[3] 제50~제75권, 26권.

제113책 유가사지론(瑜伽師地論)[4] 제76~제100권, 25권.

제114책 불성론(佛性論) 외 16부 26권.

제115책 아비달마집이문족론(阿毘達磨集異門足論) 2부 32권.

제116책 아비달마식신족론(阿毘達磨識身足論) 3부 26권.

제117책 아비달마품류족론(阿毘達磨品類足論) 2부 30권.

제118책 아비달마대비바사론(阿毘達磨大毘婆娑論)[1] 제1~제25권, 25권.

제119책 아비달마대비바사론(阿毘達磨大毘婆娑論)[2] 제26~제50권, 25권.

제120책 아비달마대비바사론(阿毘達磨大毘婆娑論)[3] 제51~제75권, 25권.

제121책 아비달마대비바사론(阿毘達磨大毘婆娑論)[4] 제76~제100권, 25권.

제122책 아비달마대비바사론(阿毘達磨大毘婆娑論)[5] 제101~제125권, 25권.

제123책 아비달마대비바사론(阿毘達磨大毘婆娑論)[6] 제126~제150권, 25권.

제124책 아비달마대비바사론(阿毘達磨大毘婆娑論)[7] 제151~제175권, 25권.

제125책 아비달마대비바사론(阿毘達磨大毘婆娑論)[8] 제176~제200권, 25권.

제126책 십송율(十誦律)[1] 제1~제20권, 20권.

제127책 십송율(十誦律)[2] 제21~제40권, 20권.

제128책 십송율(十誦律)[3] 제41~제50권, 10권.

제129책 근본설일체유부비내야(根本說一切有部毘奈耶)[1] 제1~제25권, 25권.

제130책 근본설일체유부비내야(根本說一切有部毘奈耶)[2] 제26~제50권, 25권.

제131책 정법화경(正法華經) 외 2부 17권.

제132책 예념미타도량참법(禮念彌陀道場懺法) 외 2부 20권.

제133책 대일경(大日經), 금강정경(金剛頂經) 외 8부 25권.

제134책 기세인본경(起世因本經) 외 5부 43권.

제135책 고려국신조대장경교정별록(高麗國新彫大藏經校正別錄) 1부 30권.

제136책 해심밀경소(解深密經疏)[1] 제1~제5권, 5권.

제137책 해심밀경소(解深密經疏)[2] 제6~제10권, 5권.

제138책 해동고승전(海東高僧傳) 외 4부 10권.

제139책 대각국사문집(大覺國師文集) 외 4부 29권.

제140책 범망경술기(梵網經 述記) 외 3부 8권.

제141책 화엄경탐현기(華嚴經探玄記)[1] 제1~제5권, 5권.

제142책 화엄경탐현기(華嚴經探玄記)[2] 제6~제10권, 5권.

제143책 화엄경탐현기(華嚴經探玄記)[3] 제11~제15권, 5권.

제144책 화엄경탐현기(華嚴經探玄記)[4] 제16~제20권, 5권.

제145책 근본설일체유부비나야잡사(根本說一切有部毘奈耶雜事)[1]
　　　　제1~제29권, 29권.

제146책 근본설일체유부비나야잡사(根本說一切有部毘奈耶雜事)[2]
　　　　제30~40권, 11권. 외 14경.

제147책 십주비바사론(十住毘婆娑論) 외 2부 26권.

제148책 부자합집경(父子合集經) 외 8부 35권.

제149책 무량청정평등각경(無量淸淨平等覺經) 외 21부 30권.

제150책 대승보살장엄법경(大乘菩薩莊嚴法經) 외 9부 56권.

제151책 니야야빈두[南傳] 외 3부 3권.

제152책 성실론(成實論) 16권.

제153책 지혜와 자비의 말씀 2권.

제154책 대승본생심지관경(大乘本生心地觀經) 외 20부 50권.

제155책 방광대장엄경(方廣大莊嚴經) 3부 22권.

제156책 과거현재인과경(過去現在因果經) 외 7부 30권.

제157책 문수사리문경(文殊師利問經) 외 19부 44권.

제158책 무소유보살경(無所有菩薩經) 외 16부 31권.

제159책 금색동자인연경(金色童子因緣經) 외 54부 72권.

제160책 보살영락경(菩薩瓔珞經) 1부 14권.

제161책 심밀해탈경(深密解脫經) 외 40부 54권.

완간된 〈한글대장경〉을 운허 스님 영단인 불천동에 바치다. 독립군 시절 동지들은 운허 스님을 주
구이라 불렀고 출가하여 스님이 되자 佛泉으로 불러드렸다. 이런 사부님의 역사를 기리기 위해 제
자 월운 스님은 청풍루 서쪽 편액을 佛泉會館이라 정하고, 정각심 보살의 아들 심은 전정우 선생
에게 글씨를 쓰도록 의뢰했다.

제162책 제법집요경(諸法集要經) 외 31부 43권.

제163책 십력경(十力經) 외 64부 71권.

제164책 보우경(普雨經) 외 3부 21권.

제165책 본사경(本事經) 외 29부 44권.

제166책 보조국사집(普照國師集) 외 9부 9권.

제167책 나옹화상집(懶翁和尙集) 외 4부 5권.

제168책 원감국사집(圓鑑國師集) 외 2부 3권.

제169책 소요당집(逍遙堂集) 외 4부 6권.

제170책 반니원경(般泥洹經) 외 16부 28권.

제171책 불본행집경(佛本行集經) 외 3부 9권.

제172책 불퇴전법륜경(不退轉法輪經) 외 9부 25권.

제173책 수릉엄경(首楞嚴經) 외 3부 16권.

제174책 도행반야경(道行般若經) 외 3부 16권.

제175책 아비담팔건도론(阿毘曇八犍度論) 외 1부 30권.

제176책 아비담발지론(阿毘曇發智論) 외 5부 26권.

제177책 아비담심론(阿毘曇心論) 외 3부 21권.

제178책 아비달마순정리론(阿毘達磨順正理論)[1] 제1~제20권, 20권.

제179책 아비달마순정리론(阿毘達磨順正理論)[2] 제21~제40권, 20권.

제180책 아비달마순정리론(阿毘達磨順正理論)[3] 제41~제60권, 20권.

제181책 아비달마순정리론(阿毘達磨順正理論)[4] 제61~제80권, 20권.

제182책 아비달마바사론(阿毘達磨婆娑論)[1] 제1권~제20권, 20권.

제183책 아비달마바사론(阿毘達磨婆娑論)[2] 제21권~제40권, 20권.

제184책 아비달마바사론(阿毘達磨婆娑論)[3] 제41권~제60권, 20권.

제185책 사리불아비담론(舍利弗阿毘曇論)[1] 제1권~제20권, 20권.

제186책 사리불아비담론(舍利弗阿毘曇論)[2] 외 제21권~제30권, 10권.

제187책 근본설일체유부필추니비내야(根本說一切有部苾芻尼毘奈耶) 외 5부 28권.

제188책 근본설일체유부필추니비내야(根本說一切有部苾芻尼毘奈耶) 외 3부 22권.

제189책 근본설일체유부니타나목득가(根本說一切有部尼陀那目得迦) 외 8부 24권.

제190책 근본살바다부율섭(根本薩婆多部律攝) 외 8부 24권.

제191책 마하승지율(摩訶僧祇律)[1] 제1권~제20권, 20권.

제192책 마하승지율(摩訶僧祇律)[2] 제21~제40권, 20권.

제193책 성유식론(成唯識論) 외 3부 12권.

제194책 대방광십륜경(大方廣十輪經) 외 16부 28권.

제195책 해탈도론(解脫道論) 외 13부 28권.

제196책 십송률(十誦律)[4] 제52~제60권, 9권.

제197책 일자불정륜왕경(一字佛頂輪王經) 외 9부 18권.

제198책 유가대교왕경(瑜伽大敎王經) 외 15부 37권.

제199책 수호국계주다라니경(守護國界主陀羅尼經) 외 19부 31권.

제200책 아비달마장현종론(阿毘達磨藏顯宗論)[1] 제1~제20권, 20권.

제201책 아비달마장현종론(阿毘達磨藏顯宗論)[2] 제21~제40권, 20권.

제202책 아비달마구사석론(阿毘達磨俱舍釋論)[1] 제1~제18권, 18권.

제203책 마하반야바라밀경(摩訶般若波羅密經)[1] 제1~제20권, 20권.

제204책 마하반야바라밀경(摩訶般若波羅密經)[2] 외 4부 제21~제27권, 5권.

제205책 광찬경(光讚經) 외 6부 22권.

제206책 대승이취육바라밀경(大乘理趣六波羅密經) 외 12부 31권.

제207책 대방광보살십지경(大方廣菩薩十地經) 외 11부 23권.

제208책 대승아비달마잡집론(大乘阿毘達磨雜集論) 외 12부 31권.

제209책 대승장엄론(大乘莊嚴論) 외 2부 21권.

제210책 반야등론석(般若燈論釋) 외 3부 35권.

제211책 신화엄경론(新華嚴經論)[1] 제1~제30권, 30권.

제212책 신화엄경론(新華嚴經論)[2] 제21~제40권, 20권.

제213책 보운경(寶雲經) 외 14부 29권.

제214책 십지경론(十地經論) 외 7부 25권.

제215책 삼법도론(三法度論) 외 13경 32권.

제216책 대당자은사삼장법사전(大唐慈恩寺三藏法師傳) 외 2부 20권.

제217책 속고승전(續高僧傳)[1] 제1~제10권, 10권.

제218책 속고승전(續高僧傳)[2] 제11~제20권, 10권.

제219책 속고승전(續高僧傳)[3] 제21~제30권, 10권.

제220책 근본설일체유부비내야약사(根本說一切有部毘奈耶藥事) 외 2부 28권.

제221책 계소재경(戒消災經) 외 22부 28권.

제222책 석화엄교분기원통초(釋華嚴敎分記圓通鈔)[1] 1부 1~4권.

제223책 석화엄교분기원통초(釋華嚴敎分記圓通鈔)[2] 2부 제5~10권.

제224책 연담대사임하록(蓮潭大師林下錄) 외 4부 11권.

제225책 초의집(草衣集) 외 9부 16권.

제226책 아비달마구사론(阿毘達磨俱舍論)[2] 제19~제22 외 11부 21권.

제227책 존바수밀보살소집론(尊婆須密菩薩所集論) 외 6부 19권.

제228책 대위덕다라니경(大威德陀羅尼經) 외 2부 28권.

제229책 대법거다라니경(大法炬陀羅尼經) 외 3부 24권.

제230책 현증삼매대교왕경(現證三昧大敎王經) 1부 30권.

제231책 방광반야경(放光般若經) 1부 20권.

제232책 대명도경(大明度經) 외 6부 37권.

제233책 섭대승론석(攝大乘論釋) 외 2부 18권.

제234책 섭대승론석론(攝大乘論釋論) 외 4부 25권.

제235책 비나야(鼻奈耶) 외 8부 17권.

제236책 미사색부화혜오분율(彌沙塞部和醯五分律)[1] 제1권~제15권, 15권.

제237책 미사색부화혜오분율(彌沙塞部和醯五分律)[2] 제16권~제30권, 15권.

제238책 법계도기총수록(法界圖記總髓錄) 외 6부 9권.

제239책 십구장원통기(十句章圓通記) 외 3부 6권.

제240책 여래부사의비밀대승경(如來不思議秘密大乘經) 외 20부 55권.

제241책 아축불국경(阿閦佛國經) 외 17부 23권.

제242책 법집경(法執經) 외 5부 20권.

제243책 복개정행소집경(福蓋正行所集經) 외 10부 36권.

제244책 사익범천소문경(思益梵天所問經) 외 5부 20권.

제245책 미증유정법경(未曾有正法經) 외 24부 27권.

제246책 월등삼매경(月燈三昧經) 외 7부 27권.

제247책 대승입능가경(大乘入楞伽經) 외 6부 23권.

제248책 고승전(高僧傳) 외 3부 19권.

제249책 대승집보살학론(大乘集菩薩學論) 외 9부 38권.

제250책 입세아비담론(入世阿毘曇論) 외 12부 31권.

제251책 석마하연론(釋摩訶衍論) 외 13부 49권.

제252책 대반니원경(大般泥洹經) 외 6부 19권.

제253책 대반열반경(大般涅槃經)[1] 제1~제20권, 20권.

제254책 대반열반경(大般涅槃經)[2] 제21~제40권, 20권.

제255책 불공견삭신변진언(不空羂索神變眞言) 30권.

제256책 대공작주왕경(大孔雀呪王經) 외 24부 33권.

제257책 다라니집경(陀羅尼集經) 외 5부 16권.

제258책 무구정광대다라니경(無垢淨光大陀羅尼經) 외 45부 46권.

제259책 소실지갈라경(蘇悉地羯羅經) 외 7부 22권.

제260책 칠불팔보살신주경(七佛八菩薩神呪經) 외 56부 60권.

제261책 문수사리근본의궤경(文殊師利根本儀軌經) 외 32부 56권.

제262책 금강수보살대교왕경(金剛手菩薩大敎王經) 외 44부 58권.

제263책 금강불공삼매대교왕경(金剛不空三昧大敎王經) 외 22부 41권.

제264책 불모대공작명왕경(佛母大孔雀明王經) 외 34부 42권.

제265책 칠구지불모다라니경(七俱祇佛母陀羅尼經) 외 34부 38권.

제266책 십주단결경(十住斷結經) 외 7부 16권.

제267책 대방광총지보광명경(大方廣摠持寶光明經) 외 40부 49권.

제268책 살바다비니비바사(薩婆多毘尼毘婆娑) 외 2부 19권.

제269책 좌선삼매경(坐禪三昧經) 외 23부 33권.

제270책 선법요해(禪法要解) 외 19부 30권.

제271책 제경요집(諸經要集)[1] 제1~제12권, 12권.

제272책 제경요집(諸經要集)[2] 제13~제20권, 8권.

제273책 대승보요의론(大乘寶了義論) 외 4부 23권.

제274책 화엄경수현기(華嚴經搜玄記) 외 4부 19권.

제275책 석가보(釋迦譜) 외 3부 23권.

제276책 대당서역기(大唐西域記) 외 5부 22권.

제277책 집고금불도논형(集古今佛道論衡) 외 6부 19권.

제278책 홍명집(弘明集) 14권.

제279책 광홍명집(廣弘明集)[1] 제1~제15권, 15권.

제280책 광홍명집(廣弘明集)[2] 제16~제30권, 15권.

제281책 어제비장전(御製秘藏詮)[1] 제1~제14권, 14권.

제282책 어제비장전(御製秘藏詮)[2] 제15~제30권, 16권.

제283책 어제연화심유희문게송(御製蓮華心遊戲文偈頌) 1부 25권.

제284책 어제소요영(御製逍遙詠) 외 3부 21권.

제285책 역대삼보기(歷代三寶記) 외 3부 21권.

제286책 출삼장기집(出三藏記集) 외 3부 20권.

제287책 대당내전록(大唐內典錄) 외 8부 30권.

제288책 개원석교록(開元釋敎錄)[1] 제1~제12권, 12권.

제289책 개원석교록(開元釋敎錄)[2] 외 2부 21권, 21권.

제290책 정원신정석교목록(貞元新定釋敎目錄)[1] 제1권~제15권, 15권.

제291책 정원신정석교목록(貞元新定釋敎目錄)[2] 제16권~제30권, 15권.

제292책 중경목록(衆經目錄) 외 5부 31권.

제293책 일체경음의(一切經音義)[1] 제1권~제12권, 12권.

제294책 일체경음의(一切經音義)[2] 제13권~제25권, 14권.

제295책 신집장경음의수함록(新集藏經音義隨函錄)[1] 제1~제3권, 3권.

제296책 신집장경음의수함록(新集藏經音義隨函錄)[2] 제4~제6권, 3권.

제297책 신집장경음의수함록(新集藏經音義隨函錄)[3] 제7~제9권, 3권.

제298책 신집장경음의수함록(新集藏經音義隨函錄)[4] 제10~제12권, 3권.

제299책 신집장경음의수함록(新集藏經音義隨函錄)[5] 제13~제15권, 3권.

제300책 신집장경음의수함록(新集藏經音義隨函錄)[6] 제16~제18권, 3권.

제301책 신집장경음의수함록(新集藏經音義隨函錄)[7] 제19~제21권, 3권.

제302책 신집장경음의수함록(新集藏經音義隨函錄)[8] 제22~제24권, 3권.

제303책 신집장경음의수함록(新集藏經音義隨函錄)[9] 제25~제27권, 3권.

제304책 신집장경음의수함록(新集藏經音義隨函錄)[10] 제28~제30권, 3권.

제305책 일체경음의(一切經音義)[1] 제1~제10권, 10권.

제306책 일체경음의(一切經音義)[2] 제11~제20권, 10권.

제307책 일체경음의(一切經音義)[3] 제21~제30권, 10권.

제308책 일체경음의(一切經音義)[4] 제31~제40권, 10권.

제309책 일체경음의(一切經音義)[5] 제41~제50권, 10권.

제310책 일체경음의(一切經音義)[6] 제51~제60권, 10권.

제311책 일체경음의(一切經音義)[7] 제61~제70권, 10권.

제312책 일체경음의(一切經音義)[8] 제71~제80권, 10권.

제313책 일체경음의(一切經音義)[9] 제81~제90권, 10권.

제314책 일체경음의(一切經音義)[10] 제91~제100권, 10권.

제315책 속일체경음의(續一切經音義) 1부 10권.

제316책 대장일람집(大藏一覽集)[1] 제1권~제3권, 3권.

제317책 대장일람집(大藏一覽集)[2] 제4권~제10권, 7권.

제318책 일체경음의(一切經音義).

총 318책 1,618부 7,061권.

75

장충체육관에서 〈한글대장경〉
완간 고불법회를 봉행하다

2001년, 辛巳, 9월 5일, 73세

봉선사 신도회장 돈오 거사(頓悟居士) 김순경(金順京) 씨의 후원으로 서울 장충체육관을 빌려 〈한글대장경〉 완간고불법회(完譯告佛法會)를 봉행할 수 있게 되었으니, 이는 팔만대장경판을 조각한 불사에 비견(比肩)할만한 대작 불사임을 자타가 공인하는 바였다.

그 회향법회의 내용을 다음과 같이 세 단원으로 나누어 정리한다.

먼저 오늘까지의 배경을 살피건대 나는 지난 1965년 10월 역경위원(譯經委員)으로 위촉되어 역경(譯經)을 시작했으나 일개 연소역사(年少譯師)로서 '번역 분야'에만 충실했을 뿐, '기획 부문'에는 아는 바가 없었다.

그 후 1993년 11월 18일 역경원장(譯經院長)에 임명되어 역경 업무를 관리하다가 이날, 즉 2001년 9월 1일 〈한글대장경〉을 총 318책으로 완간하고 이날을 기해 서울 장충체육관에서 완간고불법회를 갖기로 합의하니, 감개가 무량했다.

그러나 경험 부족으로 원고 청탁을 제대로 하지 못했고, 그렇게 모여진 원고로 단 하루라도 빨리 우리말 경전을 만들자는 욕심 때문에 체계적인 출판이 불가능하게 되었고, 그 일마저 지지부진할 때 1993년 내가 원장으로 위촉되자, 〈고려대장경〉 부분을 중점적으로 번역하여 〈고려대장경〉 총 1,514종의 경론을 〈한글대장경〉 318책(총 180,673쪽)에 담아 '일차적' 번역이 끝났음을 알리려던 것이 이 행사의 취지였다.

이런 상황에서 회향법회를 어떻게 치르면 좋겠는가를 종단 내외의 각급 대표자들에게 물었더니, 그들의 대답은 대체로 "동대 강당에서 조촐하게 봉행하는 것이 좋겠다"였다. 이는 우리들이 고생하는 것이 안쓰러워서이기도 하지만 우선 자신은 발을 담그지 않겠다는 의도가 엿보였다.

2월 26일 역경원 임원과 후원회 간부의 연석회의를 열고 들어보니, "힘이 들어도 역사적인 이 회향법회를 장엄스럽고도 여법하게 열어 불조(佛祖)님과 선대(先代) 역사(譯師)님들께 고하고 사회에도 이 사실을 알려 고마움도 표시하고, 그 자리에서 우리말 장경을 잘 신수(信受)하겠다는 다짐도 해서 국민적인 공감대를 형성해야 한다"라는 것이었다.

나도 그들의 취지에 찬동하여 최철환 부장에게 이 행사를 학교행사로 격상시켜 총장을 주인으로 한 집행부서를 꾸리게 하고, 본사 주지에게도 "준비위원회 측에서 요구하는 일을 잘 도와주라"고 일러, 마침내 〈동국역경원 한글대장경 완간회향법회 봉행위원회〉로 하기로 합의하고, 다음과 같이 장충체육관 사용계약을 체결하니, 그 내용과 진행 과정은 다음과 같다.

대회 일시 : 2001년 9월 5일 13시 30분~17시.

대회 장소 : 서울 장충체육관.

장충체육관 사용료 : 일금 700여만 원을 봉선사 신도회장 돈오 거사
김순경 씨 단독 부담.

장충체육관 사용계약 일자 : 2001년 4월 19일.

역경원 설립 당시, 어른신네들이 〈고려대장경〉을 번역해서 국내에도 펴
고 국제적으로도 보내겠다고 하셔서 많은 국민 중에는 그 뒤의 소식을 기
다리다 가신 이가 많았다. 몇 분 남지 않은 그분들에게라도 "우리 선인(先
人)들이 약속하신 〈고려대장경〉의 일차적인 번역이 끝나 곧 시판(市販)을 하
게 됩니다"라고 알리고, 이미 가신 분들에게도 고하고 싶어서였다.

이러한 명분과 정서가 담긴 불사이기 때문에 종단 내외의 호응이 대단했
었다. 집행부에 접수되었던 현수막 기증 의뢰 주문만도 100여 건이요, 식장

월운 스님 좌측에 돈오 거사 김순경 씨, 우측에 조씨 관음행. 월운 스님 칠칠재 전날인 8월 2일 돈
오 거사 입적.

인 주변에 세워진 꽃과 자동차는 실로 많아서 지방에서 왔다가 차를 세우지 못해 돌아간 것이 세워진 것의 몇 배가 된다고 했다.

참석 인원은 실내외에는 인원이 넘쳐흘러 부지기수요, 전국연합합창단원이 700명인데 봉선사합창단 단장인 김 수월화(金 水月華)가 인솔했고, 기획운영은 삼보불교음악협회가 맡았고, 식장의 의전(儀典)은 인묵(仁黙)이 주도했고, 축하 공연은 김성녀(金聖女) 씨와 그 단원들이 맡아 진행했고, 사회는 수원 포교당 주지 성관(性觀) 스님과 이건호(李建鎬) 거사가 맡았고, 나의 권속 여산(如山)이 그 진행의 뒷배를 봐주었다.

특히 이 모임에 참석한 귀빈으로서는 종단의 최고 어른이신 종정(宗正) 법전(法傳) 스님과 종회의장을 비롯한 여러 의원과 각 종단의 대표자들, 다른 종교의 지도자들, 나아가서는 전국 각 사암 주지 및 일반 대중, 비구 비구니 스님과 신도단체 여러분이 인산인해(人山人海)를 이루었다.

특히 정부에서 문화공보부장관이 정부를 대표해 참석했고, 대표들과 그 수행원들이 모두 와서 명실 공히 종단적 차원을 넘어 범국가적 행사였다. 그때 총무원장 스님은 무슨 급한 일이 있어 못 오신다고 했는데, 실은 환후(患候) 중이었다.

당일 법회의 식순과 진행 과정

- 개회선언 : 봉선사 신도회장 겸 역경원후원회 부회장 돈오(頓悟) 김순경(金順京) 거사.
- 사회 : 나의 권속 여산(如山).
- 법고 : 하유 스님.
- 삼귀의례 : 다 같이.

- 국민의례 : 다 같이.
- 묵념 : 다 같이.
- 봉행사 : 조계종 총무원장(총무부장 대행).
- 개식사 : 동국대학교 송석구 총장.
- 고불의 : 동국학원 이사장 녹원(綠園) 스님.
- 헌경의식 : 불초가 대중을 대표해서 불단(佛壇)에 올리고, 선서(先逝)하신 역경원 설립 유공자와 역경사(譯經師) 제위의 위패(位牌)에는 대중을 대표해서 일면(日面) 스님이 두루 향과 경을 올리고 삼배했다. 그리고 내가 닦은[修] 다음의 〈헌경게(獻經偈)〉를 대중이 원문과 번역문을 선후창으로 삼설삼배(三說三拜)했다.

헌경게(獻經偈)

묘법하증유은현(妙法何曾有隱現)
지인어문생난이(只因語文生難易)
금필구역헌불전(今畢口譯獻佛前)
불사자비애납수(不捨慈悲哀納收)

법에야 어찌 증감이 있으리요만은
말과 글의 차이 때문에 어려워졌사온대
이제 번역을 끝내고 부처님께 바치오니,
어여삐 여기시어 거두어 증명하여 주옵소서.

- 청법가 : 전체.
- 법어 : 종정 법전(法傳) 예하.
- 사은가 : 연합합창단 일동
- 치사 : 동국대학원 이사장 오녹원 스님.
- 축사 : 문화관광부장관 김한길 씨.

  한나라당 총재 이회창 씨.

  새천년민주당대표 김중권 씨.
- 회향사(廻向辭) : 역경원장인 내가 했다. 나를 낳아주신 부모님, 나를 가르쳐 주신 여러 계층의 스승님들, 그리고 국가 사회 종단 모두에게 이 사실을 알리고 감사드린다고 했다.
- 축가(祝歌) : 전국남녀혼성연합합창단 1,420명. 대표 합창단은 봉선사 합창단(단장 김수월화) 지휘자는 이향주 교수였고, 섭외는 불교음악 기획사 대표 안병길 씨, 자문 정부기 교수였으니, 모두 "불교계에도 이런 저력이 있었느냐"며 감탄하는 소리를 들었다는 사람들이 많았다.
- 끝으로 대중 다 같이 사홍서원 제창으로 폐회하다.

이 행사의 소요된 경비는 1억 5천만 원이라 했는데, 봉선사 신도회장 김순경 씨가 1억 원을 희사해주셨다는 것은 이미 언급했고, 나머지는 당일 각계에서 참석하셨던 많은 분의 찬조금으로 부족하지는 않았던 것으로 알고 있다. 어려운 일을 마쳤다는 안도감도 있지만 실무진들이 착실히 했기 때문에 나는 별 신경을 쓰지 않았다. 따라서 이들 기록은 거의 당일 행사 현장에서 공표했던 것들을 정리한 것이어서 모두가 꼭 맞지 않을 수도 있으나 대체적인 기록은 될 것이다.

장충체육관에서 올려진 고불법회.

이런 것들이라도 있어야 후일 되돌아보는 데 다소 도움이 될 것 같아 적어 둘뿐이요, 결코 과시하거나 칭찬을 받자는 것은 더더욱 아니다. 그저 가난한 집 아들로 태어나 어린 마음에 내가 할 수 있는 한문 공부를 해서 현대화에 묻혀가는 구시대의 문물을 조금이라도 지켜 내리라 하던 소원이 소분이나마 이루어진 것 같아, 이미 타계하신 아버지 영전에 감사드렸다.

바라는 바는 '완역(完譯)'이다. 이를 목전에 두고 중도(中途)에 이유 없이 멈춰진 역경사업(譯經事業)이 하루속히 완료되어 한국불교 중흥의 밑거름이 되기를 많이많이 심축(心祝)한다. 내가 한 일은 '완역(完譯)'이 아니라 '완간(完刊)'이다. '완역'이 되기 위해서는 무엇보다 불경 유통의 역사와 교판과 행상에 따라 개별 경전을 무리별로 분류하고, 서지 형태도 일괄되게 통일하고, 지금 이 시대의 언어 규칙에 실어, 나아가 보급하여 날로 수지독송하여, 끝내는 실천에까지 이르는 것이 필요하다.

내가 번역한 경론과 출판물과 받은 훈포상

2001년, 辛巳, 73세

1. 내가 번역한 경론

① 1967년에 번역한 『살담분타리경(薩曇芬陀利經)』(法華部; 법화경 계열)은 한글
    대장경 제172책, 표제(表題) 『불퇴전법륜경(不退轉法輪經)』에 수록되었음.

② 1968년에 번역한 『사분율(四分律)』은 〈한글대장경〉 제62~64책, 표제
    『사분율(四分律)』에 수록되었음.

③ 1970년에 번역한 『대반야바라밀다경(大般若波羅密多經)』〈한글대장경〉 제
    34~40책, 표제 『대반야바라밀다경(大般若波羅密多經)』에 수록되었음.

④ 1975년에 번역한 『중론(中論)』 외 13경론(經論)은 〈한글대장경〉 제68책,
    표제 『중론백론 외(中論百論 外)』에 수록되었음.

⑤ 1976년에 번역한 『대승기신론(大乘起信論)』은 〈한글대장경〉 제226책, 표
    제 『아비달마구사론 외(阿毘達磨俱舍論 外)』에 수록되었음.

⑥ 1977년에 번역한 『선문염송집(禪門拈頌集)』 30권은 〈한글대장경〉 제
72~76책, 표제 『선문염송집(禪門拈頌集)』에 수록되었음.

⑦ 1978년에 번역한 『경덕전등록(景德傳燈錄)』 30권은 〈한글대장경〉 제
79~81책, 표제 『경덕전등록(景德傳燈錄)』에 수록되었음.

⑧ 1981년에 번역한 『조당집(祖堂集)』 20권은 〈한글대장경〉 제77~78책, 표
제 『조당집(祖堂集)』에 수록되었음.

⑨ 1990년에 번역한 『해심밀경(解深密經)』 외 4경은 〈한글대장경〉 제57책,
표제 『유마경등(維摩經等)』에 수록되었다.

이상(以上)은 번역물.

⑩ 2004년 5월 26일 『금강경강화(金剛經講話)』를 도서출판 동문선(東文選)을
통해 발행하니, 이는 서기 1977년도에 강의교재로 사용했던 것이요,

행원문화상 수상.

외솔상 수상.

지훈상 수상.

⑪ 2004년 5월 26일 고려 무기(無寄)의 『석가여래행적송(釋迦如來行蹟頌)』을 도서출판 동문선(東文選)에서 발행하니, 이는 1995년 봉선산(奉先寺)에서 임시 발행했던 것이요,

⑫ 2004년 7월 1일 나의 『금강경강화(金剛經講話)』를 동국대학교 현

은관문화훈장 수훈. 선물 받은 닥종이 옷을 입으시고.

대불교신서(現代佛敎新書)를 통해 문고판으로 발행하니, 이는 지난날 동문선에서 냈던 것을 문고판으로 개판한 것이다.

2. 〈한글대장경〉 완간으로 각계로부터 받은 훈포장

① 2001년 9월 5일 대한불교조계종 종정(宗正)으로부터 〈한글대장경〉 완간에 따른 공로로 포상을 받다.

② 2001년 10월 9일 한글학회로부터 〈한글대장경〉을 완간을 치하하는 외솔상을 받다.

③ 2003년 12월 13일 대한불교조계종 종정(宗正)으로부터 불법홍포의 공로로 포교대상(布敎大賞)을 받다.

④ 2005년 10월 15일 대통령으로부터 〈한글대장경〉을 완간한 공로로 은

관문화훈장(銀冠文化勳章)을 받다.

⑤ 2005년 11월 25일 대한불교진흥원에서 대원상(大圓賞), 승가부문상(僧伽
部門償)을 받다.

이상과 같이 국가기관이나 사회단체로부터 〈한글대장경〉 완간에 따른 격
려로 각종 훈포상(勳褒賞)을 받았으니, 이는 사부(師傅)님께서 나의 하우(下愚)
를 불문(不問)하시고 건건자자(虔虔孜孜)로 일러주신 음덕이기에 향일주(香一
炷)를 올리고 감사드렸다.

근세 화엄강백: 백양사 운문암 백파긍선→순천 선암사 경운원기→순창 구암사 영호정호(석전 박
한영)→양주 봉선사 운허용하→월운해룡.

77

석주 노사님 입적하시니 천애의 고아가 된 심정이다

2004년, 甲申, 11월 14일(음 10. 3.), 79세

　　근세 종단의 어른들이 모두 거룩하시지만 개중에도 석주(昔珠) 스님은 사변(事邊)을 가벼이 여기지 않으시고, 이변(理邊)에 안주하시지도 않으시는 참으로 존경스러우신 어른이셨다. 특히 우리 사부님께서 하시는 역경사업을 처음부터 끝까지 도우셔서 역경원을 만드시고, 〈한글대장경〉을 역출(譯出)해 내시는 일을 실질적으로 도우셨던 한국역경사(韓國譯經史)의 산 증인(證人)이셨다.

　　그런 어른이 계시기에 사부님의 입적 후에도 그 어른을 모시고, 역경 일은 잘 마무리하여 완간법회(完刊法會)까지 했었는데, 이제 그 어른마저 가시니 눈앞이 캄캄했다. "사위지기자이사(士爲知己者而死)(엮은이 주; 선비는 자기를 알아주는 사람을 위해 죽기도 한다.)"라 했는데 나를 알고 용납해주실 수 있는 분으로는 오직 그분이 마지막 분이시라고 생각했었는데, 이제 이 김월운은 천애

중앙의 석주 노사를 두 손 여미고 시립한 월운 스님.

고아(天涯孤兒)가 되어 용신무지(容身無地)가 되었으니, 오호내하(嗚呼奈何)오.

석주 노사님 입적 후에 어느 날 동국대 이사장실로 찾아가서 역경원장직(譯經院長職)을 사임의 뜻을 밝혔다. 더 이상 역경원을 끌고 나아갈 자신도 없거니와 용기도 없었기 때문이었다. 이는 나 자신이 가지고 있는 정치적 역량으로는 주변을 감싸고 있는 숱한 압력을 차고 나갈 힘이 없음을 너무나 잘 알기 때문이다.

더구나 나의 기질로는 역경원장직을 둘러싼 눈에 보이지 않는 세력다툼을 과감하게 밀고나갈 덕력(德力)도 지력(智力)도 복력(福力)도 세력(勢力)도 없었다. 자칫 잘못하다가는 일을 하러 들어왔다가 소인배(小人輩)들의 구설만 듣다가 나가게 될 공산이 많았다. 그래서 이사장실을 찾아가 사퇴의 뜻을 전한 것이다.

여기서 '이사장에게 사임하다'함은 학교직제(學校職制)에 정규직과 비정규직이 있는데, 정규직은 법의 보호를 받지만, 역경원장은 비정규직이어서 아무런 법적 보장이 없이 해마다 고용계약을 갱신함으로써 직위가 유지되는 상태였다. 그런데 나는 지난 1993년도에 비정규직으로 역경원장에 임명되어 아무런 지장이 없이 일에만 열중하노라, 계약갱신(契約更新) 같은 것은 있는 줄도 몰랐다. 어느 날 측근이 말하기를 "스님의 고용계약을 갱신할 때가 되었는데 아무런 말이 없으니, 좀 이상하다"라고 전해왔다.

그래서 그와 함께 가서 알아보니, 나와의 고용계약 연장을 학교 측이 탐탁지 않게 여긴다는 사실을 알고 "여기까지가 나의 인연인가보다" 하고 조용히 물러나기로 했던 것이다. 선인(先人)들이 〈고려대장경〉을 우리말로 번역하겠다고 선언하실 때는 사회의 호응이 지대했었는데, 이제 그 번역도 전산화 준비도 거의 다 되어가는 마당에 학교의 위상도 높아졌고 지적 재산도 늘 대로 늘었다. 이제 그 일선(一線)에서 뛰던 우리는 용도가 끝난 가구와 같으니, 스스로 훌훌 벗어버리고 떠나는 것이 도리일 것 같았다.

그래서 생각하기를 도잠(陶潛: 도연명)도 3일 만에 독우(督郵) 소임을 사임하고 돌아오면서 "운무심이출수(雲無心而出岫)하고 조권비이지환(鳥倦飛而知還)"이라 읊었는가 했다. 즉 자연도 미물도 진퇴를 아는데 나 어찌 그러지 않으리오. 이렇게 「귀거래사(歸去來辭)」의 한 구절을 되새기며 귀산(歸山)했다.

손자 상좌 혜성 스님의 모심을 받으시며 산으로 드시다.

78

화엄 관련 옛 어른들의 사기류를 정서하고 출판하다

2005년, 乙酉, 3월 25일, 77세

벌써 몇 해 전 일일인데, 2001년 두산당(斗山堂; 日面)이 본사 주지에 취임하자, 그해 11월 17일 문중총회(門中總會)의 상임위원회(常任委員會)를 열어, 나를 봉선사 조실(祖室)로 추대했다며, 나를 조실로 들라고 하기에 극구 사양했으나 이기지 못해 들기는 했으나 아무래도 내 격에 맞지 않는 것 같았다. 그간 밀어두었던 가리사(家裏事)를 좀 챙기기 시작했다.

2005년 3월 25일 『능엄경환해산보기(楞嚴經幻解刪補記)』(동국역경원)를 탈초하여 교감하고 현토하여 발했다. 이 책과의 인연은 26항에서도 언급했듯이 1956년 내가 해인사에서 중강(仲講)으로 있을 때로 거슬러 올라간다. 그 시절에 나는 엿장수 고물함에서 이 고본 하나를 넘겨받아 필경을 잘하는 도환(道煥) 사미의 도움으로 프린트판을 냈는데, 그 귀한 걸 실전(失傳)했다. 금년에 짬을 내어 이번에는 활자본으로 출판했다. (엮은이 주; 이 책 105쪽 사진 참조.)

이 책은 고려 때 한암보환(閑庵普幻)이 계환해(戒環解)의 오류를 시정하기 위해 지은 사기(私記)인데, 내가 사기와 인연 맺은 결정적인 인연이기도 하다. 1996년 능엄학림을 개원하면서 학인들과 경을 '짬지게' 볼 수 있었다. 학인들과 함께 전통 강원 이력(履歷) 강본(講本) 대부분의 사기를 냈는데, 그 모두가 능엄학림 학인들과 함께한 것이었다. 젊어서부터 나는 늘 남의 신세만 졌는데 늘그막에도 역시 그랬다.

학인들과 함께한 시절이 행복했는데, 그들에게 따뜻한 칭찬 한번 제대로 해주지 못해 마음이 아프다. 그러나 내가 능엄학림의 학인들을 얼마나 대견스러워했는지 아래에 인용한 「청량소초화엄현담(淸凉疏鈔華嚴玄談) 삼가본사기(三家本私記) 간행서」를 보면 알 것이다.

> "칠흑같이 어두운 밤에 체조를 한다. 보는 이는 아무도 없는데 그는 제멋에 겨워 중머리 중중머리 잦은머리로 채를 올려간다. 이를 일러 달밤에 체조하는 촌뜨기라 했던가. 여기 또 하나의 촌뜨기가 있으니 대명천지 밝은 날에 골방에 묻혀서 쾌쾌묵은 고서를 뒤적이며 빛바랜 글자, 마모된 자획을 더듬어가며 그 뜻을 찾아보고 탈루(脫漏)와 잉연(剩衍)을 변별한 뒤 다시 정서(整書)해서 후인들의 간경(看經)에 도움을 주겠다고 나선 능엄학림(楞嚴學林)이라는 이름의 무리이다."

그렇다. 나는 젊은 시절부터 원래 '달밤에 체조하는 촌뜨기'이지만, 그래도 저들이 있어 일모도궁(日暮途窮)한 이 노필부(老匹夫)가 외롭지 않아 좋았다. 조선의 『경국대전(經國大典)』에도 조문화되었듯이 교종(敎宗)에서는 『화엄경』으로 취재(取才)한다. 천하의 강물이 흘러 바다로 부처님의 모든 가르침은 화엄의 교해(教海)로 모인다. 일승(一乘)이며 원교(圓教)이기 때문에 심오한 만큼 갈피 잡기도 어렵다. 따라서 이들 경문(經文)에 중국의 청량 국사가 소(疏)와 초(鈔)를 붙여 해석했으나, 우리에게는 그것 또한 어려워서 조선조의 경학자 인악(仁嶽)과 연담(蓮潭) 스님 등 여러 스님네가 사기(私記) 내지는 비망기(備忘記)라는 이름으로 일종의 해석서를 남기셨다.

그 후 강당에서는 학인들이 의례히 이 사기를 내리고, 즉 받아쓰고, 그것을 토대로 간경(看經), 논강(論講), 문강(問講)의 순으로 강사 스님 앞에 나아가 공부를 했는데 요즘은 상황이 달라졌다. 우선 학인들의 전반적인 수준이 그 오자(誤字)투성이의 옛날 사기를 가볍게 판독하거나 정서할 한문 실력도 부족하고 시간도 없다. 그런데 그걸 우리 능엄학림 학인들이 해냈다. 저들이나 나나 모두 한밤중에 체조하는 '도깨비'들이다. 우리 '도깨비'들이 한 일을 청량소초(清凉疏鈔) 편차에 따라 '현담', '삼현', '십지', '후삼분' 순으로 나열하면 다음과 같다.

1) 현담 : 2004년 1월 20일 자로 『화엄청량소초현담기(華嚴清凉疏鈔懸談記)』를 두 책으로 출판했는데, 한 권은 『유망기(遺忘記)』이고 다른 한 권은 『발병(鉢柄)·현담기(懸談記)』이다. 두 책 모두 동국역경원에서 간행했다.

2) 삼현 : 2006년 3월 28일 자로 『화엄청량소초삼현(華嚴清凉疏鈔三賢)』의 사기에 해당하는 『유망기(遺忘記)』와 『잡화기(雜華記)』 두 책을 간행했다. 이 책들도 동국역경원에서 간행했다.

3) 십지 : 2002년 3월 25일 자로 『화엄경청량소초십품』 사기 관련해서는 두 권으로 엮었는데, 하나는 『삼가본사기(三家本私記); 유망기(遺忘記)』, 다른 하나는 『삼가본사기(三家本私記); 잡화기(雜華記)·잡화부(雜華腐)』이다. 이 두 책은 종단의 교육원에서 간행해주었다.

화엄관련 사기; 현담–삼현–십지–후삼분(오른쪽부터).

4) 후삼분 : 2008년 3월 21일 자로 출간한 『십지(十地) 후삼회(後三會)』에 관련한 『유망기(遺忘記)』와 『잡화기(雜華記)·잡화부(雜華腐)』 두 책은 역시 종단의 교육원에서 간행해주었다. 여기서의 『십지(十地) 후삼회(後三會)』라 함은, 『화엄경』 제6회 「십지품」 이후의 3분(三分)이란 뜻이니, 즉 제7회의 십정품, 십통품, 십인품, 아승지품, 여래수량품, 보살주처품, 불부사의법품, 여래십신상해품, 보살주처품, 불부사의법품 등 11품과 제8회의 이세간품 1품과 제9회의 입법계품 1품 등, 총 13품을 묶어서 부르는 통칭(統稱)이다.

1996년부터 2016년까지 약 20년간 참으로 행복한 시간을 보냈다. 학인들과 사기를 정서하고 입력하고 교정하고 출판한 것이, 나에게는 〈한글대장경〉 완간만큼이나 소중하다. 내 뒤를 이어 학감을 맡은 취봉당(翠峰堂), 탈초(脫草)하고 입력한 원민니(圓敏尼)는 장하고도 장하다. 능엄학림을 거쳐간 학인들은 분명 장대교망(張大敎網)하여 녹인천어(漉人天魚)할 것이다.

79

동국역경원 명예역경원장패를 받다

2010년, 庚寅, 3월 1일, 82세

2010년 3월 1일 나에게 명예역경원장패를 주니, 이는 지난 2009년 2월 말
일자로 나를 역경원장에서 해임시킨다는 뜻일 터이니, 굳이 거부할 이유도

없고 감사하다
는 말도 적당
치 못할 것 같
아 그냥 받아
두었다. 그러더
니 같은 해 4월
7일 자로 범어
사 무비(無比)
대사가 동국역

명예 동국역경원장 위촉패 전달. 월운 스님–정념 스님–밀운 스님.

동국대학교 이사장 영배 스님 인사 차 방문.

경원장에 취임하고, 그해 4월 22일 역경원장 업무를 인계함과 동시에 후원
회기금(譯經後援會基金)과 그 통장을 역경원장에게 넘겨주라는 연락이 왔다.

　　이날 역경원 후원회 부회장 이건호(李建鎬) 씨와 후원회 부회장 안씨(安氏)
정각심(正覺心)과 역경원 간사 박종린(朴鐘麟) 과장, 대화주 김씨(金氏) 수월화
(水月華), 대화주 김씨(金氏) 대법행(大法行) 등을 회동하여, 후임 원장에게 후
원회 업무를 인계했다.

80

2010년 봄부터 시작한 「자초연기」 대미를 마치다

2014년, 甲午, 2월, 86세

돌아보니 지난 세월이 아득하다. 그토록 어려운 형편에도 "조상님네 이름이나 알아보게 해 주련다"시며 여러 해 동안 내 한문 공부를 시켜주신 부모님께 감사하고, 둔한 나를 물리치지 않으시고 여러 해 동안 내게 몽학(蒙學)을 가르쳐 주신 심병기(沈炳基) 선생님, 그리고 그 뒤를 이어 나를 훈도해 주신 나의 재당숙(再堂叔)이신 김계(金桂) 선생님의 고마움은 평생 잊은 적이 없다.

특히 이 둔재(鈍才)를 끝내 물리치지 않으시고 여산지부동(如山之不動)으로 경책해 주신 나의 사부님 운허당(耘虛堂) 큰스님의 막중하신 은혜(恩惠)에도 무엇으로 어떻게 감사의 뜻을 표시할 길이 없어, 나는 일조(一朝)에 세출세간(世出世間)의 빚쟁이가 된 기분으로 마음의 향일주(香一炷)를 정대(頂戴)하고 살련다.

사문(沙門)의 신분(身分)으로는 분명 군일임을 알지만 고인들께서도 이미

월운 스님의 컴퓨터 작업실, 위에 걸린 부모님 사진.

이르시기를 "실제이지(實際理地)에는 불수일진(不受一塵)이나 불사문중(佛事門中)에는 불사일법(不捨一法)이라" 하셨으니, 출가사문(出家沙門)이라기보다는 한 인간(人間)으로서 "갚아야 할 은혜는 잊지 말자"라는 정도로 마음에 간직하고 정리하기 위해 겪은 일들의 편린(片鱗)을 생각나는 대로 이렇게 정리해 둔다.

이미 타계(他界)하신 부모님들과 여러 스승님의 막중하신 은혜에 보답할 수 있는 길을 찾기 위해, 지난 일을 되돌아보며 정돈해서, 여생은 이들 막중하신 은혜를 회상하며, 그에 보답하려는 길이 없을까를 힘닿는 대로 찾으며 살련다.

김월운의 회고담 자초연기
金月雲의 懷古談 自抄年紀

가리사와 도중사

1.

사람의 일과 세상을 설명하는 다양한 학설이 있는데, 불교는 연기설(緣起說)을 표방한다. 모든 결과에는 인과 연이 있다는 것이다. 경험으로 논증할 방법이 알려지지 않은 궁극의 존재나 창조자를 운운하면 '삿된 원인'을 들었다 하여 사인설(邪因說)로 물리친다. 한편 세상사 모두가 저절로 또는 스스로 그렇게 되는 것이라는 자연설(自然說)도 멀리한다.

이 책이 나오게 된 결과에는 수많은 원인이 있지만, 가장 큰 원인을 꼽으라면 그것은 월운 스님께서 생전에 '회고담(懷古談)' 원고를 손수 써두신 일이다. 스님께서는 이 '회고담'을 때로는 '자초연기(自抄年紀)'로 표기하시는데, '연기'란 연도순 기록을 뜻한다. 구체적으로 말하면 스님께서 젊은 시절부터 써오신 묵은 일기(日記)를 뜻한다. 그 일기를 대상으로 손수 선별 정리하는 작업을 '자초'라 하셨다. 무슨 기준으로 또 왜 그런 작업을 하셨는지는 독자들도 직접 이 책 앞에 실린 「자서(自序)」에서 읽으실 수 있다.

2.

필자는 스님의 90회 생신을 기하여 만수무강의 기원을 담아 '망백기념문집(望百祈念文集)'을 엮은 바 있다. 아시다시피 스님은 글을 쓰시는 분이다. 그것도 대단히 많이, 그리고 평생을 꾸준히. 필자는 스님께서 세상에 내신 글들의 목록을 만들고, 그 목록에 따라 초간본(初刊本)을 수집해서 한곳에 모아드려야겠다고 생각했다. 그렇게 한 이유는 필자가 스님을 존경하는 마음도 있지만, 한국 현대불교의 교학이나 번역, 그리고 의례와 포교 등에 끼친 스님의 역할이 중요하기 때문이다. 철학이나 역사학은 물론 한글 연구에도 그렇다. 스님만 그러신 게 아니라 스님의 사부이신 운허(耘虛; 1892~1980) 스님도 그러시다. 게다가 운허와 월운 두 스님은 두 대에 걸쳐 〈한글대장경〉을 완간하신 분이다. 그런 월운 스님의 학문을 연구하려면 남기신 문헌 섭렵이 첫 단계이다. 문헌 자료를 종류별로 분류하고, 그 내용을 알 수 있도록 서문 내지는 서지사항을 한데 모은 책이 『월운당 가리사(月雲堂家裏事)』(조계종출판사, 2018, B4 크기 총 848쪽)이다.

『월운당 가리사』 원고는 2015년 봄부터 준비했다. 필자는 1978년부터 스님을 뵈어, 이때 이후의 저술 상황은 직접 보았고, 물론 그 이전의 책도 국립도서관이나 대학도서관에 소장된 저작물은 거의 파악하고 있다. 다만 남에게 준 서간문이나 게문(偈文), 건물 속에 넣어둔 상량문 등은 한계가 있어서, 결국은 뵐 때마다 여쭐 수밖에 없었다. 그게 귀찮으셨는지 아니면 좀 딱하게 보셨는지 어느 날 평생의 묵은 일기와 새로 가제본한 『자초연기(自抄年紀)』를 보여주셨다. 이 두 자료를 바탕으로 스님께서 젊은 시절부터 무슨 책을 번역하셨고, 또 어떤 원고를 쓰셨는지를 그간 필자가 수집한 자료와 대조 점검하고 보충하여 『월운당 가리사』로 엮었다.

3.

'가리사(家裏事)'라는 용어는 선어록에 많이 쓰이는데, 불도를 닦는 수행자

내면의 체험에 관한 일이다. 한편 그런 수행의 과정에서 겪는 다양한 일을 '도중사(途中事)'라 한다. '가리사'를 편집하면서 그 책의 부제를 '화엄종주 월운당 해룡 강백 문집(華嚴宗主 月雲堂 海龍 講伯 文集)'이라 달았는데, 거기에는 이유가 있다.

조선의 『경국대전』에서도 명시되었듯이 조선불교의 전통은 교(敎)로는 『화엄경』을 선(禪)으로는 『선문염송』을 으뜸[宗] 삼는다. 월운 스님께서는 그중에서 화엄을 으뜸 삼으신다. 그렇다고 선을 소홀히 하시지도 않으셨으니, 『선문염송』, 『조당집』, 『전등록』, 『종용록』 등 방대한 분량의 선적(禪籍)을 세계 최초로 현대어로 번역하신 분이다. 중국도 일본도 현대어 번역은 우리 스님보다 늦다. 그러나 스님은 늘 '부처님의 말씀'이 담긴 경전을 중심에 두셨고, 그 경전 중에서도 『화엄경』을 경중의 왕이라고 하셨다. 대승을 담당하는 보살승이 그렇듯 스님은 중생 교화로 수행을 삼으셨다. 그러니 '화엄종주'이시다. 또 법맥으로도 그렇다. 그 이전은 생략하고, 조선말 후기 최고의 수행승이자 학승은 백양사 백파 긍선(白坡亘璇; 1767~1852)이시고, 그 뒤를 이은 분이 '석전 박한영'으로 많이 알려진 영호 정호(映湖鼎鎬; 1870~1948) 스님이시다. 석전의 문하에서 운허가 나오고, 그다음은 다 아실 것이다.

4.

「자초연기」는 동국역경원장을 사임하신 뒤 2010년부터 정리하기 시작하셨고 2014년에 일단의 마무리 하신다. 가까운 제자들은 다 아실 것이다. 다경실(茶經室) 운허 스님의 '탁상일기' 약 21년 치가 남아있고, 또 운허 스님께서 손수 지으신 「회고록」과 「나의 과거」는 월운 스님께서 책으로 내셨으니 읽으실 수 있다. 운허 스님의 경우, 만주 독립운동 때는 비밀 항일투쟁 과정에서 망실되고, 6.25사변 때는 동족상잔의 비극으로 산화되어, 일기가 단편만 남아있다. 일기 쓰고 회고록 쓰는 일까지 다경실 두 주인(主人)은 많이 닮으셨다. 모진 세월 속에서 자신을 주재(主宰)로 살아내신 삶도 그러시다.

『월운당 가리사』에서 부제를 달았듯, 『월운당 도중사』도 부제를 달았다. '못다 갚을 은혜'로 했는데, 그 이유는 이 회고담 속에 깔린 우리 스님의 정서가 부처님 은혜, 사부님 은혜, 부모 형제 은혜, 도반과 시주님의 은혜, 나라의 은혜로 이해되기 때문이다. 한편, 스님을 기억하는 많은 이들의 마음속에 월운 스님께 못다 갚은 은혜로 남을 수도 있다고 생각했기 때문이다.

상고해보면, 『법화경』의 말씀처럼 우유는 시골 농장에서 갓 짜낸 게 진짜이고 중간 매매상을 거쳐 도회지로 들어올수록 물[水] 탈 염려가 있다. 그리고 사건은 판결 이전에 판사의 책상 위에 올라온 수많은 증거, 나아가 증거 채취자의 안목이 들어가기 이전의 현장 그 자체가 중요하다. 선불교의 말대로 제맛을 알려면 본분초료(本分草料; 창조적 자기 길을 가는 수행자가 체험해야 할 본인의 인생)를 먹어야 한다. 그런 뜻으로 사부님의 『가리사』에 짝하여 『도중사』를 엮는다.   ananda@yonsei.ac.kr

연세대학교 철학과 교수 신규탁 삼가 씀.

엮은이 주; 2쇄에 즈음하여 사진 20장을 새로 넣었고 11장을 교체했으며, 오자와 탈자를 바로잡았다. 좋은 의견 있으시면 이메일로 연락 바랍니다.

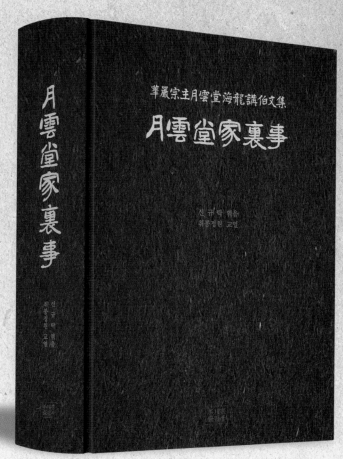

신규탁 엮음, 취봉정원 감수, 조계종출판사, 2018, B4 총 848쪽.

화엄종주 월운당 해룡 강백 문집

월운당 가리사

- 월운 강백의 학문과 사유의 세계
- 굴곡진 우리 근현대사의 시대정신이 깃들인 월운 강백의 문집

신규탁 엮음 | 4*6배판 양장(187*257) | 848쪽 | 컬러화보 40쪽 | 2018년 11월 10일 펴냄 | 값 70,000원

색인

◆ 대상: 인명, 서명, 사찰명, 사건명.
◆ 존칭 생략.
◆ 가나다 순.

운허–월운 양대 강백께서 주석하시던 다경실 앞의 옛날 표지석.

月雲堂途中事

못다 갚을 은혜

2023년 8월 1일 초판 1쇄 인쇄
2023년 8월 3일 초판 1쇄 발행
2023년 8월 20일 개정판 1쇄 인쇄
2023년 8월 22일 개정판 1쇄 발행

엮은이   신규탁
교   감   혜성 스님
제   호   한암 스님
사   진   김훈래
교   정   선암尼·박인석·최경순·강여울
보   급   역경보살월운스님선양회
제   작   중도기획(02-2278-2240)

발행인   신규탁
발행처   운당문고
등   록   제2020-000223호
주   소   경기도 고양시 일산동구 호수로640, 1508호
          ananda@yonsei.ac.kr

ISBN 979-11-972912-9-6(03220)

값 27,000원